21 世纪国际商务教材教辅系列

编写委员会

21世纪国际商务教材教辅系列

总 主 编　余世明
副总主编　袁绍岐　张彬祥　何　静

International Trade Pratice
and Case Analyses

（第三版）

国际贸易实务与案例分析

主　编　余世明

暨南大學出版社
JINAN UNIVERSITY PRESS
中国·广州

图书在版编目（CIP）数据

国际贸易实务与案例分析/余世明主编．—3版．—广州：暨南大学出版社，2013.8（2018.8重印）
（21世纪国际商务教材教辅系列）
ISBN 978－7－5668－0708－3

Ⅰ.①国… Ⅱ.①余… Ⅲ.①国际贸易—贸易实务—高等职业教育—教材 Ⅳ.①F740.4

中国版本图书馆CIP数据核字(2013)第180131号

国际贸易实务与案例分析
GUOJI MAOYI SHIWU YU ANLI FENXI
主编：余世明

出 版 人：徐义雄
责任编辑：张仲玲　冯　琳
责任校对：周玉宏
责任印制：汤慧君　周一丹

出版发行：暨南大学出版社（510630）
电　　话：总编室（8620）85221601
　　　　　营销部（8620）85225284　85228291　85228292（邮购）
传　　真：（8620）85221583（办公室）　85223774（营销部）
网　　址：http://www.jnupress.com
排　　版：广州市天河星辰文化发展部照排中心
印　　刷：佛山市浩文彩色印刷有限公司
开　　本：787mm×1092mm　1/16
印　　张：14.5
字　　数：365千
版　　次：2010年10月第1版　2013年8月第3版
印　　次：2018年8月第9次
印　　数：17001—20000册
定　　价：39.80元（附送光盘一张）

目　录

编写说明

加入 WTO 后我国对外贸易发展迅猛，据中国统计局发布的数据，2009 年我国的进出口总额 22 073 亿美元，全年出口 12 017 亿美元，进口 10 056 亿美元，而德国 2009 年出口总额为 11 213 亿美元，中国出口总额已超过德国，占全球出口比重的 9.6%，跃居世界第一位。随着我国对外贸易的发展，我国对外贸易人才的需求缺口更大。社会急需一大批懂得外贸业务知识，特别是系统了解国际贸易术语、国际货物买卖合同条款、进出口合同的商订和履行以及国际贸易方式，从事基层实际业务操作的国际商务人员。为适应国际贸易发展的需要，必须加快我国国际商务专业人才的培养。当前，全国很多中专和高级职业技术学院都开设了国际商务专业，《国际贸易实务》是国际商务专业的主干课程。学好《国际贸易实务》是学生今后从事国际商务活动的前提。

《国际贸易实务》是一门实践性较强的课程。在教学中，我们深刻体会到联系实际业务、培养学生动手能力的重要性。虽然《国际贸易实务》教材版本多样，各有侧重，各有特色，但缺乏一本融基本知识和案例分析为一体的教材。《国际贸易实务与案例分析》的编写目的就是希望在这方面寻求突破，以简单明了的案例分析说明问题，力求深入浅出，提高学生的分析能力。

本书的编写具有如下特点：

（1）内容新。以最新修订的国际贸易惯例（如《2010 年通则》、《UCP 600》）和我国的最新外贸政策进行解释，采用的案例和单证实例也是近几年外贸公司的实际业务资料。

（2）重案例。本书汇集了近 130 个案例，针对中专学生和高职高专学生的特点，力求以案例代替枯燥的说理，而且案例简单明了，做到一个案例解释一个知识点。

（3）重操作。书中的单证介绍简单实用，直观性强，且尽可能采用实际单证，避免虚构，提高学生的感性认识，解决了学生在学习过程中接触实际单证困难的矛盾。

（4）针对性强。本书以全国外销员、报关员、国际货运代理从业人员等考试大纲的内容为基础，注重重点内容的讲解，有助于学生通过本书的学习，顺利通过各类考试中国际贸易实务内容的考核。

本书不仅可作为中专、高职高专国际商务专业和其他相关财经类专业学生学习《国际贸易实务》的教材，而且可作为涉外各类考证和各类干部培训国际商务基本知识的参考书，也可作为有志于从事国际商务工作的人员自学之用。为方便教师上课和备课以及学生课堂课后学习，本书附有配套的光盘课件。本书还有配套练习册《国际贸易实务练习册》供学生使用，也有配套的《国际贸易实务练习题及分析解答》供教师使用。

本书由余世明主编，以前期出版的《国际贸易实务》为基础，书中的英文条款和词汇由冼燕华老师编写，顾锦芬、杨遐、黄丽、余媛老师参与了部分案例的收集和编写。此次修订时，刘晓凌老师参与了本教材的修订工作。本书在编写过程中参考了大量的资料，特别是现行《国际贸易实务》各版本的教材，还引用了很多外贸公司的材料，在此谨向有关作者和提供材料的外贸公司经理、业务员、单证员表示衷心的感谢！由于水平有限，错漏之处在所难免，敬请读者批评指正。

编　者

2013 年 7 月

第一章　贸易术语

第一节　贸易术语的含义、作用及相关国际贸易惯例

在国际货物买卖中，交易双方在洽商交易和订立合同时，为了明确交易双方各自承担的责任和义务，必须考虑很多实际问题，如卖方在什么地点交货？是在出口国的装运港或装运地，还是在进口国的目的港或目的地？由谁负责办理货物的运输、保险以及通关过境手续？买卖双方对货物发生损害和灭失的风险如何划分？是在出口国卖方的工厂，还是在装运港？是在进口国的目的港，还是在进口商指定的目的地？有关费用由谁承担？买卖双方要交接哪些单据？如果每一笔交易都要对上述问题作详细说明，必将花费贸易双方很多时间和费用，才能把问题讲清楚。为了避免这些情况的发生，在长期的国际贸易实践中就形成了贸易术语。

一、贸易术语的含义和作用

1. 贸易术语的含义

贸易术语（Trade Terms），又称价格术语（Price Terms），是在长期的国际贸易实践中产生的。它是用来表示商品的价格构成，说明交货地点，确定风险转移、责任承担、费用划分等问题的专门用语。

有关资料表明，最早使用的贸易术语是 FOB。当时的 FOB 是指买方在出口国与卖方谈好买卖后，在装运港租定一条船，要求卖方将货物交到买方承租的船上。买方在船上接收货物，并对货物的数量和质量进行检查，如果买方认为卖方交到船上的货物的数量和质量与先前谈好的一样，买方就在船上当即付款。我们现在所说的 FOB，无论是买方还是卖方，都不必亲自到船上交接货物，很多工作都可以通过船公司、保险公司、银行、货代公司，借助现代通信技术手段完成。

2. 贸易术语的作用

（1）有利于买卖双方洽商交易和订立合同。由于每一种贸易术语对买卖双方的权利和义务都有统一的解释，使用贸易术语，有利于买卖双方明确各自的权利和义务，早日成交。

例如，我出口企业 A 公司对国外 B 公司报价：“三角牌节能灯 10 000 只，规格 TR－3U－A，E27/B22，每只 3.00 美元，FOB 广州。”国外进口商看到这个报价，就可以知道买卖双方的交货地点在广州港 B 公司指定的船上；货物风险的转移点是在广州港货物越过

船舷时；交货后A公司必须及时通知B公司；出口报关及费用由A公司承担，进口报关及费用由B公司承担；交货后A公司必须提交有关交货凭证或运输单据，作为A公司交付货物的证明；B公司在收到A公司提交的有关单据后必须支付货款。

（2）有利于买卖双方核算价格和成本。各种贸易术语对于成本、运费和保险费等各项费用由谁负担都有明确的界定。因此，使用贸易术语，买卖双方比较容易核算价格和成本。

根据上例，“FOB广州”，A公司只承担将货物交到广州港B公司指定的船上的费用，B公司承担将货物从广州港至目的港的运输费用以及货物从广州港至目的港的运输保险费。如果A公司的报价把“FOB广州”改为“CIF赫尔辛基”，则货物从广州港至目的港赫尔辛基的运输费用以及运输保险费将由A公司承担。

（3）有利于解决履约当中的争议。《联合国国际货物销售合同公约》（下称《公约》）第9条规定：“（1）双方当事人业已同意的任何惯例和他们之间确立的任何习惯做法，对双方当事人均有约束力。（2）除非另有协议，双方当事人应视为已默示地同意对他们的合同或合同的订立适用双方当事人已知道或理应知道的惯例，而这些惯例，在国际贸易上，已为有关特定贸易所涉同类合同的当事人所广泛知道并为他们所经常遵守。”

贸易术语有相关的国际惯例解释，在实务中为买卖双方广泛知道，对买卖双方在交易中发生的争议，如果双方签订的销售合同没有明示，根据《公约》的规定，买卖双方可引用相关的国际贸易惯例进行解释。

二、与贸易术语相关的国际贸易惯例

（一）国际贸易惯例的性质

国际贸易惯例（International Trade Practice）是指在国际贸易的长期实践中所形成的若干具有普遍意义的一些习惯性做法和解释。国际贸易惯例是国际贸易法的渊源之一，当今很多国家在立法中明文规定了国际贸易惯例的效力。我国的《合同法》规定，国际贸易惯例具有以下性质：

（1）非强制性。虽然国际贸易惯例由有关国际组织解释，但它不是国际法规，不具有强制性，对贸易双方不具有强制约束力。

（2）一定条件下有强制性。如果贸易双方都同意采用某项国际贸易惯例来约束该项交易，并在合同中作出明确规定，在此条件下，这一惯例对贸易双方就具有强制性，贸易双方就必须按照该贸易惯例的规定办事。

（3）可改动性。贸易双方在订立合同并声明采用某项国际惯例时，可以作出某些与惯例不符的规定。只要合同有效成立，双方就必须遵守执行。

（4）适用性。如果双方对某一问题没有作出明确规定，也未注明该合同适用某项惯例，在合同执行中发生争议时，受理该争议案的司法或仲裁机构一般会引用国际贸易惯例进行判决或裁决。

（二）与贸易术语相关的国际贸易惯例

1.《1932年华沙—牛津规则》

1928年国际法协会在波兰华沙召开会议，制定了《1928年华沙规则》，该规则专门解释CIF买卖合同的性质，买卖双方的责任、费用、风险的划分以及所有权的转移方式等问题。1932年国际法协会在牛津开会，对原规则进行修订，产生了《1932年华沙—牛津规则》(Warsaw – Oxford Rules 1932)。

2. 《1990 年美国对外贸易定义修订本》

《1941 年美国对外贸易定义修订本》(*Revised American Foreign Trade Definition* 1941)由美国商会、美国进口商协会和美国对外贸易协会所组成的联合委员会于 1941 年 7 月 30 日正式通过，由美国对外贸易协会发行。该惯例最早于 1919 年在纽约制定，1941 年产生了修订本。1990 年该惯例再次进行了修订，称为《1990 年美国对外贸易定义修订本》。该惯例对六种贸易术语进行了解释，在美国、加拿大等美洲国家和部分拉丁美洲国家有较大影响，具体是：

(1) Ex Point of Origin (产地交货)。

(2) FAS (在运输工具旁边交货)。

(3) FOB (在运输工具上交货)。

(4) C&F (成本加运费)。

(5) CIF (成本加运费、保险费)。

(6) Ex Dock (目的港码头交货)。

3. 《2000 年国际贸易术语解释通则》

《2000 年国际贸易术语解释通则》(下称《2000 年通则》) 是由国际商会制定的。国际商会制定的第一个贸易术语解释通则是在 1936 年，全称为“International Rules for the Interpretation of Trade Terms 1936”，简称为“INCOTERMS 1936”，该通则收集整理了几十个国家对贸易术语的解释。1953 年国际商会在奥地利的维也纳开会，此次会议审议修订并形成了《INCOTERMS 1936》的九种贸易术语，具体是：

(1) Ex Works (工厂交货价)。

(2) FOR/FOT (铁路或敞车上交货价)。

(3) FAS (船边交货价)。

(4) FOB (船上交货价)。

(5) C&F (离岸加运费价)。

(6) CIF (成本加保险费、运费价)。

(7) DCP (运费付至目的地价)。

(8) EXS (目的港船上交货价)。

(9) EXQ (目的港码头交货价)。

1967 年《INCOTERMS 1936》补充了 DAF (边境交货) 和 DDP (完税交货)；1976 年补充了 FOA (启运机场交货)；1980 年补充了 FRC (装运地交货) 和 CIP (运费、保险费付至)；1990 年删除了 FOR/FOT (铁路交货/敞车交货) 和 FOA，增加了 DDU (未完税交货)，将原 C&F 改为 CFR，原 DCP 改为 CPT，原 EXS 改为 DES，原 EXQ 改为 DEQ，原 FRC 改为 FCA。现行的《2000 年通则》是在修改《1990 年通则》的基础上于 1999 年 9 月修订公布的，于 2000 年 1 月 1 日起生效。

《2000 年通则》对《1990 年通则》作出了两个方面的实质性变更：

(1) FAS 和 DEQ 术语清关手续和缴纳关税的义务。

《2000 年通则》对 FAS 和 DEQ 术语清关手续和缴纳关税的义务，按照出口由卖方负责，进口由买方负责的原则处理，具体比较如下：

	《1990 年通则》	《2000 年通则》
FAS	买方办理货物的出口清关手续和缴纳出口关税	卖方办理货物的出口清关手续和缴纳出口关税
DEQ	卖方办理货物的进口清关手续和缴纳进口关税	买方办理货物的进口清关手续和缴纳进口关税

（2）FCA 术语下卖方装卸货的义务。

《2000 年通则》规定 FCA 术语可适用于任何运输方式。对于交货，若指定的地点是卖方所在地，则当货物被装上买方指定的承运人或代表买方的其他人提供的运输工具时完成交货；若在其他任何地点交货，则当货物在卖方的运输工具上，尚未卸货而交给买方指定的承运人或其他人或由卖方选定的承运人或其他人处置时完成交货。

《2000 年通则》共解释了 13 种贸易术语，并分为 E、F、C、D 四组，列表如下：

《2000 年通则》贸易术语解释

组别		中文含义	交货地点	风险划分界限	运输手续办理及运费承担	保险手续办理及保费承担
E组	EXW	工厂交货	商品生产或储存地	商品生产或储存地	买方	买方
F组	FAS	装运港船边交货	装运港船边	装运港船边	买方	买方
	FOB	装运港船上交货	装运港船上	货物在装运港越过船舷	买方	买方
	FCA	货交承运人	指定的装运地点	货交承运人	买方	买方
C组	CFR	成本加运费	装运港船上	货物在装运港越过船舷	卖方	买方
	CIF	成本加运费、保险费	装运港船上	货物在装运港越过船舷	卖方	卖方
	CPT	运费付至目的地	指定的装运地点	货交承运人	卖方	买方
	CIP	运费保险费付至目的地	指定的装运地点	货交承运人	卖方	卖方
D组	DAF	边境交货	边境指定地点	边境指定地点	卖方	卖方
	DES	目的港船上交货	目的港船上	目的港船上	卖方	卖方
	DEQ	目的港码头交货	目的港码头	目的港码头	卖方	卖方
	DDU	未完税交货	指定目的地	指定目的地	卖方	卖方
	DDP	完税后交货	指定目的地	指定目的地	卖方	卖方

4.《2010 年国际贸易术语解释通则》

《2010 年国际贸易术语解释通则》（*International Rules for the Interlpretation of Trade Terms* 2010，缩写 Incoterms® 2010）是国际商会在《2000 年通则》的基础上修订并于 2010 年 9 月 27 日公布，2011 年 1 月 1 日实施，简称《2010 年通则》。《2010 年通则》共有 11 种贸易术语，按照所适用的运输方式划分为两大类，列表如下：

组别	项目	中文含义	交货地点	风险划分界限	运输手续办理及运费承担	保险手续办理及保费承担
第一组：适用于任何运输方式	EXW	工厂交货	商品生产或储存地	商品生产或储存地	买方	买方
	FCA	货交承运人	指定的装运地点	货交承运人	买方	买方
	CPT	运费付至目的地	指定的装运地点	货交承运人	卖方	买方
	CIP	运费/保险费付至目的地	指定的装运地点	货交承运人	卖方	卖方
	DAT	目的地或目的港的集散站交货	指定目的地	指定目的地	卖方	卖方
	DAP	目的地交货	指定目的地	指定目的地	卖方	卖方
	DDP	完税后交货	指定目的地	指定目的地	卖方	卖方
第二组：适用于水上运输方式	FAS	装运港船边交货	装运港船边	装运港船边	买方	买方
	FOB	装运港船上交货	装运港船上	货物在装运港越过船舷	买方	买方
	CFR	成本加运费	装运港船上	货物在装运港越过船舷	卖方	买方
	CIF	成本、保险费加运费	装运港船上	货物在装运港越过船舷	卖方	卖方

《2010 年通则》与《2000 年通则》主要的区别在于：

（1）《2010 年通则》将《2000 年通则》原来的 13 个贸易术语减至 11 个，国际商会创设 DAT 和 DAP 两个新术语，取代 DAF、DES、DEQ 和 DDU。原来四组术语重新归类变为两组，分别是适用于所有运输方式的用语和适用于水路运输的用语。

（2）取消了“船舷”的概念，FOB、CFR、CIF 买卖双方风险划分的界限为货物在装运港装上船。

（3）在 FAS、FOB、CFR 和 CIF 等术语中明确了货物在运输期间被多次买卖（连环贸易）居中卖方的责任义务的划分。在多次买卖的链条中，居中的卖方实际上不需要运送货物，而是以“取得”货物的方式履行其对买方的义务，只有处在链条始端的卖方才需要履行运送货物的义务。

（4）《2010 年通则》不仅适用于国际销售合同，也适用于国内销售合同。

第二节 FOB、CFR、CIF贸易术语

一、FOB

FOB是Free on Board（…named port of shipment）的英文缩写，其中文含义为“装运港船上交货（……指定装运港）”。使用该术语，卖方应负责办理出口清关手续，在合同规定的装运港和规定的期限内，将货物交到买方指派的船上，承担货物在装运港装上船之前的一切风险，并及时通知买方。

（一）买卖双方的基本义务

1. 卖方的基本义务

（1）自负风险和费用取得出口许可证或其他官方批准证件，办理货物出口所需的一切海关手续并支付有关的税费。

使用FOB术语，卖方必须办理出口清关手续，支付报关费用。如果需要出口许可证等官方批准证件，卖方必须负责办理；如果由于货物有问题、货物与单据不一致、出口报关所需证件不齐等原因造成货物被禁止出口，卖方要承担责任。

（2）在合同规定的时间或期限内，在装运港按照习惯方式将货物交到买方指派的船上，并及时通知买方。

根据《公约》的规定，交货是卖方的基本义务。如果卖方没有按合同规定的时间交货，造成船等货，由此产生的空仓费和耽误买方按时提货所造成的损失，卖方要承担责任；如果卖方交货后没有及时通知买方，因买方不能及时购买运输保险，致使货物在运输途中的损失，买方不能向保险公司索赔，则卖方要承担责任。

（3）负担货物在装运港装上船为止的一切费用和风险。

货物在装运港装上船之前一切费用和风险，如货物存仓费、拖运至码头的费用、码头作业费、拖运过程中货物损坏的风险等，由卖方承担。

（4）自负费用提供证明货物已交至船上的通常单据。如果买卖双方约定采用电子通信，则所有单据均可被具有同等效力的电子数据交换（EDI）信息所代替。

卖方将货物交到买方指派的船上后，承运人向卖方开立一份单据（通常为海运提单），作为卖方已交货的证明。卖方凭此单据向买方收取货款，买方凭此单据在目的港向承运人提货。

电子数据交换（EDI），又称为电子资料交换，它是指按照协议，对具有一定结构的标准信息，通过电子数据通讯网络，在商业伙伴的电子计算机系统之间进行交换和自动处理的过程。

2. 买方的基本义务

（1）自负风险和费用取得进口许可证或其他官方批准证件，办理货物进口所需的一切海关手续并支付有关的税费。

（2）负责租船或订舱，支付运费，并给予卖方关于船名、装船地点和要求交货时间的充分通知。

（3）负担货物在装运港装上船后的一切费用和风险。

（4）接受卖方提供的有关单据，受领货物，并按合同规定支付货款。

案例分析 1

案例：A 公司与法国 B 公司签订 2.4 万公吨大米出口合同。合同规定：FOB 上海，买方所租载货船舶必须不迟于 3 月 20 日抵达装运港，由于装货船舶延迟抵达而使卖方遭受的任何损失和额外费用由买方负担。合同签订后，3 月 10 日 B 公司来电称，由于租船市场船源紧张租不到船，要求延迟 1 个月装运。A 公司因货物早已备妥待运，如延迟 1 个月装船，势必造成利息、仓租、保险费等费用的损失，即复电 B 公司不同意延迟，必须 3 月 20 日前派船抵沪。3 月 20 日，B 公司来电称，已尽最大努力，船只无法找到。3 月 22 日夜，该港遭特大风暴袭击，存放在该港的 A 公司货物受损严重。A 公司即致电 B 公司告知货损情况，要求 B 公司赔偿其经济损失，包括货损、仓租、保险费等。B 公司回电称，双方合同是 FOB 条件，货物在尚未交付之前，风险尚未转移，故该损失应由 A 公司自负。A 公司遂向法院起诉，要求 B 公司赔偿其经济损失。

问：①买方 B 公司是否违约？②货物的风险自何时转移？③B 公司是否应赔偿 A 公司的损失？

分析：①买方已经违约。因为依据 FOB 条件，买方有义务租派船只按期到约定的装运港接运货物，但本案例中买方未能按期派船装货，属于违约。②货物风险在装船期满之日（即 3 月 20 日）由卖方转移给买方。③因为风险已转移，因此，B 公司应该赔偿 A 公司的经济损失。

（二）FOB 运输货物交接流程

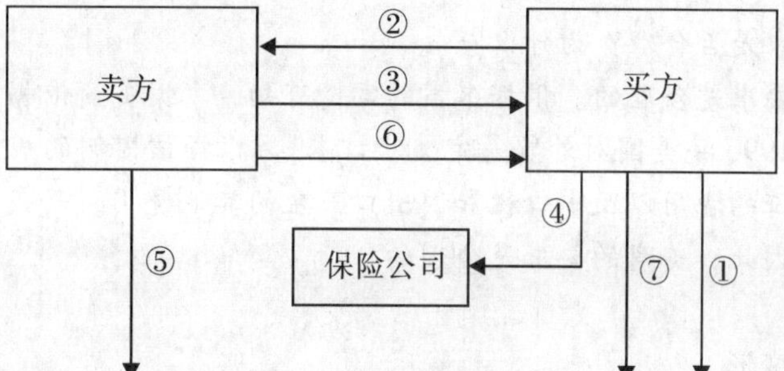

①买方向船公司或代理租船订舱；
②买方及时告知卖方租船订舱的有关信息；
③卖方装船前向买方发出装船通知；
④买方向保险公司投保；
⑤卖方装运货物，取得海运提单；
⑥卖方向买方提交有关单据，收取货款；
⑦买方凭海运提单向船公司提货。

(三) 使用 FOB 应注意的问题

1. 惯例对 FOB 的不同解释

《1990 年美国对外贸易定义修订本》(下称《定义》) 和《2010 年国际贸易术语解释通则》(下称《2010 年通则》) 对 FOB 的解释有比较大的区别，主要体现在：

(1) 交货地点不同。根据《2010 年通则》的解释，FOB 只适应于海运和内河运输，卖方交货的地点在装运港的船上，而根据《定义》的解释，FOB 适应于各种运输工具，如果采用船运并在装运港的船上交货，应在 FOB 后加 VESSEL。例如，以“FOB 纽约”成交，表明卖方交货的地点可以选择在纽约市的某处某种运输工具上，此时卖方就完成交货义务，不必在纽约港的船上交货；如果以“FOB VESSEL 纽约”成交，卖方交货的地点就必须在纽约港的船上。因此，以 FOB 对美国、加拿大等美洲国家和部分拉丁美洲国家的客商进口报价，应在 FOB 后加 VESSEL，避免误解。

(2) 办理出口手续的费用由谁承担不同。根据《2010 年通则》的解释，办理出口手续的费用由卖方负担，而根据《定义》的解释，办理出口手续所产生的税费由买方负担。

案例分析 2

案例： 2012 年，我某公司从美国进口瓷制品 5 000 件，美商报价为每件 10 美元 FOB Vessel New York，我方如期将金额为 50 000 美元的不可撤销即期信用证开抵美商，证中未规定贸易术语引用何惯例。美商收到信用证后提出改证，要求将信用证金额增加至 51 000 美元，其中的 1 000 美元作为出口关税及签证费用。否则，有关的出口关税及签证费用将由我方另行电汇。

问： 美商的要求是否合理？为什么？

分析： 美商的要求是合理的。根据本案的案情可知，本案美商依据的有关贸易术语的国际贸易惯例是《1990 年美国对外贸易定义修订本》。根据该惯例的规定，买方要支付卖方协助提供出口单证的费用以及出口税和因出口产生的其他费用，而我方开出的信用证中未包含此项费用，因此，美商的要求是合理的。

2. FOB 术语的变形

在 FOB 术语成交的情况下，若没有特别说明，依惯例装货费用由卖方负担。但在大宗商品交易下，由于装货费用较大，必须明确装货费用由何方负担，从而产生了 FOB 贸易术语的变形。具体有：

(1) FOB Liner Terms (FOB 班轮条件)，对于班轮运输，货物的装卸费用由船公司承担 (实际上该装卸费已包含在班轮运费中)，术语中的“班轮条件”即是指按照班轮的做法处理装卸费，由于 FOB 找船公司租船订仓是买方的责任。因此，采用此变形术语，卖方不必承担货物装船的有关费用。

(2) FOB Under Tackle (FOB 吊钩下交货)，该术语的变形是指卖方负担将货物交到买方指派的船只的吊钩所及之处，从起吊开始到吊装入船舱的有关费用由买方承担。因此，采用此变形术语，卖方不必承担货物装船的有关费用，但要承担将货物拖运至承运船只吊钩下的费用。

案例分析3

案例：我方某公司以“FOB Under Tackle 广州”为条件向某外商出口茶叶一批。我方按照合同规定的要求及时装运，并且缮制好全套单据，从银行收到了全部货款。不久，我方收到客户寄来的费用账单，要求我方通过 T/T（电汇），向外商支付其预先垫付的装货和卸货费用。

问：该外商的要求是否合理？为什么？

分析：该外商的要求是不合理的。FOB Under Tackle 是 FOB 贸易术语的变形，根据《2010 年通则》的解释，在该术语的变形下，卖方没有必要承担装货费用，更没有必要承担卸货费用。但是，如果外商指派的货船不能停靠码头，那么，我方必须负担驳船费和码头费。

（3）FOB Stowed（FOB 包括理舱），“包括理舱”即包括理舱费。理舱费是指货物吊装入舱后，在船舱对货物进行安置和整理所产生的费用。采用此变形术语，卖方必须承担货物装船的费用和理舱费用。

（4）FOB Trimmed（FOB 包括平舱），“包括平舱”即包括平舱费。平舱费是指散装货物装入船舱后，对货物进行平整所产生的费用。采用此变形术语，卖方必须承担货物装船的费用和平舱费用。

（5）FOB Stowed and Trimmed（FOB 包括平舱和理舱），简称 FOBST，采用此变形术语，卖方必须承担货物装船的费用、平舱费用和理舱费用。

特别需要注意的是，FOB 贸易术语的变形并不改变买卖双方交货的地点和风险划分的界限。例如 FOB Under Tackle，卖方在把货物交至装运港买方指派的船只的吊钩下，货物的风险仍没有转移，卖方交货的地点仍在装运港的船上，买卖双方风险在货物装上船时转移。

案例分析4

案例：我方某公司以“FOB Stowed 广州”条件向某外商出口家用陶瓷一批，货物装船时，突遇台风，为免船舶损毁，船舶立即离开泊位，实施避风。由于事发突然，装船的货物来不及理舱，避风过程中船舶摇摆严重，造成部分家用陶瓷破损，外商因此以我方未理舱为由，要求我方赔偿损失。

问：该外商的要求是否合理？为什么？

分析：该外商的要求是不合理的。根据《2010 年通则》的解释，FOB Stowed 我方负责装船费用包括理舱费用，但买卖双方交货的地点和风险划分的界限并没有改变，货物受损是在越过船舷之后，风险已转移，故外商的要求是不合理的。

二、CFR

CFR 是“Cost and Freight”的英文缩写，其中文含义为“成本加运费”。使用该术语，卖方负责按通常的条件租船订舱并支付到目的港的运费，按合同规定的装运港和装运期限将货物装上船并及时通知买方。

（一）买卖双方的基本义务

1. 卖方的基本义务

（1）负责租船或订舱，支付运费。

（2）在合同规定的时间或期限内，在装运港，按照习惯方式将货物交到买方指派的船上，并及时通知买方。

（3）自负风险和费用，取得出口许可证或其他官方批准证件，办理货物出口所需的一切海关手续并支付有关的税费。

（4）负担货物在装运港装上船为止的一切费用和风险。

（5）自负费用提供证明货物已交至船上的通常单据。如果买卖双方约定采用电子通信，则所有单据均可被具有同等效力的电子数据交换（EDI）信息所代替。

2. 买方的基本义务

（1）自负风险和费用取得进口许可证或其他官方批准证件，办理货物进口所需的一切海关手续并支付有关的税费。

（2）负担货物在装运港装上船后的一切费用和风险。

（3）接受卖方提供的有关单据，受领货物，并按合同规定支付货款。

使用 CFR 术语，卖方的基本义务是在 FOB 的基础上增加了租船订舱并支付运费。

案例分析 5

案例：我内地某纺织品公司向某荷兰商人出口全棉针织男裤一批，合同规定金额 CFR 鹿特丹 USD70 000，5 月底前装运，装运港广州，不可撤销即期信用证付款。在合同规定的装运期内，卖方委托的生产厂家将货物装上卡车运往广州，由于驾驶员疏忽，卡车翻入河中，致使货物落水打湿，100 箱货物成为次品。

问：这一货损应该由谁负责？本案选择 CFR 贸易条件是否恰当？

分析：该货损应由卖方即我内地某纺织品公司承担。因为根据《2010 年通则》的规定，在 CFR 条件下，卖方交货地点在装运港船上，风险自货物在装运港装上船时开始转移，因此，货物在由内地运往装运港装船前的损坏或灭失应由卖方负责。本案中货损虽然是生产厂家所致，但在卖方承担风险责任期间所发生的货损应由卖方对外负责，再由卖方向有关责任方追偿。

本案中选用 CFR 贸易条件是不恰当的。卖方及货物处于内陆地区，采用 CFR 方式，如果要交货，就必须把货物运到沿海港口装船，货物从工厂到装船前整个期间的风险，应由卖方承担，这对卖方显然不利。本案中价格条件若改为 CPT 鹿特丹，货物在内地交承运人处置时，风险转移给买方承担，该货损则与卖方无关。我外贸公司在遇到类似情况时应引起高度注意。

（二）使用 CFR 应注意的问题

1. 卖方应及时向买方发出装运通知

卖方装船后，应及时向买方发出装运通知，以便买方及时办理投保手续。否则，卖方应承担货物在运输途中损失的责任。

案例分析6

案例：我某贸易有限公司以CFR条件向非洲某国出口一批微波炉，卖方在合同规定的装运期内装船完毕，当天船舶开航。因正值公休日，该公司的业务员第三天才向买方发出装运通知，导致买方未能及时向保险公司办理投保手续，而货物在起航后的次日因发生火灾被烧毁。

问：货物损失责任由谁承担？为什么？

分析：货物损失责任应由我贸易公司承担。CFR条件下，租船订舱由卖方负责办理，保险投保手续由买方办理，因此，卖方在装船完毕后必须及时向买方发出装运通知，以便买方及时办理投保手续，否则，由此而产生的风险应由卖方承担。本案中，我贸易公司装船完毕后未及时发出装运通知，导致买方未能及时办理投保手续，未能将风险及时转移给保险公司。因此，我贸易公司应承担货物损失的责任。

2. CFR术语的变形

在CFR术语成交的情况下，若没有特别说明，依惯例卸货费用由买方负担。但对于大宗商品交易，由于卸货费用较大，必须明确卸货费用由何方负担，从而产生了CFR贸易术语的若干种变形。具体有：

（1）CFR Liner Terms（CFR班轮条件），该术语的变形由卖方承担装卸货费用。

（2）CFR Landed（CFR卸至岸上），该术语的变形由卖方承担卸货费用。

（3）CFR Under Ex Tackle（CFR吊钩下交货），该术语的变形由卖方承担卸货费用。

（4）CFR Ex Ship's Hold（CFR舱底交货），该术语的变形由买方承担卸货费用。

CFR贸易术语的变形并不改变买卖双方交货的地点和风险划分的界限，即在以CFR术语四种变形成交的情况下，卖方交货的地点都在装运港的船上，买卖双方风险在货物装上船时转移。

案例分析7

案例：我某公司以"CFR Liner Terms EMP"条件向欧洲某外商出口毛巾一批，T/T付款。我方按合同规定的要求及时装运，并缮制好全套单据向外商索取货款。不久，收到外商的拒付通知，理由是运输工具不是班轮，提单上没有注明"班轮运输"字样。

问：该外商的要求是否合理？为什么？

分析：该外商的要求是不合理的。CFR Liner Terms（CFR班轮条件）是CFR贸易术语的变形，根据《2010年通则》，该术语的变形要求由卖方承担装卸货费用，而没有要求卖方一定要选择班轮运输工具承运货物。

3. 买方因承运人选择引起的风险问题

以CFR条件成交，由卖方负责租船订舱，并支付正常的运输费用。若承运船只破旧、运输时间过长、管理不善造成货物损失等，其风险由买方承担。因此，当我方进口货量较大，需采用租船运输时，应尽量采用FOB条件成交。如果一定要以CFR成交时，最好由我方指定船公司甚至指定装运船只，以减少我方的风险。

案例分析 8

案例：我某外贸公司以“CFR 广州”条件从欧洲某外商进口货物一批，不可撤销即期信用证付款。外商按合同规定的要求及时租船并装运，开证银行中国银行广州分行根据外商提供的全套单据审核无误后向外商付款。但货船迟迟未到，经调查，外商所找的船公司是一家小公司，负债累累，载运货物的船只起航不久，公司已宣告破产，起航的船只也因久无音信而宣告失踪。

问：外商是否要承担货物灭失的责任？为什么？

分析：除非有证据证明外商与该船公司串通欺诈，否则外商不必承担货物灭失的责任。因为，根据《2010 年通则》，CFR 由卖方负责租船订舱，只要卖方按合同规定的时间租船，并支付运费，取得清洁已装船提单，卖方即可凭单向开证行索取货款，货物运输途中的风险由买方承担。所以，对贸易量大的进口交易，特别是采用租船运输，我方应尽量采用 FOB 条件成交，由我方自行选择承运人。若不得不以 CFR 成交时，最好由我方指定船公司甚至指定装运船只，以减少类似风险的出现。

三、CIF

CIF 即“Cost Insurance and Freight”的英文缩写，其中文含义为“成本加保险费、运费”。使用该术语，卖方负责按通常的条件租船订舱并支付到达目的港的运费，在合同规定的装运港和装运期限内将货物装上船并负责办理货物运输保险，支付保险费。

（一）买卖双方的基本义务

1. 卖方的基本义务

（1）负责租船或订舱，支付运费。

（2）在合同规定的时间或期限内，在装运港，按照习惯方式将货物交到买方指派的船上。

（3）自负风险和费用，取得出口许可证或其他官方批准证件，办理货物出口所需的一切海关手续并支付有关的税费。

（4）负担货物在装运港装上船为止的一切费用和风险。

（5）负责办理货物运输保险，并支付保险费。

（6）自负费用提供证明货物已交至船上的通常单据。如果买卖双方约定采用电子通信，则所有单据均可被具有同等效力的电子数据交换（EDI）信息所代替。

2. 买方的基本义务

（1）自负风险和费用取得进口许可证或其他官方批准证件，办理货物进口所需的一切海关手续并支付有关的税费。

（2）负担货物在装运港装上船后的一切费用和风险。

（3）接受卖方提供的有关单据，受领货物，并按合同规定支付货款。

使用 CIF 术语，卖方的基本义务是在 CFR 的基础上增加了负责办理货物运输保险，支付保险费。

案例分析 9

案例：上海某公司与法国某公司订立了一份进口 300 台电子计算机的合同，每台 CIF

上海1 000美元，不可撤销的信用证支付，12月马赛港装船。中国银行上海分行（开证行）向卖方开出不可撤销信用证。12月20日，卖方将300台计算机装船并获得信用证要求的提单、保险单、发票等票据后，即到议付行议付。经审查，单证相符，议付行办理了议付。与此同时，载货船离开马赛港10天后，由于在航行途中遇上特大暴雨和暗礁，货船及货物全部沉入大海。此时开证行已收到议付行寄来的全套单据，买方也已得知货物全部灭失的消息。中国银行上海分行拟拒付议付行已议付的30万美元货款，理由是其客户不能得到所期待的货物。

问：①这批货物的风险自何时起由卖方转移给买方？②开证行能否由于这批货物全部灭失而免除其所承担的付款义务？③买方的损失如何得到补偿？

分析：①在CIF条件下，风险自货物交到装运港船上时起由卖方转移给买方。②开证行无权拒付。因为信用证业务下，银行只负责审单，只要单证相符，银行必须承担其付款义务。③买方取得全套货运单据后，凭保险单及有关载货船舶沉没于大海的证明向卖方投买的保险公司索赔。

（二）CIF运输货物交接流程

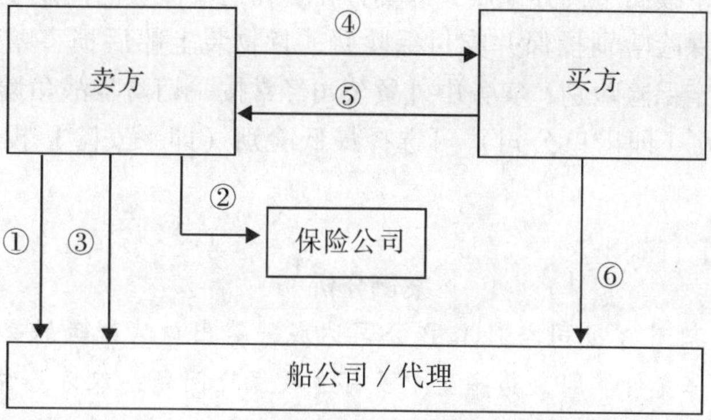

①卖方向船公司或代理租船订舱，支付运费；
②卖方向保险公司投保，支付保险费；
③卖方装运货物，取得海运提单；
④卖方向买方提交有关单据；
⑤买方接收单据，支付货款；
⑥买方凭海运提单向船公司提货。

（三）使用CIF应注意的问题

1. 卖方不保证将货物送达目的港

CIF合同下，卖方在合同规定的期限内，在指定的装运港将货物交至运往指定目的港的船上，即完成了交货义务。交货后船舶是否开航、何时开航、开航后运输途中货物发生灭失或损坏的风险以及货物交运后发生各种事件所产生的费用，卖方概不承担责任。故CIF合同也称为就装运合同。但如果卖方承诺了货物送达目的港的时间，则改变了CIF合同的性质，此情况下，卖方就必须按合同规定时间将货物送达目的港。

案例分析 10

案例： 广州某出口公司按 CIF 利物浦向英商出售一批供应圣诞节的核桃仁，由于该商品季节性较强，双方在合同中规定：“买方须于 9 月 15 日前将信用证开抵卖方，卖方保证载货船只不得迟于 12 月 1 日驶抵目的港。如货轮迟于 12 月 1 日抵达目的港，买方有权取消合同。如货款已收，卖方须将货款退还买方。”

问： 这一合同的性质是否还属于 CIF 合同？为什么？

分析： 该合同已不属于 CIF 合同。首先，就合同内容而言，在 CIF 价格术语下限定到货日期，显然与 CIF 术语所赋予的风险界限划分的本意相悖；其次，CIF 是典型的单据买卖，而该合同规定“如运货船只不能如期到达，买方将收回货款”，这实质上成了货到付款。因此，该合同在这些主要条款上已与 CIF 术语的本意相抵触，尽管名义上是按 CIF 成交，但实质上并非 CIF 合同性质。该合同以双方所规定的卖方保证到货时间及其违约处理的条件履行。

2. 卖方保险的问题

由于 CIF 术语在装运港装上船后，风险由买方承担，故海运中的风险主要由买方承担。卖方办理投保手续属于代办性质，即卖方在货物运输保险的问题上，只是联系保险公司，按合同规定的保险险别投保并支付保险费，货物装上船后损害赔偿由买方找保险公司。若合同没有约定保险险别，实务中外贸公司经常按一切险加战争险投保，根据《UCP 600》的规定，卖方（即出口公司）可选择最低险别（即平安险）投保，投保加成率为 10% 就可以了。

案例分析 11

案例： 我广东潮州 A 公司与日本 B 公司达成一笔出口烤鳗鱼的交易，以 CIF 东京成交，不可撤销信用证支付。因交易磋商中没有涉及保险问题，双方签订的`形式发票（PI）也没有涉及此问题。

问： A 公司对保险险别和保险加成率应如何把握？

分析： 双方以 CIF 成交，根据《2010 年通则》的规定，由我方 A 公司负责投保并支付保险费。由于支付方式为不可撤销信用证，根据《UCP 600》的规定，若双方事先没有约定，合同中也没有明示，卖方可以选择最低险别即平安险投保，投保加成率为 10%。

3. 象征性交货的问题

象征性交货（Symbolic Delivery）是相对于实际性交货（Physical Delivery）而言的。象征性交货是指卖方按合同约定的地点和时间完成装运，并向买方提交合同规定的、包括物权凭证在内的有关单据，就算完成了交货义务，而无须保证到货。象征性交货的特点是卖方凭单交货，买方凭单付款。只要卖方如期向买方提交合同规定的全套合格单据，即使货物在运输途中损坏或灭失，买方也必须履行付款义务。

案例分析 12

案例： 我 A 公司向法国 S 贸易公司出口一批袋装红茶。合同规定 CIF 马赛，25 公吨，

7 月 15 日前装运，信用证支付方式。卖方收到买方开来的信用证后，及时办理装运手续，装船完毕获得全套货运单据后，拟向议付行交单办理议付手续。此时，收到买方来电，得知载货船只在航行途中遭遇意外事故、大部分货物受损的消息。

问：①卖方可否及时收回货款？②买方应如何处理此事？

分析：①卖方可以及时收回货款。首先，CIF 术语属于象征性交货，其特点是卖方凭单交货，买方凭单付款；其次，在 CIF 条件下，卖方交货地点为装运港的船上，买卖双方风险划分界限为装运港船上。本案中，卖方及时办理了装运手续，货物已经装船完毕并取得货运单据，卖方已经完成了交货义务，风险也已经转移至买方。因此，只要卖方提交的单据符合信用证的规定，卖方就可以及时收回货款。②在实际业务中，如发生本案的情形，买方应该及时与保险公司联系，凭借取得的保险单及有关货损证明向保险公司索赔，以补偿货物损失。

4. CIF 术语的变形

（1）CIF Liner Terms（CIF 班轮条件），该术语的变形由卖方承担卸货费用。

（2）CIF Landed（CIF 卸至岸上），该术语的变形由卖方承担卸货费用，包括驳运费。

（3）CIF Under Ex Tackle（CIF 吊钩下交货），该术语的变形由卖方承担卸货费用，但如需驳运，则吊钩下驳运至目的港码头的费用由买方承担。

（4）CIF Ex Ship's Hold（CIF 舱底交货），该术语的变形由买方承担卸货费用。

CIF 贸易术语的变形并不改变买卖双方交货的地点和风险划分的界限，即在以 CIF 术语四种变形成交的情况下，卖方交货的地点都在装运港的船上，买卖双方风险在货物装上船时转移。

案例分析 13

案例：我某外贸公司以 CIF Landed 汉堡向德国某商人出口肠衣一批。我方按规定装运出口，货物在运输途中遇到海难，部分肠衣受损。德国商人要求我方承担该损失，我外贸公司业务员认为“CIF Landed 汉堡”要求我方将货物送达汉堡码头岸上交给德国商人，运输途中货物遭遇的损失应由我方承担，于是向德国商人赔偿了该项损失。

问：我方业务员的处理是否妥当？为什么？

分析：本案中我方业务员的处理不妥。根据《2010 年通则》，CIF Landed 是 CIF 贸易术语的变形，CIF 贸易术语的变形是为了解决卸货费用由谁负担而产生的问题，但买卖双方风险转移的界限没有改变。CIF Landed 要求卖方承担卸货费用包括驳运费，买卖双方风险在货物装上船时转移。因此，货物在装运后的运输途中遇到海难使部分肠衣受到的损失应由德国商人承担。

四、FOB、CFR 和 CIF 三种贸易术语的异同点

1. FOB、CFR 和 CIF 三种贸易术语的相同点

（1）交货地点相同。FOB、CFR 和 CIF 三种贸易术语的交货地点都在装运港的船上。

（2）风险划分的界限相同。FOB、CFR 和 CIF 三种贸易术语买卖双方风险在货物装上船时转移。

(3) 运输方式相同。FOB、CFR 和 CIF 三种贸易术语的运输方式只适于海运或内河航运，不适于陆运、空运或多式联运。

(4) 进、出口清关手续办理者相同。FOB、CFR 和 CIF 三种贸易术语进、出口清关手续都由买方、卖方各自办理。

(5) 合同性质相同。按 FOB、CFR 和 CIF 三种贸易术语成交的合同均属于装运合同，即只管货物按时装运，不管货物何时到达的合同。

(6) 交货性质相同。按 FOB、CFR 和 CIF 三种贸易术语成交，其交货性质均属于象征性交货。

2. FOB、CFR 和 CIF 三种贸易术语的不同点

FOB、CFR 和 CIF 三种贸易术语的不同点，主要表现在买卖双方承担的责任及费用不同。FOB 术语由买方负责租船订舱和支付运费；CFR 和 CIF 术语由卖方负责租船订舱和支付运费；CIF 术语由卖方负责租船订舱、支付运费、办理货运保险和支付保险费。

案例分析 14

案例： 我某出口公司就钢材出口对外发盘，每公吨 2 500 美元 CIF 伦敦，现外商要求我方将价格改为 FOB 深圳盐田，我出口公司应如何调整价格？如果按 CFR 伦敦条件签订合同，买卖双方所承担的责任、费用和风险与 FOB、CIF 有何不同？

分析： 原报价格为每公吨 2 500 美元 CIF 伦敦，现外商要求我方将价格改为 FOB 深圳盐田，我方应调低对外报价。因为，以 CIF 价格成交时，我方需要负担从装运港至目的港的正常运费和保险费，现在外商要求改为 FOB 深圳盐田，则应在原报价中减去运费和保险费。如果最后我方以 CFR 术语成交，相对于 FOB，卖方增加了订立运输合同的责任，增加了从装运港至目的港的正常运费负担；相对于 CIF，卖方减少了办理保险手续的责任，减少了保险费的负担。但从所承担的风险来看，CFR 与 FOB、CIF 术语相同，买卖双方各自承担的风险都以货物在装运港装上船的前后为界。

第三节 FCA、CPT、CIP 贸易术语

一、FCA

FCA 是"Free Carrier"的英文缩写，其中文含义是"货交承运人"。使用该术语，卖方负责办理货物出口结关手续，在合同约定的时间和地点将货物交由买方指定的承运人处置，并及时通知买方。

（一）买卖双方的基本义务

1. 卖方的基本义务

(1) 在合同规定的时间或期限内，将货物交给买方指定的承运人，并及时通知买方。

(2) 自负风险和费用，取得出口许可证或其他官方批准证件，办理货物出口所需的一切海关手续并支付有关的税费。

(3) 承担货物在约定地点交给第一承运人处置之前的一切费用和风险。

(4) 自负费用提供证明货物已交给承运人处置的通常单据。如果买卖双方约定采用电子通信，则所有单据均可被具有同等效力的电子数据交换（EDI）信息所代替。

2. 买方的基本义务

（1）负责指定承运人，签订运输合同，支付运费，并通知卖方。

（2）自负风险和费用取得进口许可证或其他官方批准的证件，办理货物进口所需的一切海关手续并支付有关的税费。

（3）承担货物在约定地点交给第一承运人处置后的一切风险。

（4）接受卖方提供的有关单据，受领货物，并按合同规定支付货款。

（二）使用 FCA 应注意的问题

1. 交货地点的问题

根据《2010 年通则》的规定，在下列时间交货才算完成：

（1）若指定的地点是卖方所在地，则当货物被装上买方指定的承运人或代表买方的其他人提供的运输工具时。

（2）若指定的地点不是卖方所在地，而是其他任何地点，则当货物在卖方的运输工具上，尚未卸货而交给买方指定的承运人或其他人，或由买方选定的承运人或其他人处置时。

（3）若在指定的地点没有约定具体交货点，且有几个具体交货点可供选择时，卖方可以在指定的地点中选择最适合其目的的交货点。

2. 风险转移的问题

买卖双方风险转移以货交承运人处置时为界。如果买方未能及时给予卖方有关承运人名称和其他事项的通知，或者他所指定的承运人未能接受货物，则自规定的交付货物的约定期限届满之日起，买方承担货物灭失或损坏的一切风险。

3. 责任和费用的划分问题

买方自行订立运输合同并承担运费。如买方要求卖方代为指定承运人并订立运输合同，在由买方承担风险和费用的情况下，卖方可以接受。

买卖双方承担费用的划分以货交承运人为界。

案例分析 15

案例：我内地某公司以 FCA 贸易术语向南非出口货物一批，双方约定由我方代为指定承运人并垫付有关运费，最迟的装运期为 4 月 12 日。我方业务员于 4 月 10 日将货物交给我方代为指定的承运人并于当天通知了买方，承运人收妥货物后存于仓库待运。4 月 12 日，由于仓库电线意外短路起火，全部货物被烧毁。当南非商人得知货物被毁后，拒绝支付货款和运费。

问：南非商人的拒付是否有理？为什么？

分析：南非商人的拒付是无理的。依《2010 年通则》的规定，买方负担货物在约定地点交给承运人处置后的一切费用和风险，若买方要求卖方代为指定承运人并订立运输合同，货物交给承运人处置后的风险和费用仍由买方承担。本案中，我方只是代为指定承运人并垫付有关运费，货物烧毁是在我方交货后发生，其风险应由买方承担。

二、CPT

（一）CPT 的含义

CPT 是“Carriage Paid To”的英文缩写，其中文含义为“运费付至指定目的地”。使用该术语时，卖方应该自费订立运输契约，并支付将货物运至目的地的运费。在办理货物出口结关手续后，在约定的时间和指定的装运地点，将货物交由承运人处置，并及时通知买方。

1. 卖方的基本义务

（1）负责订立运输契约并支付将货物运至目的地的运费。

（2）在合同规定的时间或期限内，将货物交给承运人，并及时通知买方。

（3）自负风险和费用，取得出口许可证或其他官方批准证件，办理货物出口所需的一切海关手续并支付有关的税费。

（4）承担货物在约定地点交给第一承运人处置之前的一切费用和风险。

（5）自负费用提供证明货物已交给承运人处置的通常单据。如果买卖双方约定采用电子通信，则所有单据均可被具有同等效力的电子数据交换（EDI）信息所代替。

2. 买方的基本义务

（1）自负风险和费用取得进口许可证或其他官方批准证件，办理货物进口所需的一切海关手续并支付有关的税费。

（2）承担卖方将货物在约定地点交给第一承运人处置后的一切风险。

（3）接受卖方提供的有关单据，受领货物，并按合同规定支付货款。

使用 CPT 术语，卖方的基本义务是在 FCA 的基础上增加指定承运人，与承运人签订运输合同并支付运费。

（二）使用 CPT 术语应注意的问题

1. 风险划分的界限问题

根据《2010 年通则》，货物自交货地点运至目的地的运输途中的风险由买方承担，卖方只承担货物交给承运人控制之前的风险。

2. 责任和费用划分问题

买方应及时将确定的交货时间和目的地给予卖方充分的通知，以利于卖方履行交货义务；卖方将货物交给承运人后，应及时向买方发出货已交付的充分通知，以利于买方及时投保和在目的地受领货物。

从交货地点到指定目的地的正常运费由卖方负担，正常运费之外的其他有关费用由买方负担。

案例分析 16

案例：我国内地某省 A 公司拟向加拿大 B 公司出口番茄酱罐头一批，B 公司提出按 CFR 多伦多条件成交，而我 A 公司则提出采用 CPT 多伦多的条件。

试分析 A 公司和 B 公司各自提出上述成交条件的原因。

分析：A 公司提出采用 CPT 的原因是：CPT 条件下，卖方只需在内地货物起运地将货物交给承运人，向承运人支付运费，其交货义务即完成，货物风险即转移至买方；CFR 条件下，卖方则必须自负费用、责任、风险，将货物由内地运至装运港口，并装上船，卖方才完成交货，风险才转移。因此对A公司而言，采用CPT条件，具有风险提前转移、提前交单收汇、费用和责任减少的优点。B公司提出采用CFR的原因，相应地是因为CFR条件对B公司而言，具有风险推迟转移、付款延迟、费用和责任减少的优点。

三、CIP

（一）CIP的含义

CIP是“Carriage and Insurance Paid to”的英文缩写，其中文含义为“运费、保险费付至（指定目的地）”。使用该术语，卖方应自费订立运输契约并支付将货物运至目的地的运费，负责办理保险手续并支付保险费。在办理货物出口结关手续后，在指定的装运地点将货物交由承运人处置，以履行其交货义务。

1. 卖方的基本义务

（1）负责订立运输契约并支付将货物运至目的地的运费。

（2）在合同规定的时间或期限内，将货物交给承运人。

（3）自负风险和费用，取得出口许可证或其他官方批准证件，办理货物出口所需的一切海关手续并支付有关的税费。

（4）承担货物在约定地点交给第一承运人处置之前的一切费用和风险。

（5）负责办理保险手续并支付保险费。

（6）自负费用提供证明货物已交给承运人处置的通常单据。如果买卖双方约定采用电子通信，则所有单据均可被具有同等效力的电子数据交换（EDI）信息所代替。

2. 买方的基本义务

（1）自负风险和费用取得进口许可证或其他官方批准证件，办理货物进口的一切海关手续并支付有关的税费。

（2）承担货物在约定地点交给第一承运人处置后的一切风险。

（3）接受卖方提供的有关单据，受领货物，并按合同规定支付货款。

使用CIP术语，卖方的基本义务是在CPT的基础上增加了负责办理货物运输保险，支付保险费。

（二）使用CIP术语应注意的问题

1. 卖方负责货运投保不等于卖方承担货运中的风险

根据《2010年通则》，卖方的投保属代办性质，货物从交货地点运往目的地的运输途中的风险由买方承担。

一般情况下，卖方应按双方约定的险别投保。如果未约定险别，则由卖方按惯例投保最低的险别。保险金额一般是在合同价格的基础上加成10%办理。若买方要求超过10%的保险加成，只要不超过30%（超过30%保险公司不一定承保），卖方都可以接受，并把增加的保险费分摊到CIP价格中对外报价即可。

案例分析17

案例：我内地某进出口公司以CIP条件进口货物一批，合同中的保险条款规定：“由卖方按发票金额的130%投保一切险。”卖方在货物装运完毕以后，已经凭借结汇单据向我方公司收取了货款。而货物在运输途中不幸遇险，导致全部灭失。当我方公司凭保险单向保险公司要求赔付时，卖方却提出，超出发票金额20%的赔付部分，应该是买卖双方各得一半。

问：卖方的要求是否合理？为什么？

分析：卖方的要求是不合理的。依惯例，如果未约定保险加成率，则由卖方在合同价格的基础上加成10%办理。但本案中，买卖双方已在合同中规定“由卖方按发票金额的130%投保一切险”，并没有“货物发生损失时，超出发票金额20%的赔付部分，双方各得一半”的规定。因而，我方公司可以独享保险公司赔偿的全部赔偿金额。

2. CIP合同属于装运合同

根据《2010年通则》，卖方负责办理货运并且支付运费，但是卖方并不保证货物按时到达目的地。只要卖方按合同规定的时间和地点，把货物交给第一承运人，并且备齐有关单据交买方，买方就必须付款。货物是否能到达目的地、何时到达目的地等风险，则由买方承担。

3. 合理确定价格

CIP与FCA相比，CIP卖方要负责落实运输和保险，支付运费和保险费。因此，报价时卖方要考虑运费、保险费，即运输距离、保险险别、各种运输方式和各类保险的收费情况，并预计运价和保险费率的变动趋势。

四、FOB、CFR、CIF与FCA、CPT、CIP贸易术语的主要区别

1. 适用的运输方式不同

FOB、CFR、CIF只适用于海洋运输和内河航运，其承运人一般是船公司，而FCA、CPT、CIP则适用于包括海运在内的各种运输方式以及多式联运方式，其承运人可以是船公司、航空公司或多式联运的联合运输经营人。

2. 风险转移的界限不同

FOB、CFR、CIF三种贸易术语的风险转移是以货物在装运港装上船的前后为界，而FCA、CPT、CIP的风险则自货物交付承运人处置时转移。

3. 装卸费用负担不同

采用租船运输时，FOB条件下需要明确装货费用由何方负担，在CFR、CIF条件下要明确卸货费用由何方负担。而采用FCA、CPT、CIP术语，因为装卸货费用通常已经包括在运费中，所以买卖双方一般不需要在合同中规定装卸货费用由何方负担。

4. 使用的运输单据不同

按FOB、CFR、CIF条件成交，卖方应提供与海运有关的运输单据（通常为海运提单），而FCA、CPT、CIP术语下，卖方向买方提供的运输单据视运输方式而定，可以是与海运有关的运输单据，也可以是铁路运单或航空运单等。

5. 交货的地点不同

FOB、CFR、CIF三种贸易术语，买卖双方交货的地点是在装运港的船上，而FCA、CPT、CIP三种贸易术语，买卖双方交货的地点是在卖方与承运人办理货物交接的装运地。承运人接管货物的装运地地点，可以在其提供的运输工具上，也可以为约定的运输站或收货站。

第四节 其他贸易术语

一、EXW

EXW 是“EX Works（. . . named place）”的英文缩写，其中文含义是“工厂交货（……指定地点）”。使用该术语，卖方负责在其所在处所（工厂、工场、仓库等）将货物置于买方处置之下即履行了交货义务。

使用 EXW 贸易术语应注意：

（1）在《2010 年通则》的 11 种贸易术语中，EXW 贸易术语卖方承担的责任最小、风险最低，因而其价格是最低的。

（2）一般情况下，由卖方将交货的具体时间和地点通知买方。

（3）采用产地交货方式时，卖方可只提供惯常包装。对于提供出口包装所需的费用，若合同没特别说明，一般应由卖方负担。

案例分析 18

案例：我 A 贸易公司与香港 T 公司签订一份出口茶叶的合同，EXW 交货条件，数量 10 公吨，总值 26 400 美元，合同规定买方应于 8 月份提取货物。卖方于 8 月 1 日如期将提货单交付给买方，买方按合同规定付清了贷款。但是，买方直到 8 月 31 日尚未提走货物，于是卖方将货物搬移至另一处不适当的地方存放。由于茶叶与牛皮合存在同一地方，当 T 公司于 9 月 15 日提货时，发现有 20% 的茶叶已与牛皮串味而失去原有价值。双方因此发生争执。

问：上述情况下，各方应负何种责任？为什么？

分析：买卖双方都有违约行为，各自都应承担相应的责任。卖方对买方尚未提走继续存放在其仓库的货物有保全货物和防止损失的责任，《公约》中有相关的规定。卖方应对串味的 20% 的茶叶负责赔偿；买方延迟 15 天收取货物属违约，因此 15 天的仓租以及由此而产生的其他额外费用，理应由买方负责。本案中，双方都有违约行为，应按照合同和有关法律的规定，各负其责。

二、FAS

FAS 是“Free Alongside Ship（. . . named port of shipment）”的英文缩写，其中文含义为“船边交货（……指定装运港）”。使用该术语，卖方负责在装运港将货物放置在码头或驳船上靠近船边，即完成交货。

使用 FAS 贸易术语应注意：

（1）FAS 的卖方负责办理出口结关手续和提供出口国政府签发的有关证件。

（2）FAS 条件成交，如果买方指派船只不能靠岸，卖方要负责用驳船把货物运至船边，仍在船边交货。

（3）与《定义》中 FAS 的区别。《2010 年通则》中的 FAS 只适用于海运和内河运输，而《定义》中的 FAS 适用于任何运输方式，只有“FAS VESSEL”才表示“船边交货”。如“FAS VESSEL NEWYORK”。

三、DAT

DAT 是“Delivered at Terminal”的英文缩写，其中文含义为“目的地或目的港的集散站交货”。使用该术语，卖方负责在指定的目的地或目的港的集散站卸货后将货物交给买方处置，即履行交货义务。使用该术语应注意：

（1）“Terminal”可理解为目的地或目的港的任何地点，如目的地的港口码头、仓库、集装箱堆场或货运站等。

（2）“卸货后”意指卖方应承担将货物在目的地的运输工具上卸下的费用。

（3）卖方不承担办理进口一切手续和费用，包括支付所有进口关税。

（4）卖方对买方没有订立保险合同的义务，是否投保由卖方决定。

四、DAP

DAP 是“Delivered at Place”的英文缩写，其中文含义为“目的地交货”。使用该术语，卖方负责在指定的目的地交货，卖方只需做好卸货准备，无须卸货即完成交货。使用该术语应注意：

（1）“Place”可理解为港口或陆地的地名，因此该术语适合于任何运输方式。

（2）DAP 与 DAT 的主要区别在于 DAP 卖方只负责将货物运至指定的目的地并做好卸货准备即可，卸货费用由买方承担。

（3）卖方不承担办理进口一切手续和费用，包括支付所有进口关税。

（4）卖方对买方没有订立保险合同的义务，是否投保由卖方决定。

案例分析 19

案例： 国内 A 公司与国外 B 公司签署一笔 CIF 纽约、即期信用证方式付款的 2 200 箱罐头食品出口合同。合同和信用证均规定不准转运。A 公司在规定的装运期限内将货物装上直驶目的港的班轮，并以直运提单办理了议付，国外开证行也凭议付行提交的直运提单付了款。承运船只驶离我国途经某港时，船公司为接载其他货物，擅自将 A 公司托运的货物卸下，换装其他船舶继续运往目的港。由于中途耽搁，加上换装的船舶设备陈旧，使抵达目的港的时间比正常直运船的时间晚了两个多月，影响了 B 公司对货物的使用。为此，B 公司向我 A 公司提出索赔，理由是我方 A 公司提交的是直运提单，而实际上是转船运输。

问： B 公司的索赔是否有理？

分析： B 公司索赔不合理。理由如下：首先，我方 A 公司已按信用证的规定将货物如期装上直达班轮并提供了直达班轮提单，卖方义务已经履行；其次，CIF 与 DAP 不同，不是“到岸价格”，按 CIF 成交，卖方在装运港完成交货义务，货物在装运港装上船时风险即转移。货物何时到达目的港、是否到达目的港，包括船公司中途擅自转船的风险概由买方承担，而与卖方无关。

五、DDP

DDP 是“Delivered Duty Paid (... named place of destination)”的英文缩写，它的中文

含义是“完税后交货（……指定目的地）”。使用该术语时，卖方负责将货物运至进口国的指定地点，负责办理货物进口的清关手续，并承担交货前的一切风险和费用，包括关税等。

使用DDP贸易术语应注意：

（1）如果卖方不能直接或间接地取得进口许可证，则不应使用DDP术语。

（2）卖方对买方没有订立保险合同的义务，是否投保由卖方决定。

（3）在全部11个贸易术语中，DDP贸易术语卖方承担的风险、费用和责任最大，因而价格最高。

（4）使用DDP贸易术语，卖方是在办理了进口结关手续后在指定目的地交货，因此，卖方实质是将货物运进进口方的国内市场。

第二章 商品的品名、品质、数量和包装

第一节 商品的品名、品质

一、商品的品名

国际货物买卖中，卖方卖什么？买方买什么？即商品的品名，必须有明确的描述。根据《公约》的规定，若卖方交付货物不符合约定的品名或说明，买方有权提出损害赔偿要求，直至拒收货物或撤销合同。

1. 品名条款的规定方法

（1）直接规定商品的品名，如大米、小麦等。

（2）为了明确起见，也可在商品品名前加具体的品种、等级或型号等概述性描述词，如一级籼米、TR－3U－A E27/B22 5W 节能灯等。

2. 规定品名条款的注意事项

（1）品名条款的内容必须明确、具体，避免空泛、笼统。如电视机不能简称为家用电器、男衬衣不能简称为服装、汽车玩具不能简称为玩具。

（2）条款中规定的品名，必须是卖方力所能及而买方需要的商品，凡做不到或不必要的描述性词句，都不应加入。

（3）尽可能使用国际通用的名称，若使用地方性的名称，交易双方应事先达成共识。同一商品在一个国家的不同地区名称不同，更不要说在不同的国家了。例如蔬菜中，椰菜学名结球甘蓝，其别名有洋白菜、卷心菜、圆白菜、包菜、茴子白等；空心菜学名蕹菜，其别名有竹叶菜、通菜、过河菜、藤菜等。对于凭样品或实物交货还好说，对于凭文字说明交货的商品，使用名称要尽可能规范。

（4）注意选用合适的品名，以利于减少关税、方便进出口和节省运费开支。如工艺品出口，采用的原材料多种多样，若名称不同，报关时征税就有可能不同。

案例分析 20

案例：我某食品进出口公司向意大利某客商出口苹果酒一批，CIF 条件，不可撤销即期信用证付款。国外开来信用证上货名描述为“Apple Wine”，于是我方为单证一致起见，所有单据上均填写为“Apple Wine”。不料货到国外后遭意大利海关扣留罚款，因该批酒的内、外包装上均写的是“Cider”字样。外商因此要求我方赔偿其罚款损失。

问：我方对此有无责任？

分析：我方应负责赔偿。作为出口公司理应知道所售货物的英文名称。如来证货名与实际不符，一则要求对方改证，二则自己更改单据上货物的英文名称，并用括号标注上原名称。如只考虑单证相符而置货物的名称于不顾，势必给对方在办理进口报关时造成严重后果。本案中，由于我方过错，致使买方遭海关扣货罚款，其责任应由我方承担。

二、商品的品质

商品的品质（Quality of Goods）是指商品的内在素质和外观形态的综合，前者包括商品的物理性能、机械性能、化学成分和生物特征等自然属性；后者包括商品的外形、色泽、款式和透明度等。

根据《公约》的规定，若卖方的交货不符合约定的品质条件，买方有权要求赔偿损失，也可要求修理或交付替代货物，甚至拒收货物和撤销合同。

（一）表示商品品质的方法

在国际贸易中，表示商品品质的方法主要是指该商品的性质、特点以及该商品品质在国际贸易中的习惯表示。总的来说，可以分为两大类：

1. 以实物表示的品质

以实物表示商品品质就是通过买卖时展示的实际货物，直观地反映出货物的品质，一般可分为看货买卖和凭样品买卖两种。

（1）看货买卖。看货买卖（Sale by Spot）是指买方在货物现场验看货物，并以验看过的货物交货。由于该方式一般是在现场进行，因而多用于寄售、拍卖、展卖等贸易方式中，适用于新产品推广、珠宝、字画等商品的买卖。

（2）凭样品买卖。凭样品买卖（Sale by Sample）是指以样品表示商品品质并以此作为交货依据的买卖，又称为凭样品交货（Delivery by Sample）。在实际出口业务中，如家用陶瓷、服装、儿童玩具、工艺品、食品等产品的出口多采用样品来表示其品质。如：

"玩具汽车，货号 SMF341，67×41.5×47/CTN，24PCS/CTN。详情依据 2009 年 2 月 15 日我方寄送的样品。"

根据提供样品者的不同，凭样品买卖可分为凭卖方样品买卖（Sale by Seller's Sample）、凭买方样品买卖（Sale by Buyer's Sample）、凭对等样品买卖（Sale by Counter Sample）。

①凭卖方样品买卖是指凭卖方样品作为卖方日后交货的品质依据。如中国进出口商品交易会（广交会）外商凭我方提供的样品洽商，并以该样品作为品质依据达成交易，这笔买卖就是凭卖方样品买卖。凭卖方样品买卖合同条款常表示为"Quality as per seller's sample"（品质以卖方样品为准）。

②凭买方样品买卖是指凭买方样品作为卖方日后交货的品质依据，如外商寄样品要求订制，并以该样品作为验收货物依据的买卖。凭买方样品买卖合同条款常表示为"Quality as per buyer's sample"（品质以买方样品为准）。

③对等样品又称"回样"，是指卖方根据买方提供的样品，加工复制出一个类似的样品交买方确认，这种经确认后的样品被称为"对等样品"，有时也称为"确认样品"（Confirming Sample）。卖方为了避免因交货品质与买方样品不符而招致买方索赔甚至退货的风险，当买方提供样品订购时，一般使用对等样品回避风险。

案例分析21

案例：我某出口公司凭买方样品成交出口真丝夹克衫一批，货值60 500美元。合同规定5月份装船，但需买方认可回样后方能发运。4月20日买方开来的信用证上也有同样的文句。我方多次试制回样，均未得到买方认可，因此我方不能如期装运。时至6月份买方以我方延迟交货为由向我方索赔。

问：我方应如何处理？在订立合同时，我方有无失误？

分析：合同与信用证上都明确规定须待买方认可回样后才能装运，所以尽管买方开来信用证，但因信用证上有此限制装运条款，我方无法利用，故延迟装运的责任非我方单方所致，对方以此为由要求赔偿，我方应予以拒绝。当初在订立合同时，如将条款改为“回样认可后买方应立即开证”，则无懈可击了，如果对方故意拖延开证，我方还可向其索赔。

凭样品买卖时卖方应注意留存复样（Duplicate Sample）。所谓复样，是指交易一方向另一方寄送样品时，应留存一份或若干份相同的样品，以备日后交货或处理争议时核对。有时也可采用“封样”（Sealed Sample）的做法。所谓“封样”，是指由公证机构在卖方交货的货物中抽取同样品质的样品若干份，在每份样品上加上铅封或烫上火漆，供交易双方使用。

由于纺织品和服装的特殊性，实务中经常以样品表示商品的某个方面品质。如果采用“色样”（Colour Sample）表示商品的色泽，采用“款式样”（Pattern Sample）表示商品的造型。

案例分析22

案例：我方A公司与韩国B公司成交一笔童装的出口贸易，合同规定凭卖方样品交货，A公司把样品寄送B公司，由于业务员粗心大意，留存的复样与寄送的样品有差异，且工厂已按照留存的复样生产。B公司收货后，认为所交货物与样品不符，向我方提出索赔。

问：我方A公司的失误在哪？

分析：根据规定，凭样品交货，卖方所交货物必须保证与样品完全一致。我方最大的失误在于寄送的样品和自己的留存复样有差异，导致交货的产品与样品不符。我方应了解样品的重要性，认真把好样品和复样的质量关。如对产品与样品的一致性没有完全把握，不可采用凭样品交货，我方可声明寄送的样品为参考样品，即使有差异也好交代。

2. 以说明表示的品质

除以实物表示商品的品质外，其他表示商品品质的方式，如以规格、等级、图样、文字等方式来表示商品的品质，都属于以说明表示商品的品质。以说明表示商品的品质一般可分为六种，即凭规格买卖（Sale by Specification）、凭等级买卖（Sale by Grade）、凭标准买卖（Sale by Standard）、凭说明书和图样买卖（Sale by Description and Illustration）、凭商标或牌号买卖（Sale by Trade Mark or Brand）和凭产地名称买卖（Sale by Name of Origin）。

（1）凭规格买卖。商品规格（Specification of Goods）是指用以反映货物的成分、含量、纯度、容量、性能、大小、长短、粗细等质量的若干主要指标。如：

"Colour Lamps, Candle type, 110V, 28W"（彩色灯泡，烛形，110伏，28瓦）。

"Soybean, Oil Content Min. 20%; Moisture Max. 12%; Admixture Max. 1%; Imperfect Grains Max. 8%"（大豆，含油量最低20%；水分最高12%；杂质最高1%；不完全粒最高8%）。

凭规格买卖能比较方便、准确地表示出商品的质量，在国际贸易中应用最广。

案例分析23

案例：我某进出口公司受国内某工厂委托从某国进口特种钢板50公吨。合同规定五种尺码即6英尺、7英尺、8英尺、9英尺、10英尺，每种尺码平均搭配。但货到达目的港后，我公司发现50公吨钢板全为6英尺一种规格。

问：在此情况下，根据《公约》规定，我方应如何处理？

分析：卖方应严格按照合同规定，交付符合合同规定的货物，否则应承担违约责任。我方可以全部退货，也可只收下10公吨6英尺的钢板，其余退货，并可要求外商赔偿我方因此而造成的一切损失。

（2）凭等级买卖。商品等级（Grade of Goods）是指同一类货物，按其质地的差异或尺寸、形状、重量、成分、构造、效能等的不同，用文字、数字或符号所作的分类。如：

"Special Grade Chinese Black Tea"（特级中国红茶）。

（3）凭标准买卖。商品标准（Standard of Goods）是指货物规格的标准化。如：国际标准化组织（ISO）标准、国际电工委员会（IE）标准、欧洲合格评定（CE）标准、英国标准学会（BSI）标准等。

对当年产农产品买卖，由于签订农产品贸易合同时，该农产品仍未收获，其质量如何买卖双方都无法把握。因此，对农产品质量的表示，通常采用"良好平均品质"（Fair Average Quality, FAQ）来表示其质量标准。所谓"良好平均品质"是指在一定时期内某地出口货物的平均品质水平，一般是指中等货。如：

"Lichee of P. R. of China, 2003 crop, FAQ."（2003年中国产荔枝，良好平均品质。）

（4）凭说明书和图样买卖。有的商品（如机电产品），除了规定其名称、商标牌号、型号外，还要采用说明书（Description）来介绍产品的构造、原材料、产品形状、性能、使用方法等，有时还附以图样、图片、设计图纸、性能分析表等来完整说明其具有的质量特征。如：

"Quality and technical data to be strictly in conformity with the description submitted by the seller"（品质和技术数据必须与卖方所提供的产品说明书严格相符）。

（5）凭商标或牌号买卖。由于市场营销的结果，著名的商标（Trade Mark）或牌号（Brand）不仅代表一定的质量水平，而且代表消费者一定的品位，能够增强消费者的购买欲望，刺激需求。如：

"Hualin Brand Air Conditioner, Model: KFR34GW, 220V, 50Hz with remote control"（华凌牌空调机，型号KFR34GW，220伏，50赫兹，带遥控）。

（6）凭产地名称买卖。由于自然条件和传统生产技术的影响，某些产品因产地的不同，其产品的质量、信誉也不同（如南非宝石、新疆哈密瓜、江西景德镇陶瓷等）。对于这类产品可采用凭产地名称来表示产品的品质。如：

"Sichuan Preserved Vegetable"（四川榨菜）；"France Perfume"（法国香水）。

案例分析24

案例：我新疆某出口公司向英国某公司出口哈密瓜一批，合同的品名及规格条款写明"新疆产哈密瓜，每个净重不少于2.5千克"，因受当年自然灾害影响，产量不够，该出口公司从其他省份采购了一半数量的哈密瓜供应出口。由于产地不同，瓜的外观颜色和质量明显不同，英国公司经调查得知部分产品不是新疆产的，于是向我出口公司提出索赔。

问：英国公司的要求是否有理？为什么？

分析：英国公司的要求有理。本案属于凭产地名称表示产品的质量，并且在合同中已明示"新疆产"，我方未征得对方同意，擅自改变部分产品的产地。众所周知，新疆哈密瓜在中国是出名的产品，与其他产地的哈密瓜在质量上有差异，在价格上也明显高一等。因此，我方出口公司理应赔偿英国公司的损失。

（二）规定品质条款应注意的问题

1. 凭样品买卖时卖方交货的品质应与样品完全一致

《公约》第35条规定："货物的质量与卖方向买方提供的货物样品或式样相同。"为了避免因所交货物与样品不符，对于交货质量与样品完全一致没有把握的产品，卖方可把样品列为参考样品（Sample for Reference）或规定一定的品质机动幅度。

所谓参考样品，是指卖方向买方提供的样品仅供参考，不作为日后交货的检验依据。所谓品质机动幅度，是指允许卖方所交货物的质量指标在一定的幅度内有灵活性。品质机动幅度可分为品质公差和品质机动幅度两种。品质公差（Quality Tolerance）是指国际上同行业公认的产品品质误差。凡在品质公差范围内的货物，买方不得拒收或要求调整价格。品质公差多用于工业制成品，而品质机动幅度多用于农副产品。品质机动幅度是指对特定质量指标在一定幅度内可以机动。具体的规定方法有：

（1）规定一定的范围。如：植绒布，幅宽为35~36英寸。意指植绒布的幅宽在35英寸到36英寸的范围内，买方都应认为是合格的。

（2）规定一定的极限。如："Rice, Broken Grains (max.) 20%; Moisture (max.) 12%; Admixture (max.) 0.2%"［大米，碎粒（最高）20%；水分（最高）12%；杂质（最高）0.2%］。

（3）规定一定上下差异的幅度。如："China Grey Duck Feather with 90% down content, 1% more or less allowed"（中国灰鸭绒含绒量为90%，允许上下1%）。

2. 正确选用表示品质的方法

在实际业务中，应视商品的特性选用表示商品品质的方法。有的商品适合采用凭规格表示品质，有的适合采用凭等级或标准表示品质，有的适合采用凭样品表示品质，但一笔交易中不能同时采用两种或两种以上的方法表示同一商品的品质，以避免出现混乱和误解。

案例分析 25

案例：我某土产贸易公司以 CIF 条件向新加坡 B 公司出口一批杏仁。品质规定为：水分最高 15%，杂质不超过 3%。但在成交前我方公司曾向对方寄送样品，合同签订后又电告对方，确认成交货物与样品相似。货物装船前由中国商品检验检疫局检验签发了品质规格合格证书。货物运抵新加坡后，B 公司出具了所交货物平均品质比样品低 7% 的检验证明，并据此向我方公司提出索赔 6 000 英镑。我方认为合同中并未规定凭样品交货，仅规定了凭规格交货，而所交货物符合合同规格，因而拒赔。新加坡公司遂请求中国国际贸易促进委员会协助解决此案。我方进一步陈述说，交货时商品是经过挑选的，因该商品系农产品，不可能做到与样品完全相符，但不至于低 7%。由于我方公司已将留存的样品遗失，对自己的陈述无法加以证明，我仲裁机构也难以管理，最后只好赔付一笔差价而结案。

试分析此案，找出本案中双方争执的主要焦点及我方应当吸取的教训。

分析：本案主要焦点在于：该交易究竟是凭规格买卖还是凭样品买卖，或是既凭规格又凭样品买卖。我方应当吸取的教训是：首先，从合同规定来看并非凭样品买卖，但遗憾的是，我方订约前所寄样品未声明是参考样品，订约后又通知对方货物与样品相似，这就授人以柄，该交易变为既凭规格又凭样品的买卖，这样，卖方所交货物品质就既应符合合同中规定的规格，又应与样品一致，使自己多承担了责任。其次，既留有复样，就应妥善保存。若我方能以留存的复样为根据，证明我方所交货物与样品并无不符，本案就另当别论了。

3. 明确确定商品品质的标准及检验方法

采用文字说明表示商品的品质时，大多数是通过定量技术指标说明商品的品质，如果采用的检验方法不同或检验的条件不同，其检验结果可能不同。如果贸易合同对商品品质的标准或方法没说明，就可能引起买卖双方的误解，有时给外商可乘之机。

案例分析 26

案例：深圳某粮油进出口公司以 CIF 盐田从美国进口一批大豆产品 20 000 公吨，合同中品质条款规定蛋白质含量不低于 34.5%，货到深圳盐田后，我出入境检验检疫局经抽样检验，发现该批大豆的蛋白质含量只有 31.3%，低于合同规定的 34.5%。经分析，美国商人是基于大豆干态的状况下检验的蛋白质含量不低于 34.5%，而我出入境检验检疫局是在大豆湿态的状况下检验的，符合国际的检验惯例，由于合同没有说明采用干态或湿态为检验基础，外商趁机以次充好。于是我方向外商提出索赔。

问：我方索赔是否有理？我方应吸取什么教训？

分析：我方索赔有理。合同没有说明检验的基础是在干态还是湿态，根据一般对大豆蛋白质的检验标准，国际上都是采用湿态的状态下检验，我方可以凭借出入境检验检疫局出示的检验报告向美商提出索赔。通过本案我方也应吸取教训，在订立商品品质条款时，应明确规定商品的检验标准和检验方法，避免引起不必要的争议。

第二节　商品的数量

一、《公约》对卖方交货数量违约的规定

在国际货物买卖合同中，商品的数量是合同的主要条款之一，如果卖方在交货时违反合同数量条款的约定，多交或少交商品数量，《公约》对买方能主张的权利和卖方需承担的责任都作了明确的规定。

《公约》第52条规定，如果卖方交货数量大于合同规定的数量，买方可以收取也可以拒收多交部分的货物。如果买方收取多交部分货物的全部或一部分，它必须按合同价格付款。

《公约》第51条规定，如果卖方交货数量少于约定的数量或交货数量中只有一部分符合合同规定，卖方应在规定的交货期届满前补交，但不得使买方遭受不合理的不便或承担不合理的开支，即使如此，买方也有保留要求损害赔偿的权利。

案例分析27

案例：我某农工商贸易公司经意大利一华侨介绍，从意大利某公司进口尿素，数量为30万公吨，单价为USD 169/公吨 CIF 厦门，允许溢短装10%。而货到达目的港后，发现卖方共装运了40万公吨。

问：按《公约》规定，对卖方多交的7万公吨尿素，我方可以如何处理？

分析：按《公约》规定，我方可拒收多交的7万公吨尿素，因此发生的费用由卖方承担；也可以收取多交的7万公吨，按合同价付款。

二、常用的度量衡制度

各国使用的度量衡制度不同，计量单位也不相同。在国际贸易中通常采用的度量衡制度有公制（或米制）（Metric System）、美制（U. S. System）、英制（British System）和国际单位制（International System of Units）四种。

公制是十进位制，法国在18世纪时最早开始使用。因公制长度的基本计量单位是“米”，所以公制又称“米制”。

英制由于不是十进制，换算不方便，因而在世界上使用得越来越少，逐步被国际单位制及公制取代。现实中，因英国加入欧盟，在欧盟的一体化进程中已宣布放弃英制，采用公制。

国际单位制由国际计量委员会创立，其基本单位有米（m）、千克（kg）、秒（s）、安培（A）、开尔文（K）、坎德拉（cd）和摩尔（mol）七个，分别用来度量长度、质量、时间、电流、热力学温度、发光强度和物质的量。

我国现行的法定计量单位制是在国际单位制的基础上增加一些非国际单位制的单位。《中华人民共和国计量法》第3条规定：“国家采用国际单位制。国际单位制计量单位和国家选定的其他计量单位为国家法定计量单位。”

三、计量单位

1. 重量单位（Weight）

常用的重量单位有 kilogram（千克），metric ton（公吨），pound（磅），ounce（盎司），long ton（长吨），short ton（短吨）等。这些单位常用于矿产品、钢铁及有色金属、农副产品、药品、化工产品等商品。公吨、千克、磅的换算关系是：1 公吨 = 1 000 千克≈2 204.62 磅。

2. 个数单位（Number）

常用的个数单位有 piece（只、件），dozen（打），set（套、台、架），pair（双），case（箱），bag（袋），bale（包），gross（罗），ream（令）等。这些单位常用于工业制成品、杂货、机器设备、玩具、成衣、活牲畜、交通运输工具等商品。

棉花一般以包为单位，一标准包毛重 500 磅（约为 266.796 千克），净重 478 磅（约为 216.817 千克），美国以净重 480 磅（约为 217.724 千克）为一包。

3. 长度单位（Length）

常用的长度单位有 meter（米），foot（英尺），yard（码）等。这些单位常用于纺织品匹头、绳索、电线电缆等商品。米、英尺、码的换算关系是：1 码 = 0.914 4 米，1 码 = 3 英尺。

4. 容积单位（Capacity）

常用的容积单位有 litre（公升），bushel（蒲式耳），gallon（加仑）等。这些单位常用于谷物、石油等液体类商品。公升、蒲式耳、加仑的换算关系是：1 蒲式耳≈35.238 公升，1 加仑（美制）≈3.785 3 公升，1 加仑（英制）≈4.546 公升，实务中一般以 1 加仑折合 3.785 3 公升计算。

谷物一般以美制蒲式耳计量。石油除了用加仑或公吨外，还常用“桶”（Barrel）计量，桶有美制和英制，其不同是：

1 桶（美制）≈158.99 公升，1 桶（英制）≈163.65 公升。

由于石油比重的不同，每公吨石油的桶数也不同。世界平均比重的原油，一般以 1 公吨折合 7.35 桶（美制）计。

5. 面积单位（Area）

常用的面积单位有 square meter（平方米），square foot（平方英尺），square yard（平方码）等。这些单位常用于皮革、塑料地板之类的塑料制品等商品。

6. 体积单位（Volume）

常用的体积单位有 cubic meter（立方米），cubic foot（立方英尺），cubic yard（立方码）等。这些单位常用于木材、化学气体等商品。

四、计算重量的方法

在国际贸易中，计算重量的主要方法有毛重、净重、公量、法定重量和理论重量五种。

1. 毛重（Gross Weight）

毛重是指商品本身的重量加包装物的重量。

2. 净重（Net Weight）

净重是指产品本身的重量，即除去包装后的商品实际重量。净重是国际贸易中最常见的计重办法。实务中，当没有特别说明时，按照国际惯例，计价的重量应理解为净重。

由净重的定义可以知道，毛重就是净重加上皮重，皮重就是毛重减去净重，皮重的计算方法有：

（1）实际皮重（Actual Tare），即将整批商品的包装逐一过秤所求得的重量。

（2）平均皮重（Average Tare），即在包装重量大体相同的情况下，以若干件包装的实际重量求出平均数，再以此平均数作为每件的包装重量，当以此平均数乘以总件数时就可得出总的包装重量。

（3）习惯皮重（Customary Tare），有些比较规格化的包装，其包装重量在市场上已得到一致认可，这种被公认的包装重量称为习惯皮重。

（4）约定皮重（Computed Tare），即按买卖双方约定的包装重量为准，不必过秤。

以毛作净（Gross for Net）是指按毛重来计算商品的重量。以毛作净多用于价值较低的农产品（如粮食、饲料等）或很难将包装与商品分别计算的商品（如卷筒新闻纸等）。如：

"Thailand Simiao rice 5 000MT, Single new jute package, 100KG per package, gross for net."（泰国丝苗米 5 000 公吨，单层新麻袋包装，每袋 100 千克，以毛作净。）

案例分析 28

案例：我某外贸公司与澳洲某客商达成一笔进口 1 000 公吨大豆的交易，合同规定：新麻袋包装（NEW GUNNY BAG），每袋 25 千克，每公吨 200 美元 FOB 悉尼，T/T 付款。货到后我方验货发现，货物实际每袋毛重 25 千克，净重 24 千克，马上去电澳商提出问题，要求扣除短量部分的货款，并向澳商寄送有关部门出具的检验证明。

问：我方的要求是否合理？为什么？

分析：我方的要求是合理的。卖方交货的数量应严格按照信用证的规定执行，由于合同中未注明以毛作净，按惯例，卖方应按商品的净重交货。本案澳商用新麻袋包装货物，每袋 25 千克，但货物扣除皮重后每袋只有 24 千克，说明货物每袋短量 1 千克，我方有权要求扣除短量部分的货款。

3. 公量（Conditioned Weight）

公量是以商品的干净重加上标准的回潮率与干净重的乘积所得出的重量。该计重方法常用于价值较高而水分含量受客观环境影响较大的商品，如生丝、羊毛、棉花等。国际上的通常做法是以该商品烘去水分后的重量（即干净重）加上标准的回潮率与干净重的乘积，其公式为：

公量 = 商品干净重 + 商品干净重 × 标准回潮率

商品干净重 = 商品的实际重量/（1 + 实际回潮率）

案例分析 29

案例：我方某公司与西班牙某公司达成了一笔 100 公吨生丝的出口交易，合同中规定以公量来计算商品的重量，商品的标准回潮率确定为10%。当我方按合同规定的装运期限装运货物时，测得实际回潮率是21%。

问：我方应装运多少才能达到合同规定的公量数？

分析：因为：

商品的实际重量＝商品干净重×（1＋实际回潮率）

商品干净重＝公量/（1＋标准回潮率）

所以：

$$商品的实际重量=\frac{公量}{1+标准回潮率}\times(1+实际回潮率)$$

$$=\frac{100}{1+10\%}\times(1+21\%)$$

$$=110\ (公吨)$$

因此，我方应装运110公吨才能达到合同规定的公量数。

4. 法定重量（Legal Weight）

法定重量是商品重量加上直接接触商品的包装物料重量。法定重量是海关依法征收从量税时，作为征税基础的重量。除去直接接触商品的包装物料所表示出来的重量，称为实物净重（Net Weight）。

5. 理论重量（Theoretical Weight）

理论重量适用于有固定规格和固定体积的货物，如马口铁、钢板等，根据件数即可计算出其总重量。

五、国际货物买卖合同中商品数量条款的内容

国际货物买卖合同中商品数量条款的内容主要包括成交商品的数量和计量单位。如：

"6 800PCS, with 5% more or less at seller's option"（6 800件，卖方可溢装或短装5%）。

"6 000MT, with 5% more or less at seller's option"（6 000公吨，卖方可溢装或短装5%）。

六、拟订商品数量条款应注意的问题

1. 度量衡制度不同而产生争议

如计算重量，实行英制的国家一般采用长吨（long ton），实行美制的国家一般采用短吨（short ton），国际单位制为公吨（metric ton）。它们的换算关系是：1长吨＝1 016千克，1短吨＝907千克。

案例分析30

案例：我方某外贸公司从美国进口钢材500公吨，美商报价为每吨3 000美元CIF广州，不可撤销即期信用证付款。当我方凭单提货后发现，实际重量只有453.5公吨，当我方向美商提出交涉时，美商拒不补交剩余的47.5公吨。

问：美商的理由是什么？我方应吸取哪些教训？

分析：因美商对我报价为每吨3 000美元CIF广州，并没有明确说明重量单位是公吨，由于美国采用美制短吨计重，1短吨=907千克，因而美商按500短吨向我方交货。

我方应吸取的教训是：对于计重单位为吨的，应明确表明为公吨，避免因“吨”在美制或英制国家中的不同理解而产生争议，造成我方的损失。

2. 合理规定数量的机动幅度

数量的机动幅度条款也称为溢短装条款（More or Less Clause），是指允许卖方在交货时，可根据合同的规定多交或少交一定的百分比。如：“6 800PCS, with 5% more or less at seller's option”，根据该条款，卖方交货数量可在7 140~6 460件之间机动。规定溢短装条款应考虑以下问题：

（1）机动幅度的大小要适当。实务中一般规定为5%。

案例分析31

案例：我某公司与国外B公司达成一份贸易合同，出口水产品10公吨，合同规定为箱装，每箱净重为40英磅，总数量可以有5%的机动幅度。

问：在信用证金额也有5%增减的情况下，该批货物最多能装多少箱？最少应装多少箱？

分析：最多能装578箱，最少应装524箱。计算如下：

1磅=0.453 59千克，则40磅=18.144千克

用［10×（1+5%）×1 000］/18.144即可求得最多的装箱数为578箱（尾数应去掉）。

用［10×（1-5%）×1 000］/18.144即可求得最少的装箱数为524箱（尾数应进位）。

（2）机动幅度的确定由谁掌握。实务中有三种情况，即由买方、卖方或船公司确定，一般情况多由卖方确定，如由买方租船订舱，应由买方确定。若合同或信用证没有说明由何方确定，按惯例由卖方确定。

案例分析32

案例：我方某公司与国外某客商达成一笔出口交易，合同中规定，数量为10 000公吨，允许有5%的溢短装，溢短装部分按合同价格计价。该商品的合同价格为每公吨2 300美元FOB广州。因该商品的市场行情上涨，货物装运前的价格为每公吨2 400美元。

问：①我方根据合同的规定最多和最少可交多少公吨货物？②此案例中，我方应多交还是少交？为什么？

分析：①我方根据合同的规定最多可交10 500公吨货物，最少可交9 500公吨货物。②此案中，我方应少交500公吨的货物。因为当时该商品的市场行情上涨，每公吨差价为100美元，我方完全可以依合同的规定少交500公吨的货物，以减少50 000美元的贸易损失，将少交的500公吨货物出售给出价较高的买主。

（3）溢装或短装部分货物的价格如何确定。溢短装部分的价格有按市场价格计算和合

同价格计算两种。若合同没有规定，对溢短装部分，依惯例应按合同价格计算。

3. 注意《UCP 600》有关交货数量增减的规定

（1）根据《UCP 600》第30条a款规定："约"或"大约"用于信用证金额、数量或单价时，应解释为允许有关金额、数量或单价不超过10%的增减幅度。如："about 1 000 M/T"（大约1 000公吨），则卖方实际交货最高可达1 100公吨，最低可达900公吨。

（2）若合同和信用证中未明确规定可否溢短装，则对于散装货，可根据《UCP 600》第30条b款的规定处理："只要信用证未注明货物以包装单位或个数计数，并且总支付金额不超过信用证金额，货物数量准许有5%的增减幅度。"

案例分析33

案例：我某公司向科威特出口散装小麦100公吨，每公吨FOB上海400美元。合同中未规定数量可增减。国外按时开来信用证，证中规定总金额不超过40 000美元。我方收到信用证后备货待运，在合同规定的装运期内我方按104公吨发货装运，并按实际交货数量制作单据，但持单到银行办理议付时却遭拒绝。

问：银行拒付是否有理？为什么？

分析：银行拒付有理。根据《UCP 600》的规定："只要信用证未注明货物以包装单位或个数计数，并且总支付金额不超过信用证金额，货物数量准许有5%的增减幅度。"本案中，卖方出口100公吨散装小麦，信用证未表明可否溢短装，卖方本可多交或少交100公吨的5%，即多交或少交5公吨，但是，本信用证规定的总金额限定为40 000美元，则卖方只可少交货，不可多交货，即最少交货95公吨，最多交货100公吨。本案中，卖方实际交货104公吨，其单据必然与信用证规定不符，因而银行拒付有理。

第三节　商品的包装

一、《公约》对卖方商品包装违约的规定

《公约》第35条规定，卖方交付的货物必须与合同所规定的数量、质量和规格相符，并须按照合同所规定的方式装箱或包装。除双方当事人另有协议外，货物除非符合以下规定，否则即为与合同不符：……货物按照同类货物通用的方式装箱或包装，如果没有此种通用方式，则按照足以保全和保护货物的方式装箱或包装。

按照某些国家法律规定，如卖方交付的货物未按约定的条件包装，或者货物的包装与行业习惯不符，买方有权拒收货物。如果货物虽按约定的方式包装，但与其他货物混杂在一起，买方可以拒收违反约定包装的那部分货物，甚至可以拒收整批货物。

案例分析34

案例：我出口公司向芬兰客户出口杏脯1.5公吨，合同规定纸箱装，每箱15千克，内装15小盒，每小盒1千克。交货时，由于此种包装的货物短缺，于是我方将小包装更改为每箱仍为15千克，但内装30小盒，每小盒0.5千克。货到目的港后，对方以包装不符为由拒绝收货。我方则认为数量完全相符，要求买方付款。

问：你认为责任在谁？应如何处理？

分析：责任在我方。《公约》中规定“卖方交付的货物必须与合同规定的数量、质量和规格相符，并须按照合同所规定的方式装箱或包装”。显然我方违反了合同中的包装条款，我方应立即主动向对方道歉，以求得买方的谅解，必要时，可能还要负担买方更换包装的费用。

二、商品包装的分类

除了散装货（如煤炭、矿石、大豆等）和裸装货（如汽车、轮船、飞机、钢材等）外，商品一般需要包装。按包装所起的作用分类，包装可分为销售包装和运输包装。

1. 销售包装

销售包装又称为内包装，是直接接触商品并随商品进入零售网点和消费者直接见面的包装。销售包装具有保护、美化、宣传、促销产品等作用。

常见的销售包装有：

（1）便携式包装。该包装上有提手装置设计或附有携带包装，方便消费者携带，如5千克装的大米袋等。

（2）挂式包装。该包装采用挂钩、网袋、吊袋设计，便于商品的悬挂、陈列和展销等。

（3）易开包装。该包装带有手拉盖等设计的易拉罐、易开瓶和易开盒等，如啤酒罐、罐头等。

（4）喷雾包装。该包装上带有自助喷出和关闭的装置，对液体商品较适合，方便消费者使用，如香水、灭蚊水等。

（5）堆叠式包装。采用包装的上边盖部和底部能吻合的造型设计以便商品堆叠陈列，节省包装。

（6）配套包装。该包装将有关联的不同规格品种的商品搭配成套，如成套茶具包装盒等。

（7）复用包装。除用作商品包装外，还可以提供消费者观赏、再使用等其他用途的包装。

（8）礼品包装。该包装设计精美，专为送礼的包装，如名贵表、名贵酒等。

2. 运输包装

运输包装是指为了方便运输，保护商品而设计的包装，它具有保护产品安全、方便储存、运输、装卸等作用。运输包装一般可根据包装方式、包装材料和包装层次分类。

（1）按包装方式分类，运输包装可分为单件运输包装和集合运输包装。单件运输包装主要有箱（纸箱、木箱）、桶（木桶、铁桶）、袋（纸袋、麻袋）、包等，集合运输包装主要有托盘、集装袋、集装箱等。

（2）按包装的材料分类，包装可分为纸制包装、金属包装、塑料包装、木制包装、玻璃包装、陶瓷包装、复合材料包装等。

（3）按包装层次分类，包装可分为外包装、中包装和小包装。如香烟、节能灯等的包装。

三、运输包装标志

运输包装标志是指在运输包装上标出图形、代号、字母，以提醒操作人员该货物的特性及在装卸、运输和保管货物的过程中应注意的问题。按用途划分，运输包装标志可以分为运输标志、指示性标志和警告性标志。

1. 运输标志

运输标志（Shipping Marks）又称唛头，是指书写、压印或刷制在外包装上的图形、文字和数字。运输标志通常由一个简单的几何图形和一些字母、数字及简单的文字组成，其主要内容包括：①收、发货人代号；②目的地；③件号、批号。如：

ABC………………收货人代号

NEWYORK………目的港

NO. 1 – 400………件号

如果合同或信用证没有规定，运输标志可以略去，也可由卖方确定。

国际标准化组织制定了一项标准运输标志向各国推荐使用，该标准运输标志包括的内容有：①收货人或买方名称的英文缩写字母或简称；②参考号，如订单号、运单号或发票号；③目的地，如纽约、旧金山等最终目的港或目的地的名称；④件号，指本次交运货物运输包装的每件货物的顺序号和总件数，如 NO. 1 – 400 指本次运输总数为 400 件，此件为第 1 件。完整的标准运输标志举例如下：

ABC………………收货人代号

GD04 – 33445……参考号

NEWYORK………目的港

NO. 1 – 400………件号

案例分析 35

案例：我公司向国外出口某商品，CIF 条件，即期信用证付款。在与外商签订合同时规定由我方出唛头。因此，我公司在备货时就将唛头刷好。但到装船前不久，国外开来的信用证上又指定了唛头。

问：这种情况下应如何处理？

分析：我方应按合同规定及时要求对方更改信用证。如对方坚持不改，我方可重新换唛头，但所需费用或因刷唛而延误船期的责任，应明告对方由其承担。不可既不要求改证，又不重新刷唛而直接出运，其后果必然是单证不符，银行不予议付，影响及时收汇。

2. 指示性标志

指示性标志（Indicative Marks）是指对容易破碎、残损、变质的货物，通过标志提示人们在装卸、运输和保管货物的过程中需要注意的事项，如“小心轻放”、“怕湿”、“向上”等。指示性标志一般不需要在合同中规定，由卖方根据货物的实际要求自行刷制在包装上。

我国参照国际标准 ISO780—1985 规定了国家标准 GB191— 90 “包装储运图示标志”，共有 12 种，具体是：

易碎物品　向上　怕雨　此面禁用手推车

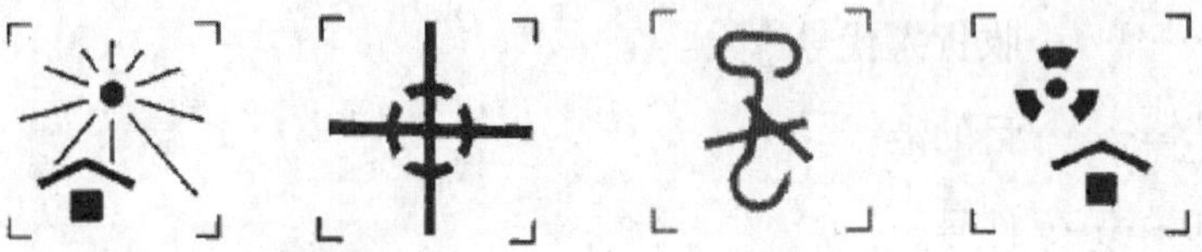

怕晒　重心　禁用手钩　怕辐射

堆码层数极限　禁止堆码　禁止翻滚　堆码重量极限

3. 警告性标志

警告性标志（Warning Marks）是指在装有爆炸品、易燃物品、腐蚀物品、氧化剂和放射性物质等危险货物的运输包装上用图形或文字表示各种危险品的标志。

警告性标志又称为危险品标志，国际海事组织制定的《国际海运危险货物规则》（简称《国际危规》）对危险品有专门的规定标志。

《国际危规》规定，危险货物的所有标志均须满足至少三个月海水浸泡后，既不脱落又清晰可辨。有的国家在进口危险货物时，要求在运输包装上标打国际海事组织规定的危险品标志，否则，不准靠泊卸货。

我国危险货物的包装标志具体是：

爆炸品标志　爆炸品标志　爆炸品标志　易燃气体标志　有毒气体标志

易燃液体标志

易燃固体标志

自燃物品标志

遇湿易燃物品标志

氧化剂标志

有机过氧化物标志

剧毒品标志

有毒品标志

有害品标志

感染性物品标志

一级放射性物品标志

二级放射性物品标志

三级放射性物品标志

腐蚀品标志

杂类标志

除了上述三种标志外，有时根据商品的特点或运输包装习惯，在商品的运输包装上标出该件包装的毛重、净重、尺码和商品的生产国别或地区，如：

G. WT.：　45KGS

N. WT.：　40KGS

M：　40×40×50CM

MADE IN CHINA

四、条形码、中性包装和定牌生产

1. 条形码

条形码（Bar Code）是由商品包装上一组带有数字的黑白及粗细间隔不等的平行条纹所组成的，它是利用光电扫描阅读设备为计算机输入数据的特殊的代码语言。条形码用以表示一定的信息，这些信息包括商品的品名、规格、价格、制造商等，由于采用光电扫描录入信息，操作简单、准确、快捷，许多国家在超市自动销售管理系统中普遍使用。有的国家规定，包装上没有条形码的商品不准进口。

国际上通用的条形码有两种：一种是 UPC 条形码，通用于北美地区，主要用于货物的包装、销售、记账和数据处理等方面。另一种是 EAN 条形码，由国际物品编码协会统一分配和管理。EAN 条码的标准版有 13 位标识数字，其缩短版只有 8 位标识数字。标准版的 13 位数字中，前几位是由前缀码和厂商代码组成，前缀码由国际物品编码协会统一管理和分配。1991 年 4 月我国正式加入该协会，分配给我国的国别号为“690”、“691”和“692”，中国香港为“489”，中国台湾为“471”，在我国设立的中外合资企业，其生产的产品代条码为“693”。

6 920552 000676　　6901 2341

2. 中性包装

中性包装（Neutral Packing）又称“白袋”，是指既不标明生产国别、地名和厂商名称，也不标明商标或牌号的包装。当货物或包装上使用买方指定的商标或牌号，但不注明生产国别和厂商名称时，称为定牌中性；当货物或包装上均不使用任何商标品牌，也不注明生产国别和厂商名称时，又称为无牌中性。

采用中性包装，是出口方为了打破某些进口国家与地区的关税和非关税壁垒以及适应交易的特殊需要，它是出口国家厂商加强对外竞销和扩大出口的一种手段。

3. 定牌生产

定牌生产是指卖方按买方要求在其出售的商品或包装上标明买方指定的商标或牌号，这种做法称为定牌生产。出口厂商采用定牌生产的目的是为了利用买方的经营能力及其商业信誉和品牌声誉，提高商品售价和扩大商品销路。但出口厂商应要求买方提供其得到合法授权或者是商标持有人的直接授权，以免发生侵权纠纷。

五、国际货物买卖合同中商品包装条款的内容

合同中商品包装条款的内容一般包括包装材料、包装方式、包装规格、包装标志等。如：

“In cartons of about 15kg net, 500 cartons transported in one 20ft container ”（纸箱装，每箱净重约 15 千克，500 纸箱装 1 只 20 英尺集装箱运送）。

“In cloth bags, lined with polythene bags of 25 kg net each ”（布袋装，内衬聚乙烯袋，每袋净重 25 千克）。

“In double bags with kraft paper, each containing 25kg” （双层牛皮纸袋，每袋 25 千克）。

“The packing is at buyer’s design with neutral packing, each, reinforces with iron straps, the charges of packing shall be borne by the buyer”（包装依据买方的设计，中性包装，并用铁皮带加固，费用由买方负担）。

六、拟订商品包装条款应注意的问题

1. 包装的要求要考虑货物的特点和运输方式

货物的包装必须考虑其特点和要求，如防压、抗冲击、防霉、防锈、防震、防静电等，根据这些要求做相应的防护处理。如对于易碎货物，包装时应有衬垫物以保护货物。

有些国家对进口货物的包装有专门的规定。如美国、澳大利亚、新西兰、菲律宾等国家的进口商品不得用稻草、麦秆作包装材料或填充材料；新西兰严禁用过的旧麻袋作进口商品的包装；德国禁止以木板箱作进口商品的包装；美国、新加坡规定进口烟花爆竹必须

装集装箱；沙特阿拉伯的进口建材如卫生浴具设备、瓷砖、浴室设备、木制家具等必须先组装托盘且每个托盘重量不得超过 2 吨，然后再装入海运集装箱。

不同的运输方式（如飞机、火车、轮船等），对所载货物的单件长度、重量等都有明确规定，超过规定的必须加收附加费，超过太多的甚至无法装运。如 UPS 规定，任何最长边缘的长度超过 152CM 或次长边缘超过 76CM 的包裹，任何单件实际重量超过 32KG 的包裹均向托运人收取 RMB40 元/件的附加费。

案例分析 36

案例：广东潮州某卫浴公司向美国出口一批陶瓷座厕。由于第一次向美国出口该类产品，包装时采用稻草作为衬垫物以保护陶瓷座厕，货物到达美国后，美国海关发现该货物包装的衬垫物用稻草，当即责令提货商将包装所用稻草就地烧毁，重新包装。美商要求我方公司赔付烧草费和重新包装费。

问：美商的要求是否有理？

分析：美商的要求有理。美国规定，进口商品不得用稻草、麦秆作包装材料或填充材料，这项规定已实施了 20 多年，所有出口到美国的商品都不能采用稻草作包装材料。我方出口公司由于初次出口，未了解相关要求，违反了规定，责任在我方，因而美商要求我方公司赔付烧草费和重新包装费是合理的。

2. 包装的要求要明确具体

包装条款中经常出现诸如“习惯包装”（Customary Packing）、“适合海运包装”（Seaworthy Packing）或“卖方惯用包装”（Seller's Usual Packing）之类的术语，为了避免引起争议，包装条款应明确规定具体的要求，交货时卖方不能随意更改包装方式、包装材料和每件包装所含商品的数量或重量。

案例分析 37

案例：我 A 公司向美国 B 公司出口小家用电器一批，合同的包装条款规定：“Each piece in poly bag, 1 000 pcs in 200 cartons and then in container”，中文意思是“每件装在一个聚乙烯塑料袋内，1 000 件装 200 箱，然后装在集装箱内”。由于纸箱准备不足，A 公司把其中的 500 件装在另一规格的纸箱，每箱 10 件。

问：A 公司的做法是否不妥？

分析：A 公司的做法不妥。合同对包装条款已有明确规定，我方 A 公司在没有征得 B 公司的同意，擅自部分改用其他规格的包装箱，构成违约，B 公司有权提出索赔。我方应先征得 B 公司的同意后再装运，或推迟交货，或分批交货，以便有时间赶制符合规格的纸箱装运出口。

3. 包装费用要明确由谁负担

包装费用一般包括在货价之内，不另行计收，若买方对包装有特殊要求，应明确包装材料由谁供应和包装费用由谁负担。

第三章　国际货物运输

第一节　货物的运输方式

国际贸易中的货物运输主要有海洋运输、铁路运输、航空运输、邮包运输和多式联运等。由于海洋运输的运输量大、成本低且不受道路的限制，一直以来都是国际贸易货物运输中最主要的方式，约占货运总量的60%以上。但海运的缺陷也是比较明显的，即受自然条件的影响大、运输速度慢、运输安全性和准确性较差。近年来，航空运输发展迅速，目前约占货运总量的20%以上。

一、海洋运输

海洋运输根据营运方式可分为班轮运输和租船运输两大类。在海洋运输业务中，国际贸易的货物采用班轮运输方式所占比率最大。

（一）班轮运输

1. 班轮运输的含义及特点

班轮运输（Liner Shipping）又称定期船运输，是指船舶按照固定的船期表，沿着固定的航线和港口并按相对固定的运费率收取运费的运输方式。

班轮运输具有以下主要特点：

（1）“四定”。即固定的港口、固定的航线、固定的船期和相对固定的运费费率。

（2）“一负责”。即货物由班轮公司负责配载和装卸，在班轮运费中包含了装货费和卸货费，班轮公司也不向托运人计收滞期费和速遣费。

2. 班轮运费

班轮运费是指班轮公司为运输货物而向货主收取的费用，其中包括货物在装运港的装货费、在目的港的卸货费以及从装运港至目的港的运输费用和附加费用。在实际业务中，班轮公司均按照班轮运价表的规定计收运费。国际航运业务中，班轮运价表有班轮公会运价表、班轮公司运价表、双边运价表等多种。有的运价表将承运货物分为若干等级（一般分为20个等级），每一个等级有一个基本费率（一级的费率最低，二十级的费率最高），称为“等级运价表”。班轮运费由基本运费和附加费两部分组成。

（1）基本运费。基本运费是指货物从装运港到目的港所应收取的费用，其中包括货物在港口的装卸费用，它是全程运费的主要组成部分。其计算标准主要有以下六种：

①按货物的毛重计收，即以重量吨（Weight Ton）收取。重量吨有公吨、长吨或短

吨，视船公司采用公制、英制或美制而定。按此方法计费者，在班轮运价表中注有“W”字样；

②按货物的体积计收，即以尺码吨（Measurement Ton）收取。尺码吨为立方米或立方英尺。前者为公制，后者为英制，视船公司采用何种度量衡制度而定。按此方法计费者，在班轮运价表中注有“M”字样。按重量吨和尺码吨计收运费的单位统称为运费吨（Freight Ton）；

③按货物的价格计收，即以有关货物的 FOB 总价值按一定的百分比收取。按此方法计费者，在班轮运价表中注有“A. V.”或“Ad. Val.”字样，“Val.”是拉丁文 Valorem 的缩写，即从价的意思，因而该计费标准也称从价运费；

④按收费较高者计收，即在重量吨、尺码吨（W/M）两者中或在重量吨、尺码吨、货物的价格（W/M or A. V.）三者中，选择较高者收费。此外，还有在重量吨、尺码吨两者中选择较高者收费后，另加收一定百分比的从价运费，即“W/M plus A. V.”；

⑤按货物的件数计收；

⑥大宗商品交易下，由船、货双方议定，在班轮运价表中注有“Open”字样。

（2）附加费。附加费是指针对某些特定情况或需要作特殊处理的货物而在基本运费之外加收的费用。附加费名目繁多，主要有：超重附加费（Heavy Lift Additional）、超长附加费（Long Length Additional）、直航附加费（Direct Additional）、转船附加费（Transshipment Additional）、港口拥挤附加费（Port Congestion Surcharge）、选港附加费（Optional Additional）、燃油附加费（Bunker Surcharge）、绕航附加费（Deviation Surcharge）等。在实际业务中超重附加费、超长附加费每转船一次就加收一次，若货物既超重又超长，其附加费以超重附加费和超长附加费中较高者计收。

案例分析 38

案例：我某外贸公司出口铁矿砂 3 200 公吨至日本，已知运往日本基本港口的基本运费率为每运费吨 80 美元，运往非基本港口的转船附加费率为 20%，同时，每运费吨加收 10 美元的港口附加费。

问：该批铁矿砂运往非基本港口的运费为多少？

分析：基本运费 = 80 × 3 200 = 256 000（美元）

转船附加费 = 80 × 3 200 × 20% = 51 200（美元）

港口附加费 = 10 × 3 200 = 32 000（美元）

总运费 = 基本运费 + 港口附加费 + 转船附加费

= 256 000 + 32 000 + 51 200

= 339 200（美元）

因此，该批铁矿砂运往非基本港口的运费为 339 200 美元。

（3）计算公式

班轮运费的计算公式为：

班轮运费 = 商品数量 × 计费标准 ×（1 + 各种附加费率之和）

案例分析 39

案例：我某外贸公司出口货物共 400 箱，每箱 350 美元 CFR 新加坡，新加坡商人要求将价格改报为 FOB 价，已知该批货物每箱的体积为 40cm × 30cm × 30cm，毛重为 30kg，商品计费标准为 W/M，每运费吨基本运费为 200 美元，另需加收燃油附加费 10%，货币附加费 10%，港口拥挤费 10%。

试求每箱货物应付的运费及应该报的 FOB 价为多少？

分析：① 40cm × 30cm × 30cm = 0.036m^3，30kg = 0.03MT。因为 0.036 > 0.03，且基本运费的计收方法是 W/M，所以应选择 0.036m^3 来计算运费。代入公式：

单位运费 = 计费标准 × 基本运费 ×（1 + 各种附加费率）

= 0.036 × 200 ×（1 + 10% + 10% + 10%）

= 9.36（美元）

②应该报的 FOB 价是：FOB = CFR − 单位运费 = 350 − 9.36 = 340.64（美元）

因此，该批货物每箱的运费是 9.36 美元，应该报的 FOB 价是 340.64 美元。

（二）租船运输

1. 租船运输的含义及特点

租船运输（Chartering Shipping）又称不定期船运输（Tramp Shipping），是相对于班轮运输的另一种海上运输方式。它既没有固定的船舶班期，也没有固定的航线和挂靠港，而是按照货源的要求和货主对货物运输的要求，安排船舶航行计划，组织货物运输。

租船运输的当事人中，租船的一方称为承租人、租船人或租家（Charterer），出租的一方称为船的出租人。承租双方所签订的租船合同被称为租约（Charter Party，C/P）。

租船运输的特点包括：

（1）按照船舶出租人与承租人双方签订的租船合同安排船舶就航航线，组织运输，没有固定的船期表、港口和航线。

（2）适合于大宗散装货运输，货物的特点是批量大、附加值低、包装相对简单、运价也较低。

（3）舱位的租赁一般是以提供整船或部分舱位为主，承租人一般可以将舱位或整船再租与第三人。

（4）船舶营运中的风险以及有关费用的负担责任由租约约定。

（5）租船运输中的提单的性质不完全与班轮运输中的提单的性质相同，它一般不是一个独立的文件，对于承租人和船舶出租人而言，仅相当于货物收据。

（6）承租人与船舶出租人之间的权利和义务是通过租船合同来确定的。

（7）租船运输中，船舶港口使用费、装卸费及船期延误，按租船合同规定由船舶出租人和承租人分担、划分及计算；而班轮运输中船舶的一切正常营运支出均由船方负担。

2. 租船方式

租船方式主要有程租船、定期租船、光船租船、包运租船和航次期租。下面介绍程租船、定期租船和光船租船的含义及特点。

（1）程租船。程租船又称为航次租船（Voyage Chartering），是指由船舶所有人向承租人提供船舶或船舶的部分舱位，在指定的港口之间进行单向或往返的一个航次或几个航次用以运输指定货物的租船运输方式。程租船的特点有：

①与班轮运输相同，提单都可能具有海上货物运输合同证明的性质；

②航次租船合同是确定船舶出租人与承租人的权利、义务和责任的依据；

③由托运人或承租人负责完成货物的组织、支付运费及支付相关的费用；

④船舶出租人占有和控制船舶，负责船舶的营运调度，配备和管理船员；

⑤船舶出租人负责船舶营运所支付的费用；

⑥船舶出租人出租整船或部分舱位，按实际装船的货物数量或整船舱位包干计收运费；

⑦承租人向船舶出租人支付的运输费用通常称为运费，而不称租金；

⑧航次租船合同中都规定可用于在港装卸货物的时间，装卸时间的计算方法，滞期和速遣以及滞留损失等。

（2）定期租船。定期租船又称为期租船（Time Chartering），是指由船舶所有人将特定的船舶，按照租船合同的约定，在约定的期间内租给承租人使用的一种租船方式。定期租船的特点有：

①船舶出租人负责配备船员，并负担其伙食；

②承租人在船舶营运方面拥有对船长、船员的指挥权，否则有权要求船舶出租人予以撤换；

③承租人负责船舶的营运调度，并负担船舶营运中的可变费用（如燃料费、港口使用费、货物装卸费和运河使用费等）；

④船舶出租人负担船舶营运的固定费用（如船员工资、船的折旧费、船舶修理费、船舶船员的保险费等）；

⑤船舶租赁以整船出租，租金按船舶的载重吨、租期以及商定的租金率计收；

⑥租约中往往订有有关交船和还船以及停租的规定。

（3）光船租船。光船租船又称为船壳租船（Bareboat Chartering），是指在租期内，船舶所有人只提供一艘空船给承租人使用，船舶的配备船员、营运管理、供应以及一切固定或变动的营运费用都由承租人负担。光船租船的特点有：

①船舶出租人提供一艘适航空船，不负责船舶的运输；

②承租人配备全部船员，并负有指挥责任；

③承租人以承运人身份负责船舶的经营及营运调度工作，并承担在租期内的时间损失，包括船期延误、修理等；

④承租人负担除船舶的资本费用外的全部固定及变动成本；

⑤以整船出租，租金按船舶的载重吨、租期及商定的租金率计收；

⑥船舶的占有权从船舶交予承租人使用时起，转移至承租人。

3. 租船合同

采用租船运输时，船舶出租人和承租人双方应签订租船合同。航次租船是目前最常用的租船方式，航次租船合同的主要条款有：

（1）合同当事人。航次租船合同的当事人是船舶出租人和承租人。

（2）船舶概况。船舶概况主要有船名、船籍、船级、船舶吨位等内容。

（3）装卸港口。装卸港口通常由承租人指定或选择，并在航次租船合同中具体记载港口名称。

合同中一般默示可以使用的港口数量为一装一卸，而且一个港口仅可以使用一个泊位。港口的约定方法有：

①明确指定具体的装货港和卸货港；

②规定某个特定的装卸泊位或地点；

③由承租人选择装货港和卸货港。

（4）受载期与解约日。受载期是船舶在租船合同规定的日期内到达约定的装货港，并做好装货准备的期限。在受载期内的任何一天到达装货港都是允许的，无论是受载期的第一天还是最后一天，船舶抵达装货港并做好装货准备即可。

解约日是指船舶到达合同规定的装货港，并做好装货准备的最后一天。解约日条款赋予承租人的权利是直到解约日这一天来临时，才可以解除合同。

我国《海商法》规定："船舶出租人在约定的受载期限内，未能提供船舶的，承租人有权解除合同。但是，船舶出租人将船舶延误情况和船舶预期抵达装货港的日期通知承租人的，承租人应当自收到通知时起48小时内，将是否解除合同的决定通知船舶出租人。"

（5）装卸费用分担。装卸费用是指将货物从岸边（或驳船）装入舱内和将货物从船舱卸至岸边（或驳船）的费用。常见的约定方法有：

①船方负担装卸费（Gross Terms），也称"班轮条件"（Liner Terms）；

②船方不负担装卸费（Free in and out，FIO）；

③船方管装不管卸（Free out，FO）；

④船方管卸不管装（Free in，FI）。

（6）运费。航次租船的运费按所装运货物的数量计收。默示的法律性质为到付，运多少付多少，即提单记载数量和实际卸货数量从小计收。在英美法中，运费不得扣减和对冲。

（7）装卸时间。装卸时间是指合同当事人约定的船舶所有人使船舶并保证船舶适于装卸货物，无须在运费之外支付附加费的时间。

装卸时间的起算必须满足以下三个条件：船舶抵达合同约定的地点；船舶已经备妥可装卸货物；在第一装港或第一卸港，船长要递交装卸准备就绪通知书。经过一段通知时间后开始起算。装卸时间的规定方法有：

①日或连续日——是指午夜连续24小时的时间。在此期间，不论是实际不可能进行装卸作业的时间（如雨天、施工或其他不可抗力），还是星期日或节假日，都计为装卸时间；

②累计24小时好天气工作日——是指在好天气的情况下，不论港口习惯作业为几小时，均以累计24小时为一个工作日。如果港口规定每天作业8小时，则工作日便跨及几天的时间；

③连续24小时好天气工作日——是指在好天气情况下，连续作业24小时算一个工作日，如中间因坏天气影响而不能作业的时间应予以扣除。此规定方法在实务中应用最广。

（8）滞期费与速遣费。如果在约定的允许装卸时间内未能将货物装卸完，致使船舶在港内停泊时间延长，给船方造成经济损失，则延迟期间的损失应按约定每天补偿若干金额给船方，这项补偿金叫滞期费（Demurrage）。按惯例，一般采取"一旦滞期，始终滞期"

方式计算。如果按约定的装卸时间和装卸率，提前完成装卸任务，使船方节省了船舶在港的费用开支，船方将其获取的利益的一部分给租船人作为奖励，这项奖励叫速遣费（Dispatch Money）。依国际航运惯例，速遣费费率为滞期费费率的一半。

对于装货港产生的滞期费，船舶出租人一般是不能在卸货港留置承租人以外的货物的，除非是提单中有一个有效的并入条款，使租约中的留置权条款并入到提单中去，以此约束提单持有人。

对于卸货港产生的滞期费等，原则上船舶出租人只能向收货人收取，除非他在无法有效地行使留置权的情况下，船舶出租人才可以向承租人收取。

案例分析40

案例：我某粮油贸易公司向西非蒙罗维亚港口出口大米9 000公吨，租一单程船运输，广州港装船。租船合同对装卸条件规定：允许装货时间为6个连续24小时好天气工作日，每日装货1 500公吨；星期六、星期日、节假日除外，如果用了则计算；节假日前一天18点后和节假日后8点前不计入允许的装卸时间，用了则算；滞期费为每天5 000美元，速遣费为每天2 500美元。装卸时间记录：

3月18日星期四8时到24时装货（有3小时下雨）

3月19日星期五0时到24时装货

3月20日星期六（公休日）0时到18时装货

3月21日星期日（公休日）8时到24时装货

3月22日星期一0时到24时装货（有4小时下雨）

3月23日星期二8时到11时装货完毕

试计算我方应付滞期费或应得的速遣费是多少？

分析：我公司应得的速遣费：

速遣费＝［6×24－（13＋24＋18＋16＋20＋3）］/24×2 500＝5 208（美元）

因此，我方应得的速遣费是5 208美元。

二、铁路运输、航空运输、邮政运输

（一）铁路运输

铁路运输具有运量大、速度快、受天气影响小、运输较准点等优点。我国的铁路运输可分为国内铁路运输和国际铁路联运两个部分，而对外贸易运输还包括对港澳铁路运输部分。

1. 对港澳铁路运输

供应港、澳地区的货物由内地利用铁路运往香港九龙或运至广州南部转船至澳门属于国内铁路运输。但它与一般的国内铁路运输不同，对香港铁路运输，其具体做法是先由发货人将货物托运到深圳北站，由深圳外贸运输公司再办理港段铁路托运手续，由香港中国旅行社收货后转交给香港九龙的买主，其特点是两票联运。去香港的货物出口企业凭外贸运输公司出具的承运货物收据办理收汇手续；去澳门的货物凭外贸运输公司出具的承运货物收据办理收汇手续。

2. 国际铁路联运

我国的国际铁路货物联运主要是通过铁路合作组织在1951年缔结的《国际铁路货物联运协定》（简称《国际货协》）来进行的。凡参加《国际货协》国家的进出口货物，从发货国家的始发站到收货国家的终点站，只要在始发站办妥托运手续，使用一份运送单据，即可由铁路以连带责任办理货物的全程运送。根据《国际货协》规定，不仅缔约国之间可办理货物运送，而且也可向非缔约国运送货物；反之，非缔约国也可向缔约国运送货物。1980年欧洲各国在瑞士伯尔尼举行的各国代表大会上也制定了《国际铁路货物运送公约》（简称《国际货约》）。这就为国际铁路联运提供了方便的条件，使参加《国际货协》国家的进出口货物也可以通过铁路转送至参加《国际货约》的国家。

我国通往欧洲的国际铁路联运线有两条：一条是利用俄罗斯的西伯利亚大陆桥贯通中东、欧洲各国；另一条是由江苏连云港经新疆与哈萨克斯坦铁路连接，经俄罗斯、波兰、德国至荷兰的鹿特丹的新亚欧大陆桥。目前，我国与邻国铁路相连接的有俄罗斯、哈萨克斯坦、蒙古、朝鲜、越南等国，具体站名为：

中国国际铁路	中国国境站名	邻国国境站名	交接换装地点	
			中国出口	中国进口
中俄	满洲里	后贝加尔	后贝加尔	满洲里
	绥芬河	格罗捷科沃	格罗捷科沃	绥芬河
中朝	丹东	新义州	新义州	丹东
	图们	南阳	南阳	图们
	集安	满浦	满浦	集安
中越	凭祥	同登	同登	凭祥
	山腰	新铺	新铺	山腰
中哈	阿拉山口	德鲁日巴	德鲁日巴	阿拉山口
中蒙	二连浩特	扎门乌德	扎门乌德	二连浩特

（二）航空运输

航空运输是一种现代化的运输方式。航空运输具有快捷、安全、准时、货损少和空间跨度大等优点，适用于鲜活、易腐、精密仪器、贵重物品以及紧急物品的运输。但航空运输的运价比较高，载量有限且易受天气影响。随着世界经济贸易发展对国际货物运输的要求，航空运输得到了快速发展。目前，航空运输量占国际贸易货物运输量的比例超过了20%。

1. 航空运输种类

航空运输主要有班机运输、包舱（板）运输、集中托运和航空快递等。

（1）班机运输。班机运输有固定航线和固定停靠航站并定期开航。由于班机运输能安全、迅速、准时地到达世界各航站，因此最受托运人的欢迎。

（2）包舱（板）运输。包舱（板）运输是航空货物运输的一种方式，它指托运人根据所运输的货物在一定时间内需要单独占用飞机部分或全部货舱、集装箱、集装板，而承运人需要采取专门措施予以保证。

(3) 集中托运。集中托运是指航空货运代理机构把若干批单独发送的货物组成一整批向航空公司集中托运，填写一份总运单发运到同一目的站，由航空货运代理机构委托目的站所在地的代理人负责收货，并分拨给各个实际收货人。这种托运方式在航空运输中使用得最普遍。

(4) 航空快递。航空快递（Air Courier）是指具有独立法人资格的企业将进出境货物或物品从发件人（Consignor）所在地通过自身或代理网络运达收件人（Consignee）的一种快速运输方式，采用上述运输方式的进出境货物、物品叫快件。世界主要的快递公司有DHL、FedEx、UPS、TNT、OCS和EMS。

快件业务从所发运快件的内容来看，主要分成快件文件和快件包裹两大类。快件文件以商务文件、资料等无商业价值的印刷品为主，但也包括银行单证、合同、照片、机票等；快件包裹又叫小包裹服务，是指一些贸易成交的小型样品、零配件返修及采用快件运送方式的一些进出口货物和物品。

航空快递业务具有如下特点：①快递公司有完善的快递网络；②以收运文件和小包裹为主；③特殊的单据POD（Proof of Delivery）；④流程环节全程控制；⑤高度的信息化控制。

POD是航空快递中最重要的单据。它一般分四联，第一联作为出口报关的单据留存始发地；第二联贴在货物包装上随货同行，作为收件人核对货物的依据，并且在随货单据丢失时可以作为进口报关单据；第三联留存发货地快递公司作为结算运费和统计的依据；第四联交发件人作为发货凭证。

2. 航空运价

货物的航空运费是指将一票货物自始发地机场运输到目的地机场所应收取的航空运输费用，不包括其他费用。货物的航空运费主要受两个因素影响，即货物适用的运价与货物的计费重量。

(1) 运价。又称费率，是指承运人对所运输的每一重量单位货物（千克或磅）（kg or lb）所收取的自始发地机场至目的地机场的航空费用。货物的航空运价一般以运输始发地的本国货币公布。

(2) 计费重量。货物的计费重量或者是货物的实际毛重，或者是货物的体积重量，或者是较高重量分界点的重量。它包括：①实际毛重：包括货物包装在内的货物重量；②体积重量：体积重量的折算，换算标准为每6 000立方厘米（0.006立方米）折合1千克；③计费重量：采用货物的实际毛重与货物的体积重量两者比较取高者，但当货物较高重量分界点的较低运价计算的航空运费较低时，则此较高重量分界点的货物起始重量作为货物的计费重量。

国际航协规定，国际货物的计费重量以0.5千克为最小单位，重量尾数不足0.5千克的，按0.5千克计算；0.5千克以上不足1千克的，按1千克计算。

（三）邮政运输

邮政运输是通过各国邮政之间订立的协定或公约，使邮件包裹在全球传递，它比较适合于体积小、重量轻的货物的运输。邮政运输是一种“门到门”的运输方式。

国际邮政运输具有广泛的国际性，而且通常需要经过两个或两个以上国家的邮政局和两种或两种以上不同运输方式的联合作业才能完成，而寄件人只要向邮局办理一次托运手续，一次付清邮资并取得邮包收据作为邮局收到邮包的凭证和邮包灭失或损坏时凭以向邮局索赔的依据，其余的事宜概由各有关邮局负责办理。

邮政运输使用的单据是邮包收据。邮包收据并非物权凭证，不能通过背书进行转让和作为抵押品向银行融通资金。这是因为货物到达目的地后，承运人向收货人发出到件通知，收货人凭到件通知和身份证明即可提取邮件。

三、集装箱运输、国际多式联运与陆桥运输

集装箱运输、国际多式联运与陆桥运输是目前国际货物运输使用较多的三种新型的运输方式。

1. 集装箱运输

集装箱运输是以集装箱为运输单位进行运输的一种现代化的先进运输方式，它可适用于各种运输方式的单独运输和不同运输方式的联合运输。

集装箱运输的货物可分为整箱货（FCL）和拼箱货（LCL）。整箱货是指由发货人负责装箱和计数，填写装箱单，并加封志的集装箱货物。通常是一个发货人和一个收货人。拼箱货是指由承运人的集装箱货运站负责装箱和计数，填写装箱单，并加封志的集装箱货物。通常是多个发货人和多个收货人。

集装箱货物主要的交接方式有：①场到场的交接（CY TO CY），主要用于海运承运人；②站到站的交接（CFS TO CFS），主要用于拼箱经营人；③门到门的交接（DOOR TO DOOR），主要用于货代、多式联运、物流经营人。

关于集装箱的标准化，ISO/TC104 制定的第一系列的 4 种箱型是 A 型、B 型、C 型、D 型。实务中最常用的箱型有 1A 型 40 英尺集装箱（FEU）和 1C 型 20 英尺集装箱（TEU）。FEU 最多可载货 67 立方米左右，最大可载重 26 公吨左右；TEU 最多可载货 33 立方米左右，最大可载重 21 公吨左右。

集装箱标记由 11 个字母和数字组成：四个字母箱主代码（第四位为海运集装箱代号 U），顺序号六位数，核对数一位。

2. 国际多式联运

国际多式联运是指按照多式联运合同，以至少两种不同的运输方式，由多式联运经营人将货物从一国境内接受货物的地点运往另一国境内指定交付货物的地点的运输方式。

国际多式联运具有提高运输组织水平、综合利用各种运输优势、实现门到门运输的有效途径、手续简便、提早结汇、安全迅速、降低运输成本、节约运杂费用等优点。

根据《联合国国际货物多式联运公约》的解释，国际多式联运方式需同时具备以下六个条件：

（1）必须要有一份多式联运合同。

（2）使用一份包括全程的多式联运单据。

（3）由一个多式联运经营人对全程运输负责。

（4）必须是至少两种不同运输方式的连贯运输。

（5）必须是国际货物运输。

（6）必须是全程单一的运费费率。

3. 陆桥运输

陆桥运输（Land Bridge Transport）就是以陆为桥的运输，可分为大陆桥运输、小陆桥运输、微型陆桥运输和OCP。

（1）大陆桥运输。大陆桥运输是指使用横贯大陆的铁路或公路运输系统作为中间桥梁，把大陆两端的海洋运输连接起来的连贯运输方式。目前主要的大陆桥有美国大陆桥、西伯利亚大陆桥（SLB）、新亚欧大陆桥等。

美国大陆桥（U. S. Land Bridge Transport ）是最早开辟的从远东到欧洲水陆联运线路中的第一条大陆桥。远东至欧洲的船舶利用美国大陆的运输线中转，达到了航程短、时间快、运费低的目的。目前，由于美国东部港口和铁路拥挤，特别是西伯利亚大陆桥的出现，美国大陆桥已没有优势，逐步衰落。

西伯利亚大陆桥（Siberian Land Bridge Transport）：经俄罗斯远东的纳霍特卡港和东方港，横贯西伯利亚，到莫斯科，进而扩散到欧洲，是全球最重要的大陆桥运输线路。有铁—铁、铁—海（黑海）、铁—卡三种方式运输。与海运比较，西伯利亚大陆桥的优点有运输距离缩短1/2（Suez Canal 缩短1/3）、途中时间减少50%、运输成本降低20% ~ 30%等。

新亚欧大陆桥（The new Eurasian Land Bridge Transport）东起我国黄海之滨的日照和连云港，向西经陇海、兰新线的徐州、武威、哈密、吐鲁番到乌鲁木齐，再向西经北疆铁路到达我国边境的阿拉山口，进入哈萨克斯坦，再经俄罗斯、白俄罗斯、波兰、德国，西止荷兰的世界第一大港鹿特丹港。新欧亚大陆桥跨越欧亚两大洲，联结太平洋和大西洋，全长约10 800千米，通向中国、中亚、西亚、东欧和西欧30多个国家和地区，是世界上最长的一条大陆桥。

（2）小陆桥运输。小陆桥运输（Miniland Bridge Transport）是指货物用国际标准规格集装箱为容器，从日本港口海运至美国、加拿大西部港口卸下，再由西部港口换装铁路集装箱专列或汽车运至北美东海岸和加勒比海区域以及相反方向的运输。

小陆桥运输比大陆桥的海—陆—海缩短了一段海上运输，形成海—陆或陆—海形式。目前，北美小陆桥运送的主要是日本经北美太平洋沿岸到大西洋沿岸和墨西哥湾地区港口的集装箱货物，也承运从欧洲到美西及海湾地区各港的大西洋航线的转运货物。北美小陆桥在缩短运输距离、节省运输时间上的效果是显著的。

（3）微型陆桥运输。微型陆桥运输（Microland Bridge Transport）是在小路桥运输的基础上派生出来的，其运输线路较之小路桥运输又有缩短。其具体线路是把从远东各地到美国中部内陆城市的货物，先装船运至美国西海岸港口，卸船后以陆运方式直接运至美国内陆城市。它比小陆桥运输方式费用更省，运输时间更短。微型陆桥运输全程也使用一张联运提单，铁路运费也由海运承运人支付。

（4）OCP。OCP（Overland Common Point）称为内陆公共点或陆上公共点。它的含义是使用两种运输方式将卸至美国西海岸港口的货物通过铁路转运抵达美国的内陆公共点地区，并享有优惠运价。发货人将货物运至指定的西海岸港口，就完成了联运提单的运输责任，发货人的责任止于西海岸港口。OCP运输的货运单证中，将卸货港和目的地列明，如SEATTLE OCP——卸货港，OCP CHICAGO——目的地。

第二节　货运单据

一、海运提单

海运提单（Bill of Lading）是由船长或承运人或其代理人签发的，证明收到特定的货物，允许将货物运至特定的目的地并交付予收货人的凭证。

《中华人民共和国海商法》第 71 条对提单的定义是："提单，是指用以证明海上货物运输合同的货物已经由承运人接受或者装船，以及承运人保证据以交付货物的单证，提单中载明的向记名人交付货物，或者按照指示人的指示交付货物，或者向提单持有人交付货物的条款，构成承运人据以交付货物的保证。"《汉堡规则》第 1 条第 7 款给提单下的定义是："提单是指证明海上运输合同和货物由承运人接管或装载以及承运人保证凭以交付货物的单据。单据中关于货物应按记名人的指示或不记名人的指示交付给提单持有人的规定，即是这一保证。"

（一）海运提单的作用

（1）海运提单是承运人或其代理人签发的货物收据（Receipt for the Goods），证明承运人已经按海运提单所列内容收到货物。

（2）海运提单是一种货物所有权的凭证（Documents of Title）。海运提单的合法持有人凭海运提单可在目的港向轮船公司提取货物，也可以在载货船舶到达目的港之前，通过转让海运提单而转移货物所有权，或凭以向银行办理抵押货款。

案例分析 41

案例：我方 A 公司与法国 B 公司签订一份出口棉织衬衫的合同，CIF 条件成交，托收方式付款，即期付款交单。A 公司按期装船并取得清洁已装船提单，并委托中国银行向 B 公司收款，但 B 公司在见票后迟迟不付款。后追查原因发现，船公司已把到港货物交给 B 公司。

问：船公司交货给 B 公司是否有理？为什么？

分析：船公司交货给 B 公司无理。海运提单是一种货物所有权的凭证，B 公司未取得海运提单，意味着 B 公司尚未取得货物的所有权，船公司擅自放货是无理的，A 公司可以向船公司索赔。

（3）海运提单是托运人与承运人之间所订立的运输契约的证明（Evidence of Contract of Carrier），是承运人与托运人处理双方在运输中的权利和义务问题的主要依据。

案例分析 42

案例：我方 A 公司与巴西 B 公司签订一份出口聚苯乙烯的合同，CIF 条件成交，8 月份装运，即期信用证付款。B 公司开来信用证，有效期至 9 月 15 日。A 公司 8 月 28 日装船完毕，取得当日已装船清洁提单。9 月 7 日 A 公司向银行交单办理议付手续，银行审单无误，接受单据并支付了货款。但 B 公司收到货物后，发现货物受损，且短量明显，因此拒绝收货，并要求我方 A 公司退回货款。

问：①B公司拒收货物并要求A公司退款是否有理？②B公司应如何处理此事？

分析：①B公司无权拒收货物并要求卖方退款。首先，A公司在装运期内完成装运，取得已装船清洁提单，说明在CIF条件下，A公司已提交合格货物，交货义务已完成，货物风险也已转移。其次，CIF术语是象征性交货条件，卖方凭单交货，买方凭单付款。本案中，A公司既然已提交全套合格单据，B公司就必须付款。再次，在信用证支付方式下，银行承担第一性付款责任，A公司作为受益人只要提交的单据合格，银行就必须履行付款责任。因此，B公司无权拒收货物和要求A公司退款。②本案中，B公司应凭取得的保险单和货物短少、受损的有关证据向保险公司或有关责任方索赔。

（二）海运提单的种类

1. 根据货物是否装船分为已装船提单和备运提单

（1）已装船提单（On Board B/L或Shipping B/L）。已装船提单是指提单上载明货物已装上载货船舶的提单。提单上一般有“On Board”或“Shipped On Board”的字样，并同时注明船名、航次及装船日期。如果提单上没有明确说明装船日期，则视提单的签发日期为装船日期。

（2）备运提单（Received for Shipment B/L或Alongside Bills）。备运提单是指承运人在收到托运货物等待装船期间，向托运人签发的提单。待运的货物一旦装运后，在备运提单上加上“已装船”字样，备运提单就变成了“已装船提单”。

2. 根据货物表面状况有无不良批注分为清洁提单和不清洁提单

（1）清洁提单（Clean B/L）。清洁提单是指货物交运时表面状况良好，承运人在签发提单时未加任何货损、包装不良等批注的提单。

（2）不清洁提单（Unclean B/L或Claused B/L或Foul B/L）。不清洁提单是指承运人在提单上加注货物及包装状况不良或存在缺陷等批注的提单。实务中，如果货物装船时，船公司发现货物或包装有问题，大副会在收货单上对此作批注，船公司出具正本海运提单时，会将大副的批注照抄写在提单上，成为不清洁提单。

案例分析43

案例：我A公司向加拿大B公司出口木材一批，装货时船公司发现部分木材受潮变色，大副在收货单上对此作了批注。因合同交货期已临近，信用证也即将过期，A公司出具保函，保函中声明如果收货人对货物有异议，一切责任均由托运人承担，船公司概不负责，要求船公司开出清洁提单。船公司接受了保函并签发了清洁提单。货物抵达目的港后，B公司发现木材受潮变色，当即向法院申请扣押货轮，经船公司交涉，3天后解除扣船。船公司就扣船所造成的损失向A公司提出索赔。

问：船公司索赔是否合理？为什么？

分析：船公司索赔有理。对货物及包装状况不良或存在缺陷等情况船公司有权在提单上批注，说明在交货时已存在的问题，以保护船公司自己的利益。本案应签发不清洁提单，但A公司出具保函，保证因签发清洁提单所造成的损失，将由A公司承担，基于此，船公司才出具清洁提单。因此，船公司因保函所声明的内容造成的经济损失，可向A公司索赔。

一般情况下，银行拒绝接受不清洁提单，只接受清洁提单，但卖方提交清洁提单并不代表卖方就可以免责，如货物包装完好，但包装箱内数量不足、品质与合同约定不符等，卖方仍然要承担责任。

案例分析 44

案例：中国 A 公司向美国 B 公司出口一个 20' 货柜茶叶共 5 000 盒，纸箱装，每箱 25 盒，共 200 纸箱，交货条件为 FOB 广州。A 公司根据合同的要求按时装运后，取得清洁提单，提单上显示“整箱货，由托运人装货计数并封箱，据称数量为 200 纸箱”。B 公司收到货物时发现货柜完好未开封，但开封计数时只有 195 箱，且每箱只有 24 盒，于是 B 公司向 A 公司索赔，但 A 公司认为已提交清洁提单，拒绝赔偿。

问：A 公司拒赔是否合理？为什么？

分析：A 公司拒赔是不合理的。A 公司虽然交货并取得清洁提单，但清洁提单只是表明货物交运时表面状况良好，承运人在签发提单时未加任何货损、包装不良等批注。本例的货物是由 A 公司装货计数和封箱，提单表明的数量只是根据 A 公司的计数填写。由于货柜已封箱，船公司并没有开柜核实纸箱数量，更没有打开每一纸箱核实数量。货到目的港交货时 B 公司也确认货柜为未开封，因此，数量不足是由 A 公司装货时造成的，A 公司应承担赔偿责任。

3. 根据收货人抬头分为记名提单、不记名提单和指示提单

（1）记名提单（Straight B/L）。亦称收货人抬头提单，是指直接填写收货人名称的提单。记名提单只有提单上写明的收货人才能提货，其他的任何人都不能提货，因此，它不能通过背书转让。在信用证结算方式下，由于不能控制和掌握货权，开证行都不愿意接受记名提单。签发记名提单后，卖方不是提单上具名的收货人，很难以货物所有权人的身份支配货物，因此，卖方一般只有在收讫货款的前提下才能同意签发记名提单。虽然记名提单只有提单上的收货人才能提货，但记名提单仍是物权凭证，船公司不能无单放货。

案例分析 45

案例：中国 A 公司向美国 B 公司出口一批节能灯，交货条件为 CIF 纽约。双方商定，A 公司装运后，出具以 B 公司为收货人的记名提单，并传真给 B 公司，B 公司收到传真后三天内将货款电汇给 A 公司，A 公司收到货款后，才将提单正本寄交 B 公司。货物实际装运后，A 公司及时传真了记名提单，由于 B 公司没有电汇货款，A 公司就没有寄出提单正本，但几天后 A 公司获知，货物已被 B 公司凭记名提单的传真件提走。

问：船公司无单放货是否合理？为什么？

分析：船公司无单放货不合理。记名提单也是提单，具有提单的三个性质，即提单是货物收据、物权凭证和运输契约证明，船公司未征得托运人 A 公司的同意，在没有收回正本提单的情况下将货物交给 B 公司，违反了承运人应凭正本提单交付货物的基本义务，侵害了 A 公司依据其所持有的正本提单对货物享有的物权。因此，船公司无单放货是不合理的，应当对无正本提单放货造成 A 公司的损失承担赔偿责任。

（2）不记名提单（Blank B/L 或 Open B/L 或 Bearer B/L）。指提单上不记载任何收货人的名称，凡提单持有人都有权请求交付货物的提单。不记名提单无需任何背书手续就可转让，虽然手续简单，但一旦遗失风险较大，因此实务中比较少用。

（3）指示提单（Order B/L）。指按照记名人（Named Person）的指示或非记名人（To Order）的指示交货的提单。提单"收货人"一栏显示为"To the Order of…"或"To order"的字样。分别表示记名指示和空白指示两种，记名指示提单经记名人背书后可以转让，空白指示提单经托运人背书后可以转让。

案例分析46

案例：某公司收到国外开来的一份信用证，证内规定："Full sets of clean shipped on board marine bills of lading made out to order of ABC Bank."

问：① 这是一张什么海运提单？② 提单上的收货人应如何填写？③ 该提单提货时是否需要背书？如果要背书由谁背书？

分析：① 这是一张记名指示清洁已装船海运提单。② 提单上的收货人只能填写为"TO ORDER OF ABC BANK"。③ 该提单提货时需要 ABC 银行背书。

4. 按运输过程中是否转船分为直达提单和转船提单

（1）直达（直运）提单（Direct B/L）。指货物从装运港装船后，中途不经换船而直接驶达目的港卸货，按照这种条件所签发的提单。

（2）转船（转运）提单（Transshipment B/L）。指船舶从装运港装货后不直接驶往目的港而在中途的港口换船再将货物运往目的港，按此条件签发的包括运输全过程的提单。

案例分析47

案例：我某外贸企业与加拿大 S 公司洽谈一笔五金器材出口业务，在装运问题上 S 公司提出："Transshipment allowed on condition that the entire voyage be covered by through B/L and the goods will be transshipped must be at Hong Kong only." 意思是说，允许转船，但要求出具联运提单并指定在香港转船。

问：对此条件我方可否接受？

分析：出具联运提单问题不大，但指定在香港转船一事，需与船公司接洽后再定。在一般情况下，我们不能接受指定中转港。但如果我装运港输往加拿大目的港的货物一向就是在香港转船，那就不妨顺水推舟予以接受。

5. 按海运提单内容的繁简分为全式提单和略式提单

（1）全式（繁式）提单（Long Form B/L）。指提单背面列有承运人和托运人的权利、义务等详细条款的提单。提单背面条款大多以《海牙规则》的内容为基础列出，对托运人利益保护规定很少，但对承运人的免责条款规定很详尽。

（2）略式（简式）提单（Short Form B/L）。指仅保留全式提单正面的必要项目，如船名、货名、标志、件数、重量或体积、装运港、托运人名称等的记载，而略去提单背面全部条款的提单。

6. 其他分类

（1）过期提单（Stale B/L）。指错过规定交单日期或迟于货物到达目的港的提单。前者是指超过信用证规定的日期或者超过提单签发日期21天才到银行议付的提单；后者是在近洋运输时，容易出现货物先于提单到达目的港的情况。如天津、上海运往日本、韩国、朝鲜港口的航程，广州运往越南、菲律宾港口的航程一般3天就可到达，而单据通过银行交单一般要7天的时间。

对于过期提单，银行将拒绝接受。故在近洋国家间的贸易合同中，为了避免单到货未到而出现过期提单，一般都订有"过期提单可以接受"（Stale B/L Acceptable）的条款。

（2）倒签提单（Ante Dated B/L）。货物由于实际装船日期迟于信用证规定的装运日期，如仍按实际装船日期签署提单，可能影响结汇。为了使签发提单日期与信用证规定装船日期相符，以利于结汇，承运人应托运人的要求，在提单上仍按信用证规定的装运日期填写，这种提单称为倒签提单。

倒签提单的提单签发日期与客观事实相违背，是托运人和承运人一起造假欺骗收货人，属于欺诈行为。若被收货人发现，收货人有权拒付货款，即使是信用证付款方式下做到单证相符，收货人也可通过法院申请止付令，拒绝付款，并向托运人和承运人提出索赔。因此，承运人签发倒签提单时，往往要求托运人开具保函，承诺如果因倒签提单而导致的一切损失由托运人承担。

案例分析48

案例： 我A公司与美国B公司达成一笔圣诞礼品的出口业务，CIF纽约成交，不可撤销信用证付款，在装运期限上合同规定："Time of Shipment: not later than OCT. 15, 2009." 在履行过程中，由于生产材料短缺，加上应节产品生产任务多，11月28日A公司才把货物交运，为了做到单证相符，及时收回货款，A公司向承运人D公司出具保函，要求D公司把提单的签发日期倒签到10月15日，并承诺若因倒签提单而导致的一切损失由托运人承担，D公司接受A公司的请求，并接受了保函。货物于12月20日到达美国目的港纽约，由于圣诞节已临近，这批新礼品的推广宣传无法进行，严重影响了市场销售，B公司认为，根据合同规定的装运期限，按惯例应在11月中旬到货，于是决定暂缓收货，经调查，发现是A公司没能按时交货，D公司倒签提单所致。因此，B公司拒绝接受货物，要求退运，并向A公司和D公司提出损害赔偿。

问： B公司的要求是否有理？为什么？

分析： B公司的要求是有理的。D公司应A公司的要求签发倒签提单，可看成是托运人A公司和承运人D公司对收货人B公司的一种欺诈行为。依据我国《合同法》的规定，受欺诈所为的合同可以变更或撤销。所以，收货人B公司有权拒收货物，撤销合同，提出损害赔偿。虽然A公司出具了保函，但根据《汉堡规则》的规定，有效的保函仅在托运人和承运人之间产生效力，不得对抗第三人即本案的B公司，因此，实际操作上，D公司可先赔偿B公司的损失，然后根据保函向托运人索赔。

（3）预借提单（Advanced B/L）。由于信用证规定的装船日期已到期，货主因故未能及时备妥货物装船或尚未装船或因船期延误，影响货物装船，托运人要求承运人先行签发已装船提单，以便结汇。这种在货物装船前或开始装船时已为托运人借走的提单，称为预借提单。

案例分析49

案例：我某出口公司出口空调压缩机一批，进口方为日本某公司，合同规定2月5日前装运，CIF东京，不可撤销信用证付款。由于生产原因，该批货物要到3月初才能装运，为了做到单证相符，该出口公司请求承运人东丰船运公司预先出具提单，并于2月中旬通过银行顺利结汇。货物于3月中旬抵达东京后，日商发现了船公司预借提单的行为，于是通过法院申请扣押承运船舶，要求船公司赔偿损失。

问：日商的要求是否合理？为什么？

分析：日商的要求合理。船公司应当在货物装船完毕后签发提单，或者在收到货物后签发收货待运提单，等货物实际装船后在待运提单上加注承运船舶的船名、航次和装船日期，使收货待运提单成为已装船提单。本案中，船公司在还没有收货时即签发提单，属于预借提单，构成欺诈行为，其行为掩盖了出口公司延迟交货的事实，使出口公司得以顺利结汇。鉴于货款已付，船公司应当赔付日商已经支付的信用证项下的货款和相应的银行利息等费用。

（4）舱面提单（On Deck B/L）。有些货物如危险品、活牲畜，只能装在甲板上，有时因舱位拥挤或货物体积过大也只能装在甲板上。对于装在甲板上的货物，承运人或其代理人出具的提单为舱面提单，又称甲板货海运提单。

装在甲板上的货物不仅遭受损失的可能性较大，而且承运人对货物的灭失或损坏不负赔偿责任，一旦发生共同海损也不能得到分摊。因此，货主一般都在合同中或信用证上规定不准将货物装在甲板上，如在非装不可的情况下则托运人或货主一定要投保甲板险。除非信用证另有规定，银行一般也不接受舱面提单。

（5）集装箱提单（Container B/L）。指以集装箱装运货物所签发的提单。它有两种形式：一种是在普通的海运提单上加注“用集装箱装运”（Containerized）字样；另一种是使用“多式联运提单”（Combined Transport B/L），这种提单的内容增加了集装箱号码（Container Number）和“封号”（Seal Number）。使用多式联运提单，应在信用证上注明“多式联运提单可以接受”（Combined Transport B/L Acceptable）或类似的条款。

（6）租船提单（Chart Party B/L）。指承运人根据租船合同而签发的提单。在这种提单上注明“一切条件、条款和免责事项按照某年某月某日的租船合同”或批注“根据××租船合同出立”字样。这种合同受租船合同条款的约束。银行或买方在接受这种提单时，通常要求卖方提供租船合同的副本。

（7）先期提单。指提单的签发日期早于信用证开立日期的提单。过去一些银行也视这种提单为过期提单，但《UCP 600》第14条i款规定，单据的出单日期可以早于信用证开立日期，但不得迟于信用证规定的提示日期。

（8）交换提单（Switch B/L）。指在直达运输的条件下，应托运人要求，承运人同意在约定的中途港凭起运港签发的提单换发以该中途港为起运港的提单，并记载有“在中途港收回本提单，另换发以中途港为起运港的提单”或“Switch B/L”字样的提单。

(9) 顺签提单（Post-date B/L）。指在货物装船完毕后，承运人或其代理人应托运人的要求而签发的提单，但是该提单上记载的签发日期晚于货物实际装船完毕的日期。

(10) 联运提单（Through B/L）。指需经两种或两种以上的运输方式（如海—陆、海—河、海—空或海—海等）联合运输的货物，托运人在办理托运手续并交纳全程运费之后，由第一承运人所签发的包括运输全程并能凭以在目的港提取货物的提单。

(11) 多式联运提单（Combined Transport B/L）。多式联运提单简称CTB，是指由联运人也就是经营运输的"无船承运人"签发的提单。货物从起运地（港）到最终目的地（港）的全程运输过程中需使用陆、海、空其中两种以上运输方式，由联运人作为全程运输的总承运人签发联运提单，作为对托运人的总负责人。

案例分析50

案例：我某外贸公司向爱尔兰H公司出口医疗器械一批，价值数十万英镑，即期D/P方式付款。货物运输时，因须经香港转船而由某船公司出具转船联运提单。货到都柏林后H公司倒闭，先后两批货物全被另一家公司以伪造提单将货物取走。待我公司正式提单及其他单据寄达国外后已无人赎单付款，委托国外银行凭提单提货时也提不着货。经向船公司索赔，船公司以其是第一承运人为由进行推诿。

问：①船公司有无赔偿责任？②我方有何教训？

分析：①船公司这种说法难以成立。首先，如货物在二程船上发生灭失或损坏，则第一承运人可不负直接责任。现在货物既然已安全到达目的港，则与二程船无关。第一承运人难辞其咎，理应负责赔偿。其次，海运提单是物权凭证，海运提单的签发人只能将货物交给合法持有正本提单提货的人。而本案中，船公司将货物交给了凭伪造提单提货的第三人，船公司应对这种"无单放货"的侵权行为承担赔偿责任。

②本案中，我方应吸取的教训：a. 交易前应充分掌握客户的资信情况，增强风险意识；b. 在未能掌握客户资信情况的情形下，应争取采用有利的信用证付款方式，避免使用D/P或D/A方式，以保证安全收汇。

（三）海运提单的内容

海运提单内容可分为固定部分和可变部分。固定部分是指海运提单背面的条款，这一部分一般不作更改。

1. 提单条款的相关国际公约

(1)《海牙规则》（Hague Rules），全称为《统一提单的若干法律规定的国际公约》，由国际法协会起草，1931年6月21日生效。《海牙规则》规定了承运人最低限度义务、免责事项、索赔和诉讼、责任限制和适应范围以及程序性等几个方面。《海牙规则》规定了一年的诉讼时效，自货物交付或应当交付之日起一年内。对于责任限制，海牙规则规定了每件或每单位100英镑的最高赔偿额。但托运人装货前就货物性质和价值另有声明并载入提单的则不在此限。《海牙规则》对承运人免责条款规定很详细，而对货主的保护则相对较少。

(2)《维斯比规则》（Visby Rules），全称为《关于修订统一提单若干法律规定的国际公约的协定书》，由国际海事委员会修改《海牙规则》而成，于1977年6月生效。《维斯比规则》对《海牙规则》的修改主要有两点，一是将最高赔偿额由每件或每单位100英镑提高到10 000金法郎或按货物毛重每千克30金法郎，按两者较高者赔偿。二是增列了集装箱运输条款，规定提单上列明集装箱内所装货物的件数，则可以按此件数计算最高赔偿额，否则，每一集装箱作为一件或一个单位赔偿。

（3）《汉堡规则》（Hamburg Rules），全称为《联合国海上货物运输公约》，由联合国起草，1992年11月1日生效。《汉堡规则》废除了《海牙规则》规定的船舶航行和船舶管理上过失的免责，加重了承运人的责任，货主的诉讼时效延长至2年，是三个公约中最受货主认可的公约。

2. 提单可变部分的内容

可变部分是指海运提单正面的内容，主要包括船名、装运港、目的港、托运人名称、收货人名称、被通知人名称、货物名称、唛头、包装、件数、重量、体积、运费、海运提单正本份数、海运提单签发地点和日期、承运人或船长签字等。这些内容根据运输的货物、运输时间、托运人以及收货人的不同而变化。

案例分析51

案例：我某进出口公司进口货物一批共200箱，整箱装运，装运条件是CY/CY。货物到港后，该公司凭“清洁已装船”提单换取提货单提货后，发现其中有40箱包装破损且短少，短少货值共4 500美元，该公司经办理有关凭证后，向船公司提出索赔，但船公司以提单上表明“Shippers load and count”且集装箱完好无损为由拒赔。

问：船公司拒赔是否合理？为什么？

分析：船公司拒赔是合理的。本案中，装运条件是CY/CY，整箱装运，整箱交货，提单上表明“Shippers load and count”是指货物由出口方自行装箱，自行封箱后将整箱货物运至集装箱堆场。箱内货物是什么，数量是多少船公司概不负责。因此，货物运抵目的港后，只要能证明集装箱完好无损，也未开过箱，船公司就已履行有关义务。而货物包装的破损和数量的短少，是由于出口商装箱时的疏忽造成的，我进出口公司应向出口商索赔。

（四）海运提单的填制

目前，海运提单多数是由船公司或其代理人填制，经由出口公司核对后确认并出具正本提单。

（1）托运人（Shipper/Consignor）。托运人是指委托运输的人，在贸易中是合同的卖方。一般在填写海运提单SHIPPER栏目时，如信用证无特殊的规定，都填写卖方的名称。许多制单人是直接把公司的公章盖在这一栏目中。如果信用证规定以Third Party第三者为发货人时，可以外运公司的名义发货。

（2）收货人（Consignee）。与托运单“收货人”栏目的填写完全一致。

（3）被通知人（Notify Party，Notify，Addressed to）。如果合同或信用证没有说明哪一方为被通知人，可将合同的买方或信用证中的申请人名称、地址填入副本B/L的这一栏目中，而正本的这一栏目保持空白。如“收货人”栏目已填“凭＊＊人指定”，被通知人如另无规定，可以不填。

（4）前程运输（Pre-carriage by）。如果货物需转运，在这一栏目中填写第一程船的名称；如果货物不需转运，则空白这一栏目，但驳船用"Lighter"字样填入此栏目。如海运提单没有此栏目，应将驳船的名称写在大船名称前，如"Lighter/Beijing（北京轮）"，但对日本、美国不能用"Lighter"，须填驳船的具体名称，如"粤海 110"（YUE HAI 110）。

（5）收货地点（Place of Receipt）。如果货物需转运，填写收货的港口名称或地点；如果货物不需转运，空白这一栏目。

（6）船名（Ocean Vessel Voy. No.）。如果货物需转运，填写第二程船的船名；如果货物不需转运，填写第一程船的船名。

（7）装运港（Port of Loading）。如果货物需转运，填写中转港口名称；如果货物不需转运，填写装运港名称。如货物在广州装运，需在香港转船，则在此栏目填写"GUANGZHOU/HONG KONG"或在目的港之后加注"WITH TRANSSHIPMENT AT HONG KONG"（简写为 W/T HONG KONG），如"SINGAPORE W/T HONG KONG"（目的港新加坡，在香港转船）。

（8）卸货港（Port of Discharge）。填写卸货港（目的港）名称。如货运目的港转运内陆某地或利用邻国港口过境，须在目的港后加注"IN TRANSIT TO 某地"或"IN TRANSIT 某地"，如 KUWAIT IN TRANSIT SAUDI ARABIA（目的港科威特，装运沙特阿拉伯）。

（9）交货地点（Place of Delivery）。填写最终目的地名称。如果货物的目的地就是目的港，空白该栏。

（10）填写集装箱箱号（Container No.）。

（11）填写唛头和封号（Seal No. Marks & Nos）。

（12）商品描述及数量。商品描述使用文字应注意：①在没有特别说明时全部使用英文；②来证要求使用中文填写时，应遵守来证规定，用中文填写。数量是指本海运提单项下的商品总件数。

（13）填写总毛重（Gross Weight）。

（14）填写总尺码（Measurement）。

（15）特殊条款。信用证要求在海运提单内特别加列的条款。

（16）运费条款。除非信用证有特别要求，几乎所有的海运提单都不填写运费的数额，而只表明运费是否已付清或什么时候付清。它主要有：

运费已付——FREIGHT PAID

运费预付——FREIGHT PREPAID

运费到付——FREIGHT PAYABLE AT DESTINATION

运费待付——FREIGHT COLLECT

以 FOB、FCA 术语成交，提单一般填写为"FREIGHT COLLECT"；以 CFR、CIF、CPT、CIP 术语成交，提单一般填写为"FREIGHT PREPAID"。如信用证或托收、汇付条件下的合同规定加注运费，一般可加注运费的总金额。如规定要详细运费，就必须将计算单位、费率等详细列明。

（17）签发地点和时间（Place and Date of Issue）。海运提单签发时间，表示货物实际装运的时间或已经接受船方、船代理的有关方面监管的时间。海运提单签发地点，表示货物实际装运的港口或接受有关方面监管的地点。海运提单必须经装载船只的船长签字才能生效，在没有规定非船长签字不可的情况下，船方代理可以代办。

（18）正本的签发份数［No. of Original B(s)/L］。承运人一般签发海运提单正本两份，也可应收货人的要求签发两份以上。签发的份数，应用大写数字（如 Two，Three 等）在栏目内标明。

信用证规定要求出口方提供“全套海运提单”（Full Set or Complete Set B/L），按国际贸易习惯，一般是提供两份海运提单正本。

对信用证要求的正本单据和副本单据，《UCP 600》第 17 条规定：

a. 信用证中规定的每种单据必须提交至少一份正本。

b. 除非单据本身表明其不是正本，银行将视任何表面上具有单据出具人正本、标志、图章或标签的单据为正本单据。

c. 除非单据另有陈述，如果单据符合以下条件，银行将接受该单据作为正本单据：

i. 表面上显示由单据出具人手写、打字、穿孔或盖章；

ii. 表面上显示使用的是单据出具人的正本信纸；

iii. 声明单据为正本，除非该项声明表面显示出与所提示的单据不符。

d. 如果信用证要求提交副本单据，则提交正本单据或副本单据均可。

e. 如果信用证中使用诸如“一式两份（in duplicate）”、“两张（in two fold）”、“两份（in two copies）”等术语要求提交多份单据，则可以通过提交至少一份正本，其余为副本来满足信用证要求。但单据本身另有其他指示的除外。

（19）有效的签章（Stamp & Signature）。来证规定手签的必须手签。印度、斯里兰卡、黎巴嫩、阿根廷等国港口，信用证虽未规定手签，但当地海关规定必须手签。有的来证规定海运提单须由中国贸促会签证，也可照办。承运人或船长的任何签字或证实，必须表明“承运人”或“船长”的身份。代理人代表承运人或船长签字或证实时，也必须表明所代表的委托人的名称和身份，即注明代理所代表的委托人的名称和身份，注明代理人是代表承运人或船长签字或证实的。

（五）海运提单的交货程序

海运提单的交货程序见下图：

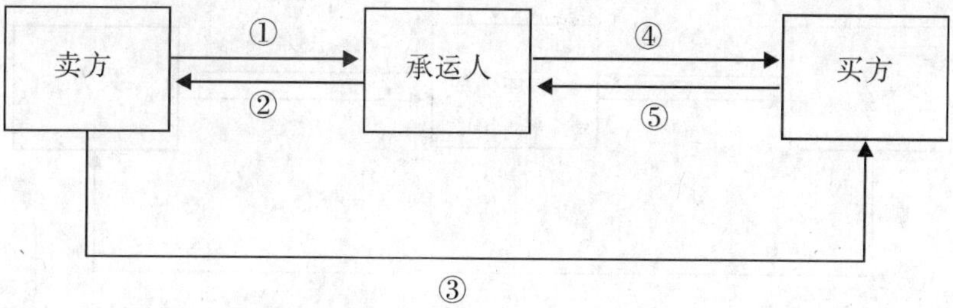

①卖方向承运人或承运人的代理人交付货物；

②承运人或承运人的代理人向卖方签发海运提单；

③卖方向买方提交海运提单，买方向卖方支付货款；

④承运人或承运人的代理人通知买方（收货人）货已到港；

⑤买方（收货人）凭海运提单提货。

二、海运单

海运单（Sea Waybill）是由船长或船公司或其代理人签发的证明已收到特定货物（已接管或已装船）并保证将货物运至目的地交付给指定收货人的一种凭证。海运单与海运提单同样是船方出具的货物收据，也是海上货物运输契约的证明，但它不是货物所有权的凭证，收货人提货时无须出示海运单，承运人仅凭收货人提交的证明其为海运单上指定收货人的凭条交付货物。所以，使用海运单有利于进口商及时提货、简化手续、节省费用，并有助于减少欺诈现象。

海运单对卖方来说风险是比较大的，由于不像海运提单一样须凭单交货，买方不必提交单据，只要能证明其为海运单上指定收货人即可提货。因此，卖方必须在确认买方已付款的前提下，方可装运并要求承运人签发海运单，否则，有可能出现货款两空的局面。

案例分析 52

案例：我某公司向美国某商人出口货物一批，合同规定：买方先支付10%定金，货物装运前卖方电汇剩余90%的货款，凭海运单交货。合同履行中美商按期支付了10%的定金，我方也按期装运货物。由于船期紧，我方在尚未收到美商电汇款时，就急忙装运并由船公司签发了海运单。货到美商提货后，由于资金周转困难，借口品质有问题，拒绝付款。经我方多方交涉，6个月后才收回货款。

问：我方应吸取什么教训？

分析：我方应吸取如下的教训：首先，定金比例太小，应该为30%。由于不是信用证付款，如果市场因素美商不准备收货，10%对其影响不大，但对我方处理货物造成困难。其次，由于采用海运单交货，美商只要能证明是海运单上的收货人即可提货，因此，在没有收到对方剩余货款时，不能装运，即使耽误船期，也是美商违约在先，否则，会导致我方货款两空的局面。

海运单交货程序见下图：

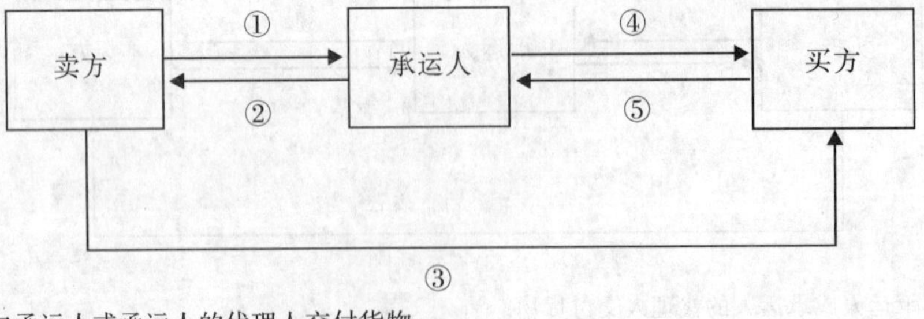

①卖方向承运人或承运人的代理人交付货物；

②承运人或承运人的代理人向卖方签发海运单；

③卖方向买方提交海运单，买方向卖方支付货款；

④承运人或承运人的代理人通知买方（收货人）货已到港；

⑤买方（收货人）凭海运单或证明自己为海运单收货人的凭证提货。

三、铁路运单

铁路运单是国际铁路联运中铁路与货主之间的运输契约，对收、发货人和铁路部门都具有法律约束力。铁路运单正本随货物自始发站运至终点站，最后在终点站由收货人付清应由收货人负担的运杂费用后，连同货物由终点站交给收货人。运单副本由铁路始发站签发给发货人作为货物已经交运的凭证和凭以向银行办理货款结算的主要单据。由于收货人向铁路提取货物时，无须提交运单。因此，铁路运单并非物权凭证，不能通过背书进行转让和作为抵押品向银行融通资金。

四、航空运单

航空运单（Airway Bill）简称为 AWB，是航空运输公司及其代理人签发给发货人表示已收妥货物并接受托运的货物收据。航空运单可分为出票航空公司（Issue Carrier）标志的航空货运单和无承运人任何标志的中性货运单两种。航空运单不是物权凭证，不能通过背书转移货物的所有权。航空运单不可转让，持有航空运单并不说明就可以对货物要求所有权。航空运单的作用有：

（1）航空运单是航空运输承运人与托运人之间的运输合同。海运提单只是运输合同的证明，它本身不是运输合同。但航空运单不仅是航空运输合同的证明，而且航空运单本身就是托运人与航空运输承运人之间签订的货物运输合同。

（2）航空运单是航空公司或其代理人收运货物的证明文件。在托运人将货物托运后，航空公司或其代理人就会将其中一份交给托运人，作为已按航空运单所列内容收妥货物的证明。

（3）航空运单是承运人核收运费的依据。航空运单分别记载着属于收货人负担的费用、属于应支付给承运人的费用和应支付给代理人的费用，并详细列明费用的种类、金额，因此可作为运费账单和发票。承运人往往也将其中的承运人联作为记账凭证。

（4）航空运单是进出口货物办理清关的证明文件。当货物通过航空运输出口时，报关必须提交航空运单。在货物到达目的地机场进行进口报关时，海关也是根据航空运单查验放行货物的。

（5）航空运单是承运人处理货物运输过程情况的依据。航空运单中的一份随货同行，用于记载有关该票货物发送、转运、交付的事项，是承运人处理货物运输过程情况的依据。

（6）航空运单是收货人核收货物的依据。航空运单的正本一式三份，其中一份交托运人，是承运人或其代理人接收货物的依据；第二份由承运人留存，作为记账凭证；最后一份随货同行，用于记载有关该票货物发送、转运、交付的事项，在货物到达目的地时，交付给收货人作为核收货物的依据。虽然正本签发三份，但银行允许只提交一份正本。副本九份，由航空公司按规定和需要分发。

五、多式联运单据

多式联运单据（Multimodal Transport Documents，MTD）是为适应广泛开展的集装箱运输的需要而产生的，在使用多种运输方式联合运送货物时所签发的单据。多式联运单据与联运提单的主要区别如下：

（1）使用的范围不同。联运提单限于由海运与其他运输方式所组成的联合运输时使用；多式联运单据使用范围较广，它既可用于海运与其他运输方式的联运，也可用于不包括海运的其他运输方式的联运，但仍必须是至少两种不同运输方式的联运。

（2）签发人不同。联运提单由承运人、船长或承运人代理签发，多式联运单据则由多式联运经营人或经他授权人签发。

（3）签发人对运输负责的范围不同。联运提单的签发人仅对第一程运输负责，而多式联运单据的签发人则要对全程运输负责。

（4）运费费率不同。联运提单全程采用不同的运费费率，多式联运单据必须是全程单一的运费费率。

样单 3－1　海运提单

PACIFIC STAR LINE LTD., INC.

BILL OF LADING

SHIPPER HUZHOU IMPORT AND EXPORT CORPORATION	DOCUMENT NO: EXPORT REFERENCES 97160E FORWARDING AGENT-REFERENCES
CONSIGNEE TO THE ORDER OF BANCO CONTINENTAL	POINT AND COUNTRY OF ORIGIN
NOTIFY PARTY CANDAOS PERUANOS S.A./FORCA S.A.	DOMESTIC ROUTING/EXPORT INSTRUCTIONS
PRE-CARRIAGE BY / PLACE OF RECEIPT	ONWARD INLAND ROUTING
OCEAN VESSEL / VOY. NO. / PORT OF LOADING CHEN DA 513 V.0157M	
PORT OF DISCHARGE / PLACE OF DELIVERY HUANGPU CALLAO PERUAIRE	FINAL DESTINATION FOR THE MERCHANT'S REFERENCE

PARTICULARS FURNISHED BY MERCHANTS

CONTAINER NO. / MARKS & NOS.	NO. OF CONTAINERS OR PKGS.	KIND OF PACKAGES, DESCRIPTION OF GOODS	GROSS WEIGHT	MEASUREMENT
		SHIPPER'S LOAD & COUNT & SEAL S. T. C.		
EZIO DELL'AVO E HIJOS S.A. MADE IN CHINA 1X20' FCL CY/CY TTNU2113112/02068/20'	840CTNS	578SS(BK) KNOB LOCK"ANDIAN"S.S. WITHOUT KEY 5700PCS 190CARTONS 578SS(ET) KNOB LOCK"ANDINA"S.S. WITH KEY 13200PCS 440CARTONS 578PB(BK) KNOB LOCK"ANDINA" P.B. WITHOUT KEY 1950PCS 65CARTONS 578PB(ET) KNOB LOCK"ANDINA"P.B. WITH KEY 4350PCS 145CARTONS FREIGHT PREPAID	18,500KGS	27.8CBM

ORIGINAL

SHIPPED "ON BOARD"

SHIPPED ON BOARD(1)
DATE:NOV 06, 1998

Shippers Declared Value $ — If no value declared liability limit applies as per Clause 8.

TOTAL: EIGHT HUNDRED AND FORTY (840) CARTONS ONLY.

FREIGHT & CHARGES	REV. TONS	RATE	PER	AMOUNT	PPD	COL

PSL

AS ANENT FOR THE CARRIER:
PACIFIC STAR LINE LTD., INC.

RECEIVED in apparent good order and condition except as otherwise noted the total number of containers or other packages or units enumerated for transportation from the place of receipt to the place of delivery subject to the terms and conditions hereof. One of the Bills of Lading must be surrendered duly endorsed in exchange for the goods or delivery order. One presentation of this document duly endorsed to the Carrier by or on behalf of the Holder of the Bill of Lading, the rights and liabilities arising in accordance with the terms and conditions hereof shall, without prejudice to any rule of common law or statute rendering them binding on the Merchant, become binding in all respects between the Carrier and the Holder of the Bill of Lading as though the contract evidenced hereby had been made between them.

IN WITNESS whereof three (3) original Bills of Lading have been issued, all of this tenor and date, one of which being accomplished the other(s) to be void.

SEA TRADE INT'L INC.
Lily Xu (1)
Authorized Signature

B/L No.	Mo.	Day	Year
PSLN294831320	NOV	04	1998

Signed for the carrier:
PACIFIC STAR LINE LTD., INC.
SEA TRADE INTERNATIONAL, INC. as Agents

样单 3－2　海运提单

Shipper

GUANGDONG TEXTILE IE WOOLEN KNITWEARS CO.LTD.
13/F GUANGDONG TEXTILES MANSION, 168 XIAO BEI ROAD,
GUANGZHOU,510045,CHINA

B/L No.
GZSTOR0007051

MS

MAGNATE SHIPPING LINES LTD.

COMBINED TRANSPORT
BILL OF LADING

Consignee or order

TO ORDER OF C.I.B.C.,TORONTO

Notify address

ABC CO.

RECEIVED the goods the total numbers of quantity of containers or packages or units stated by the shipper to comprise the goods specified below subject to all terms hereof (including the terms on the reverse hereof and the terms of the carrier's applicable tariff) in apparent good order and condition as specified below unless otherwise stated herein.
The Carrier, in accordance with the provisions contained in this document
1. Undertakes to perform or to procure the performance of the entire transport from the place at which the goods are taken in charge to the place designated for delivery in this document, and
2. assumes liability as prescribed in this document for such transport.

Pre-carriage by	Place of receipt		
	GUANGDONG,CHINA		
Ocean vessel	Port of loading		
APL JAPAN V.043-2	(YANTIAN),GUANGDONG,CHINA		
Port of discharge	Place of delivery	Freight payable at	Number of original Bs/L
TORONTO,CANADA		DESTINATION	THREE

Marks and Nos.	Number and kind of packages:	Description of goods	Gross weight. kgs.	Measurement. M³
PRATEX-TOR	192 CTNS	MEN'S / WOMEN'S SWEATERS	1250KGS	9.81 CBM
P.O.#	S.T.C. 2297PCS			
STYLE#				
COLOUR				
QUANTITY				
SIZE RATIO				
LABEL				
PREPACKS RATIO/		FREIGHT PREPAID		

GOODS ARE LOADED ON BOARD: JUL.30.2000
VESSEL NAME:APL JAPAN V.043-2

TOTAL: ONE HUNDRED AND NINETY-TWO CARTONS ONLY.

LCL/LCL
CONTAINER/SEAL NO:
TTNU9634051/9379749　　SHIPPER DECLARE "THIS SHIPMENT, INCLUDING ITS CONTAINER, DOES NOT CONTAIN ANY NON-MANUFACTURED WOODEN MATERIAL, DUNNAGE, BRACING MATERIAL, PALLETS,CRATING OR OTHER NON-MANUFACTURED WOODEN PACING MATERIAL."

ABOVE PARTICULARS DECLARED BY SHIPPER

Freight and charges	IN WITNESS whereof the number of original Bills of Lading stated above have been signed, all of this tenor and date, one of which being accomplished, the other(s) to be void.
FREIGHT PREPAID INCLUDING DDC	Place and date of issue GUANGZHOU,CHINA JUL.30.2000
For cargo delivery, please contact MAGNATE SHIPPING LINES LTD. Toronto Office: 5955 Airport Road, Suite 218, Mississauga, Ontario, L4V 1R9, Canada. Tel: (905) 672-5060 Fax: (905) 672-5133 Montreal Office: 2145 Onesime Gagnon, Lachine, Quebec, H8T 3M7 Canada. Tel: (514) 636-7514 Fax: (514) 636-6524 Vancouver: C/O Toronto Office	Signed for the Carrier APL LINES　↑盖章 书写 CARRIER: MAGNATE SHIPPING LINES LTD. As Agents Only

样单 3－3　航空运单

House Air Waybill Number

160 HKG 36877175　　FILE NO : AE05-02-0016　　IFS-31661

Shipper's Name and Address | Shipper's Account Number

STEP ELEGANT LTD
RM201,2/F,WAI CHING COMM BLDG,
77 WAI CHING ST,KLN,HONG KONG
27812910 DEREK CHENG

Not negotiable
Air Waybill
(Air Consignment note)
Issued by

IFS 運航國際空運有限公司
IFS INTERNATIONAL AIR CARGO LIMITED

Copies 1, 2 and 3 of this Air Waybill are originals and have the same validity.

Consignee's Name and Address | Consignee's Account Number

TO ORDER OF BNP PARIBAS (CANADA)

It is agreed that the goods described herein are accepted in apparent good order and condition (except as noted) for carriage SUBJECT TO THE CONDITIONS OF CONTRACT ON THE REVERSE HEREOF. THE SHIPPER'S ATTENTION IS DRAWN TO THE NOTICE CONCERNING CARRIERS' LIMITATION OF LIABILITY. Shipper may increase such limitation of liability by declaring a higher value for carriage and paying a supplemental charge if required.

FREIGHT PREPAID
NOTIFY COSACO INC
9600 RUE MEILLEUR,MONTREAL,
QC H2N 2E3
CONTACT PERSON:KAREN CRAWLEY
TEL:(514)3824860 FAX:(514)3878086

Airport of Departure (Addr. of First Carrier) and Requested Routing

HONG KONG

to	By First Carrier	Routing and Destination	Air Waybill Number	Currency	CHGS Code	WT/VAL PPD	WT/VAL COLL	Other PPD	Other COLL	Declared Value for Carriage	Declared Value for Customs
YUL	CX			HKD		P		P		N.V.D.	AS PER INV

Airport of Destination	Flight/Date	For Carrier Use only	Flight/Date	Amount of Insurance	
MONTREAL	CX828	05 FEB 2005		NIL	INSURANCE - If Carrier offers insurance and such insurance is requested in accordance with conditions on reverse hereof, indicate amount to be insured in figures in box marked amount of insurance.

Handling information

THIS SHIPMENT,INCLUDING ITS CONTAINERS,DOES NOT CONTAIN ANY NON-MANUFACTURED WOODEN PACKING MATERIAL,DUNNAGE,BRACING MATERIAL,PALLETS, CRATING OR OTHER NON-MANUFACTURED WOODEN PACKING MATERIAL.

No. of Pieces RCP	Gross Weight	kg/lb	Rate Class / Commodity Item No.	Chargeable Weight	Rate / Charge	Total	Nature and Quantity of Goods (incl. Dimensions or Volume)
22	189.0	K		189.0	PREPAID AS ARRANGED		LADIES' 95% COTTON 5% SPANDEX KNITTED SWEATER PO. C9588 STYLE NO.52309D5S/LD QTY:800PCS [D34*60*31CM*14] [D54*31*31CM*8] VOL. = 1300512.0CM BY VOL.　186.0K

MARKS:
OUR MARK
OUR P/O NO.
CONCECUTIVE
PACKAGE NUMBER
STYLE NO.
COLOR
SIZE
QTY
MADE IN CHINA
WEIGHT
MEASURMENT

INVOICE,PACKING LIST,ORIGINAL CHINA
C/O#040551659 ATT'D
E/L : E501221500005

Prepaid	Weight Charge	Collect	Other Charges
AS ARRANGED		PREPAID	
	Valuation Charge		
	Tax		
	Total other Charges Due Agent		
	Total other Charges Due Carrier		
Total Prepaid		Total Collect	
Currency Conversion Rates		CC Charges in Dest. Currency	

Shipper certifies that the particulars on the face hereof are correct and that insofar as any part of the consignment contains restricted articles, such part is properly described by name and is in proper condition for carriage by air according to the applicable Dangerous Goods Regulations.

IFS INTERNATIONAL AIR CARGO LIMITED
Signature of Shipper or his Agent

03 FEB 2005　　HONG KONG
Executed on (Date) at (Place) Signature of Issuing Carrier or its Agent

IFS INTERNATIONAL AIR CARGO LIMITED 運航國際空運有限公司 LE06

ORIGINAL 1 (FOR SHIPPER)

House Air Waybill Number
IFS-31661

第三节　货物装运条款的拟订

国际货物买卖合同中装运条款的主要内容有装运时间、装运港和目的港、分批装运和转运等。如：

"Shipment during May from London to Shanghai. The Sellers shall advise the Buyers 45 days before the month of shipment of the time the goods will be ready for Shipment. Partial shipments and transshipment allowed."（5 月份装运，由伦敦至上海。卖方应在装运月份前 45 天将备妥货物可供装船的时间通知买方。允许分批和转船。）

"During Mar. /Apr. in two equal shipments, transshipment to be permitted."（3 或 4 月份分两次平均装运，允许转运。）

一、装运时间

国际货物买卖合同中常见的装运时间的规定方法有：①明确规定具体的装运期限，如"Latest date of shipment: May 20, 2009"（最迟装运期：2009 年 5 月 20 日）；②规定在收到信用证后若干天内装运，如"Shipment to be effected within 45 days upon receipt of the L/C."（收到信用证 45 天内装运有效）；③笼统地规定装运期限，如"Time of shipment: May"（装运期：5 月）。

对装运时间的掌握，《UCP 600》第 3 条规定：

除非信用证中坚持要求单据中使用，银行对使用诸如"迅速"、"立即"、"尽快"之类词语将不予置理。

"于或约于（on or about）"或类似意义的词语将被解释为一项规定，按此规定，某项事件将在明确指定的日期前后 5 个日历日内发生，起讫日均包括在内。如"Shipment to be effected on or about May 15, 2009"（于或约于 2009 年 5 月 15 日装运），那么，这批货物可在 2009 年 5 月 10 日到 5 月 20 日之间的任何一天装运，起讫日 5 月 10 日和 5 月 20 日均包括在内。

当使用词语"至（to）"、"直至（until、till）"、"从……（from）"及"在……之间（between）"确定装运期限时，应理解为包括所述日期。词语"在……之前（before）"和"……之后（after）"，应理解为不包括所述日期。

当使用词语"从……（from）"和"……之后（after）"确定到期日时，应理解为不包括所述日期。

"上半月（firsthalf）"和"下半月（secondhalf）"应分别理解为每月 1 日至 15 日和 16 日至月末最后一天，包括起讫日。

"月初"、"月中"和"月末"应分别理解为每月 1 日至 10 日、11 日至 20 日和 21 日至最后一天，包括起讫日。

二、装运港和目的港

通常情况下，只规定一个装运地（港）和一个目的地（港）。如"Port of loading:

Guangzhou；Port of destination：NewYork”（装运港：广州；目的港：纽约）。在大宗商品交易条件下，可酌情规定两个或两个以上的装运地（港）和目的地（港），并分别列明其名称供选用。如“Port of loading：Guangzhou/HongKong；Port of destination：NewYork/Philadelphia”（装运港：广州/香港；目的港：纽约/费城）。另一种情况，只列明某一地区的主要港口，如“Port of loading：Chinese ports；Port of destination：European main ports”（装运港：中国港口；目的港：欧洲主要港口）。就具体的目的地（港），买方在卖方发货前应从可供选择的地点中确定，并通知卖方安排运输。在双方洽商暂无法确定装运港和目的港时，可采用选择港的方式。选择港必须以同一航线班轮的寄航港为限。核算运费时，以运费最高的港口为基础，并明确选择港的附加费由买方负担，或在采用CFR、CIF条件时把附加费加进售价。规定“选择港的数目一般不超过三个”。

三、分批装运和转船

分批装运（Partial Shipment）是指将一笔成交的货物，分若干批装运。如出口5 000台空调机，分两批装运出口，每批装运2 500台。转船（Transshipment）是指货物没有直达船或一时无合适的船舶运输，而需通过中途港转运的称为转船。如广州运输到委内瑞拉的圣费利克斯港口的货物，广州港没有直达航线，可先运达香港，在香港转运到达圣费利克斯港。

实务中买方一般允许转船但不允许分批装运，如“Partial Shipment：Not allowed；Transshipment：Allowed”（分批装运：不允许；转运：允许）。

一般来说，允许分批装运和转船，对卖方比较主动。国际商会《跟单信用证统一惯例》规定，除非信用证另有规定，可准许分批装运和转船。

四、拟订货物运输条款应注意的问题

1. 装运期的规定应该明确、具体

装运期的规定不应使用诸如“迅速”、“立即”、“尽快”之类词语，如使用此类词语，按《UCP 600》的规定，银行将不予置理。同时，装运期长短要适中，太长可能会影响出口商资金周转，市场行情变化也可能影响合同的履行，产品的检验要求和仓储费增加也不利于出口商；装运期太短，不利于备货、报检报关、租船订仓。

案例分析53

案例：我A公司与美国B公司于4月5日按FOB广州成交，出口服装一批，交货期限为不迟于5月28日。B公司于4月8日开来信用证，证中的装运期没具体规定，只是要求A公司立即装运出口。A公司于5月20日装运出口，凭单向B公司索取货款，但B公司提出异议，认为信用证中已经明示“立即装运”，A公司最迟应在4月底装运，5月装运属于单证不符，因此，B公司拒付货款。

问：B公司是否有理？为什么？

分析：B公司拒付货款没有理。双方达成的交易中规定交货期限为不迟于5月28日，开来的信用证中没有明确具体的装运期限，只有“立即装运”字样。按《UCP 600》的规定，装运期的规定不应使用诸如“迅速”、“立即”、“尽快”之类词语，如使用此类词语，银行将不予置理。因此，本案可认为装运期限仍然为不迟于5月28日。

2. 对目的港的要求

（1）目的港和目的地必须明确、具体。目的港规定不明确具体，有可能产生误解，增加不必要的费用。

（2）合同中规定以海上运输方式交运的交易，货物运往目的港无直达班轮或航次很少的，合同中应规定允许转运的条款。

（3）目的港必须是船舶可以停泊的港口。对内陆国家的贸易，而又采用CIF或CFR条件的，一般应选择距离该国最近的、买方能够安排船舶的港口为目的港。在采用多式联运情况下，除非联运承运人接受全程运输，一般不可接受以内陆城市为目的港的条件。

（4）在规定目的港时，应注意港口是否有重名的问题。凡有重名的港口或城市，应加注国名，在同一个国家有同名港口或城市者，应注明所在国家的区位，以防发生因漏注而错运货物的事故。

案例分析54

案例： 我某公司接加拿大T公司传真，欲以CIF魁北克每公吨950加元向我公司购买某商品，当年12月装船，不可撤销即期信用证付款。

问： 对此条件，我公司应如何考虑并如何答复为宜？

分析： 魁北克在加拿大东岸，且属于季节性封冻港口，对目的港订为魁北克、12月装船的条件实难接受。此外，魁北克属加拿大OCP地区，因此我方最好的办法是让对方改报CIF温哥华OCP魁北克价。

3. 《UCP 600》对分批装运和转船的规定

（1）《UCP 600》第31条对分批支款或分批装运的规定。

a. 允许分批支款或分批装运。

b. 提交的数套运输单据中表明货物系使用同一运输工具并经由同一路线运输，即使运输单据上注明的装运日期不同或装货港、接受监管地、发运地点不同，只要注明的目的地相同，将不视为分批装运。如果提交的单据由数套运输单据构成，在所有单据中注明的最迟一个发运日将被视为装运日。

即使运输工具在同一天出运并开往同一目的地，只要提交的数套运输单据中表明货物系在同一种运输方式下使用不止一个运输工具运输，就被视为分批装运。

案例分析55

案例： 我A公司向英国B公司出口某空调机1 000个20’集装箱，信用证付款。考虑到商品季节性强，英商信用证中要求一次装运出口，不准分批。由于生产任务重，且订舱的时间较晚，符合装运期限的“华美”轮和“东华”轮剩余的舱位没有一条能装载全部的1 000个集装箱。A公司认为两轮都是同一天开往同一目的港，于是，在两轮分装各500个集装箱。

问： 我方处理是否妥当？

分析：我方处理不妥。《UCP 600》第31条规定：即使运输工具在同一天出运并开往同一目的地，只要提交的数套运输单据中表明货物系在同一种运输方式下使用不止一个运输工具运输，就被视为分批装运。本案中，我方分两条轮船装运货物，属于分批装运，与信用证规定不符，银行可拒绝支付货款。对于成交量大、季节性强的出口货物，出口公司应提前订舱，类似本案违约的情况，对出口商造成的损失将十分严重。

c. 含有一份以上快递收据、邮政收据或投邮证明的交单，如果所提交的单据在表面看来由同一地点的快递机构或邮政机构在同一日期加盖印章或签署并且发往同一目的地，则提交一份以上快递收据、邮政收据或投递证明将不视为分批装运。

（2）《UCP 600》第32条对分期支款或分期装运的规定。信用证规定的在特定期限内分期支款或分期装运，如果其中任何一期未按信用证所规定期限支款或装运，则信用证对该期及以后各期均视为无效。

案例分析56

案例：我A公司向英国B公司出口某商品15 000箱，合同规定1—6月分数批装运，不可撤销即期信用证付款。合同签订后，B公司按时开来信用证，装运条款规定为“最迟装运期6月30日，1—6月按月等量装运，每月2 500箱”。我方实际出口时，1—3月份交货正常，我方顺利结汇，4月份因船期延误，拖延至5月3日才实际装运出口，海运提单倒签为4月30日。5月5日我公司在同船“吉庆”号又装运2 500箱。开证行收到单据后来电表示对这两批货拒付货款。

问：我方有何失误？开证行拒付是否有理？

分析：开证行拒付有理。我方的失误及开证行拒付的依据是：①4月份我方未装运，实际延至5月3日才装运，为掩人耳目倒签了提单，这种侵权的做法不当。②《UCP 600》规定，信用证中规定期限定量分批装运时，如任何一批未按规定装运，本批及以后各批均告失效。本案中，自延误的4月份起信用证即告失效，银行当然拒付。③《UCP 600》规定，同船、同航次、同目的地的装运不视为分批装运，显然与信用证“1—6月按月等量装运，每月2 500箱”的要求不符。综上所述，开证行有权拒付。

（3）《UCP 600》第19条c款对转运的规定。

i. 只要同一运输单据包括运输全程，则运输单据可以注明货物即将或可能被转运。

ii. 即使信用证禁止转运，银行也将接受注明转运即将或可能发生的运输单据。

第四章 国际货物运输保险

在国际贸易中，买卖双方由于空间跨度大，货物一般要经过长途运输，而且中间要经过储存、转运、装卸等环节，遭遇各种风险的可能性较大。通过保险，当货物在运输中遭受承保范围内的损失时，被保险人可以得到保险公司的赔偿。

第一节 国际货物运输中的风险、损失与费用

一、风险

风险是指国际货物运输中货物损失的起因，风险不同，造成的损失也不同。国际货物运输中可保险的风险分为海上风险与外来风险。

（一）海上风险（Perils of the Sea）

海上风险又称海难，它包括海上发生的自然灾害和意外事故。

1. 自然灾害（Natural Calamity）

自然灾害是指由于自然界的变异引起的破坏力量所造成的现象，如恶劣气候、雷电、海啸、地震、洪水、火山爆发等人力不可抗拒的灾害。

2. 意外事故（Fortuitous Accidents）

意外事故是指船舶搁浅、触礁、沉没、失踪、互撞或与其他固体物如流冰、码头碰撞以及失火、爆炸等意外原因造成的事故或其他类似事故。

（二）外来风险（Extraneous Risks）

外来风险是指海上风险以外的其他外来原因所致的风险。外来风险可分为一般外来风险和特殊外来风险两种。

1. 一般外来风险

一般外来风险是指由偷窃、雨淋、破碎、串味、钩损、锈损、渗漏、沾污、受潮受热、短量、包装破裂等原因所致的风险。

2. 特殊外来风险

特殊外来风险是指由于军事、政治、国家政策法令和行政措施等以及其他特殊外来原因，如战争、罢工、交货不到、被拒绝进口或没收等所致的风险。

二、损失

可补偿的海上损失是指被保险货物在海洋运输途中，因遭遇海上风险所引起的损坏或灭失。按照各国海运保险业务习惯，海上损失也包括与海运连接的陆上运输和内河运输过

程中所遇到的自然灾害和意外事故所致的损坏或灭失。海上损失按损失的程度可分为全部损失和部分损失。

(一) 全部损失 (Total Loss)

全部损失是指被保险货物在海运过程中，由于海上风险所造成的损坏或灭失。全部损失可分为实际全损和推定全损。

1. 实际全损（Actual Total Loss）

实际全损是指被保险货物全部灭失或完全变质而失去原有价值或不可能归还被保险人。如船舶触礁后船货同时沉入海底；大豆被海水浸泡后又被日晒变质；船舶失踪已达2个月以上仍无消息（我国《海商法》规定）等。

2. 推定全损（Constructive Total Loss）

推定全损是指货物发生事故后，认为实际全损已不可避免，或者为避免实际全损所支付的费用与继续将货物运抵目的港的费用之和超过了保险价值。如果由于保险责任范围内的原因造成货物的损失虽未达到全部损失的程度，但为挽回损失而采取措施的支出大于全部损失的情况下，要求保险公司按全部损失给予赔偿时，被保险人必须向保险公司办理“委付”手续。所谓委付（Abandonment）就是被保险人将被保险货物的一切权利转让给保险人，并要求保险人按全损给予赔偿的行为。委付必须有保险人明示或默示的承诺方为有效。

案例分析57

案例：我A公司与美国某公司按CIF旧金山成交出口一批布料。货轮在海上运输途中，因触礁某舱舱底出现裂口，舱内存放的A公司的布料全部严重受浸。因舱内进水，船长不得不将船就近驶入避风港修补裂口。如果将受水浸的布料漂洗后，再运至原定目的港旧金山所花费的费用已超过该批布料本身的价值。

问：该批布料的损失属于什么性质的损失？

分析：该批布料的损失应属于推定全损。当损失发生时，为挽回损失对被保险货物采取措施的支出超过全部损失的情况下，可要求保险公司按全部损失给予赔偿。

(二) 部分损失 (Partial Loss)

部分损失是指被保险货物的损失没有达到全部损失的程度。我国《海商法》第247条规定，凡不属于实际全损和推定全损的损失为部分损失。部分损失分为共同海损和单独海损两种。

1. 共同海损（General Average）

共同海损是指载货船舶在海上运输途中遭遇灾害、事故，威胁到船、货等各方的共同安全，为了解除这种威胁，维护船货的安全，或者使航程得以继续完成，由船方有意识地、合理地采取措施而作出的某种牺牲或支出某些特殊的费用，这些损失和费用叫共同海损。

共同海损的成立必须同时具备以下条件：

（1）船方采取紧急措施时，必须确有危及船、货共同安全的危险存在，不能主观臆测可能有危险发生。

（2）船方所采取的措施必须是有意的、人为的、合理的。

（3）所作出的牺牲或支出的费用必须是额外的，是在非正常情形下产生的。

（4）构成共同海损的牺牲和费用支出，最终必须是有效的。

共同海损的牺牲和费用都是为了使船舶、货物和运费免于遭受损失而支出的，因而应该由船方、货方和运费方按最后获救的价值共同按比例分摊，这种分摊叫做共同海损分摊。

2. 单独海损（Particular Average）

单独海损是指除共同海损以外的意外损失，即由于承保范围内的风险所直接导致的船舶或货物的部分损失。

单独海损和共同海损的区别主要有：

（1）造成海损的原因不同。前者是承保范围内的风险所直接导致的损失，后者是为了解除或减轻风险而人为造成的损失。

（2）承担损失的责任不同。前者由受损方自己承担，后者由获益各方按获救价值的大小按比例分摊。

案例分析 58

案例：我国 A 公司与某国 B 公司签订出口 2 500 公吨钾肥的 CIF 合同，次年 1 月装运。合同签订后不久，A 公司收到信用证后及时装运。载货船只"雄狮号"于 1 月 21 日驶离上海港。A 公司为这批货物投保了水渍险。1 月 30 日"雄狮号"途经达达尼尔海峡时起火，造成部分钾肥烧毁，船长在命令引海水灭火过程中又造成部分钾肥湿毁。

问：①途中烧毁、湿毁的钾肥损失各属什么损失？②以上各项损失可否向保险公司索赔？

分析：①途中烧毁的钾肥损失属单独海损。途中湿毁的钾肥损失属共同海损，因为船舶和货物遭到了共同危险，船长为了共同安全，有意且合理地引水救火造成了钾肥被湿毁，此损失属于共同海损。②以上两项损失均可向保险公司索赔，保险公司应予赔偿。因为水渍险的保险责任范围包括由自然灾害或意外事故所致的单独海损，也包括共同海损。

三、费用

费用是指被保险货物遇险时，为防止损失的扩大而采取抢救措施所支出的费用。海上费用主要有施救费用、救助费用、特别费用和额外费用。

1. 施救费用（Sue & Labor Charges）

施救费用是指当保险标的遭遇保险责任范围内的灾害事故时，被保险人或者他的代理人、雇佣人员和受让人等为防止损失的扩大而采取抢救措施所支出的费用。例如，保险船舶在航行途中遭遇恶劣气候，虽然被保险人竭尽全力进行抢救，船舶仍然沉没。假若该船舶投保定值保险，保险金额为 1 000 万元，被保险人在抢救船舶中支付了 50 万元的施救费用，那么保险人按实际全损赔付保险标的后，仍需赔偿被保险人为抢救保险标的支付的施救费用 50 万元，即保险人应承担的赔偿责任是 1 050 万元。然而，如果保险标的的保险金额低于保险价值，保险人对施救费用的赔偿按比例减少。例如，货物的保险价值是 100 万元，保险金额是 50 万元，保险人就只赔偿施救费用的一半，因保险金额与保险价值的比例为1：2。

2. 救助费用（Salvages Charges）

救助费用是指保险标的遭遇保险责任范围内的灾害事故时，由保险人和被保险人以外的第三者采取救助行动，而向其支付的费用。

3. 特别费用（Special Charges）

特别费用是指运输工具在海上遭遇海难后，在中途港或避难港卸货、存包、重装及续运货物所产生的费用。按照国际惯例，这种费用也都列入海上保险承保责任范围。保险人对特别费用补偿可以单独负责。

4. 额外费用（Extra Charges）

额外费用是指为了证明损失索赔的成立而支付的费用。比如检验费用、拍卖受损货物的销售费用、公共费用、查勘费用和海损理算师费用等。额外费用一般只有在索赔成立时，保险人才对这些与索赔有关的费用负赔偿责任。但是，如果保险合同双方对某些额外费用事先另有约定，如船舶搁浅后检查船底的费用，不论有无损失发生，保险人都要负责赔偿。

又如公证、查勘等是由保险人授权进行的，也不论索赔是否成立，保险人也需承担该项额外费用的赔偿。

第二节　海运货物保险条款

中国人民保险公司根据我国保险业务的实际需要并参照国际保险市场的习惯做法，分别制定了各种不同运输方式的货物运输保险条款以及适用于不同运输方式的各种附加险条款，总称《中国保险条款》（China Insurance Clauses，简称CIC）。我国的货物运输险别，按照能否单独投保，可分为基本险和附加险两类。基本险是指可以单独投保的险别，附加险是指不能单独投保的险别。

一、基本险

按照中国人民保险公司1981年1月1日修订的《海洋运输货物保险条款》的规定，海洋运输保险的基本险别分为平安险、水渍险和一切险三种。其中，保险公司的承保范围中平安险最小，水渍险居中，一切险最大。

1. 平安险

平安险（Free from Particular Average，FPA）是指单独海损不负责赔偿。保险公司对平安险的承保责任范围是：

（1）被保险货物在运输途中由于恶劣气候、雷电、海啸、地震、洪水等自然灾害造成的整批货物的实际全损和推定全损。被保险货物用驳船运往或运离海轮的，每一驳船所装的货物可视作一个整批。

（2）由于运输工具遭受搁浅、触礁、沉没、爆炸等意外事故造成货物的全部或部分损失。

（3）由于运输工具遭受搁浅、触礁、沉没、爆炸等意外事故，货物在此前后在海上遭受恶劣气候、雷电、海啸、地震、洪水等自然灾害造成的货物的部分损失。

（4）在装卸或转船时由于一件或数件货物落海造成的全部损失或部分损失。

（5）被保险人对遭受承保责任内危险的货物采取抢救、防止或减少货损的措施而支付的合理费用，但以不超过该批被救货物的保险金额为限。

（6）运输工具遭遇海难后，在避难港由于卸货所引起的损失以及在中途港、避难港由于卸货、存仓和运送货物所产生的特殊费用。

（7）共同海损的牺牲、分摊和救助费用。

（8）运输契约订有“船舶互撞责任”条款，根据该条款的规定，应由货方偿还船方的损失。

平安险对自然灾害造成的部分损失不赔偿。如暴风雨引起船舶倾斜、颠簸，造成船上货物挤压、碰撞、受潮的部分损失，船上货物因雷电袭击着火，造成货物部分损失；船舶停靠港口准备卸货，因地震造成船上货物的部分损失；火山爆发喷发的火山岩造成货物的部分损失；江河泛滥漫过溃口，河水进入货舱造成货物的部分损失。

案例分析59

案例：我某纺织品进出口公司与法国某公司签订了出口1 000件丝绸衫到马赛的协议。合同签订后，我进出口公司向保险公司就该批货物的运输投买了平安险，保险公司向进出口公司签发了保险单。2月20日，该批货物装船完毕起航，2月25日，载货轮船在海上突遇罕见大风暴，船体受损严重，于2月26日沉没。3月20日，纺织品进出口公司向保险公司就该批货物索赔。保险公司以自然灾害造成损失为由拒绝赔偿，于是，进出口公司向法院起诉，要求保险公司偿付保险金。

问：保险公司拒绝赔偿是否有理？为什么？

分析：保险公司拒绝赔偿纺织品进出口公司的理由不成立。纺织品进出口公司就货物运输投保了平安险，平安险对自然灾害造成的部分损失不负赔偿责任，但对自然灾害造成的全部损失应负赔偿责任。本案，货物遭受自然灾害已发生实际全损，属平安险保险责任范围的风险损失，因此保险公司应予偿付。

2. 水渍险

水渍险（With Particular Average，WPA或WA）是指保险公司的承保责任范围除平安险的各项责任外，还负责被保险货物在运输途中由于恶劣气候、雷电、海啸、地震、洪水等自然灾害造成的部分损失。

案例分析60

案例：我某公司向坦桑尼亚出口一批坯布300包，CIF坦噶条件。我公司按合同规定保险金额加一成投保了水渍险。货轮在航运途中，舱内一食用水管渗漏，致使该批坯布中的50包浸有水渍。

问：该损失可否向保险公司索赔？为什么？

分析：该损失不能从保险公司获得赔偿。我公司投保的是水渍险，船舱内食用水管滴漏致使货物受损，是淡水所造成的损失，属于一般外来风险损失，不属水渍险的赔偿责任范围，因此，保险公司不予赔偿。本案，被保险人不能向保险公司索赔，但可凭清洁提单与船公司交涉。

3. 一切险

一切险的英文是 All Risks，保险公司对一切险的承保责任范围除水渍险的各项责任外，还负责被保险货物在运输途中由于一般外来风险所致的全部或部分损失。

案例分析 61

案例：如上一案例中，我方投保的是一切险。货轮在航运途中，舱内一食用水管渗漏，致使该批坯布中的 50 包浸有水渍。

问：该损失可否向保险公司索赔？为什么？

分析：该损失可以从保险公司获得赔偿。我公司投保的是一切险，一切险的承保责任范围包括所有一般外来原因所致的损失。本案中，船舱内食用水管滴漏致使货物受损，是淡水所造成的损失，属于一般外来风险损失，因此，保险公司应予赔偿。

二、附加险

《中国保险条款》中的附加险有一般附加险和特殊附加险，一般附加险承保一般外来原因造成的损失，而特殊附加险则承保由于特殊外来原因所造成的损失。

附加险只能在投保某一种基本险的基础上才可加保，但因一切险的责任范围已包括了一般附加险，故如投保人在投保时选择了一切险，则无需再加保一般附加险。

1. 一般附加险

一般附加险主要有 11 种，它们是偷窃提货不着险（简称 TPND）、淡水雨淋险、短量险、沾污险、渗漏险、碰损险、破碎险、串味险、受潮受热险、钩损险、锈损险。

2. 特殊附加险

特殊附加险有战争险、罢工险、舱面险、进口关税险、拒收险、黄曲霉素险、交货不到险、货物出口香港（包括九龙）或澳门存仓火险责任扩展条款（简称 FREC）八种。

战争险是指保险公司承保由于战争或类似战争的行为所直接导致货物的损失。对由于敌对行为使用原子或热核武器所致的损失和费用不负责任，对根据执政者、当权者或其他武器集团的扣押、拘留引起的承保航程的丧失和挫折而提出的索赔也不负责。已投保了战争险后另加保罢工险，保险公司不另增收保险费。投保了罢工险，但属于罢工造成劳动力不足或无法使用劳动力而使货物无法正常运输、装卸以致损失，属于间接损失，保险公司不负赔偿责任。

案例分析 62

案例：2004 年，我某公司与以色列某商人达成一笔冷冻羊肉的出口交易，按 CIF HAIFA（海法）条件成交，合同规定投保平安险加战争险、罢工险。2004 年 9 月，货到 HAIFA（海法）港后适逢以色列全国大罢工。由于码头工人罢工，海法港口无工人作业，货物无法卸载。不久货轮因无法补充燃料，以致冷冻设备停机。等到罢工结束，该批冷冻羊肉已变质。

问：该损失保险公司是否负责赔偿？

分析： 该损失保险公司不负责赔偿。因为，保险公司只对因罢工造成的直接损失负责赔偿，对于间接损失不负赔偿责任。本案中，由于罢工引起劳力不足而无法卸货，冷冻机因无燃料而停机致使货物变质，属间接损失。

三、保险的相关概念

（一）保险期限

1. 从空间上规定

（1）基本险的保险期限。中国人民保险公司的《海洋运输货物保险条款》规定的承保责任起讫或称保险期限，采用国际保险业务中惯用的“仓至仓”条款（即 Warehouse to Warehouse Clause，简称 W/W Clause）。“仓至仓”条款是指保险责任自被保险货物运离保险单所载明的起运地仓库或储存处所开始，包括正常运输中的海上、陆上、内河和驳船运输在内，直至该项货物运抵保险单所载明的目的地收货人的最后仓库或储存处所被保险人用作分配、分派或非正常运输的其他储存处所为止。如上述保险期限内被保险货物需转运到非保险单所载明的目的地时，则保险责任于该保险货物开始转运时终止。如被保险货物先存入某一仓库，再分成几批运往几个内陆目的地的几个仓库，包括保单所载目的地，则以先行存入的某一仓库作为被保险人的最后仓库，保险责任在进入该仓库时终止。

（2）战争险的保险期限。战争险的保险责任起讫以水上危险为限，即以货物装上海轮开始，直至货物卸离海轮为止。

2. 从时间上规定

（1）基本险的保险期限。当被保险货物从目的港全部卸离海轮时起算满 60 天，不论被保险货物有没有进入收货人仓库，保险责任自动终止。

（2）战争险的保险期限。当海轮到达目的港当日午夜起算满 15 天，不论被保险货物是否卸离海轮，保险责任自动终止。

根据货物运输的实际情况，保险人可以要求扩展保险期限，如被保险货物在港口卸货后即转运至内陆，无法在保险条款规定的保险期限内到达目的地，可申请扩展，经保险公司出具凭证予以延长，每日加收一定的保险费。

（二）除外责任

对于三种基本险，《中国保险条款》规定保险公司所具有的除外责任是：

（1）被保险人的故意行为或过失所造成的损失。

（2）由于发货人的责任所引起的损失。

（3）在保险责任开始之前，被保险货物已存在的品质不良或数量短差所造成的损失。

（4）被保险货物的自然耗损、本质缺陷、特性以及市价下跌、运输延迟所引起的损失或费用支出。

（5）属于海洋运输货物战争险和罢工险条款所规定的责任范围和除外责任。

案例分析 63

案例： 我某食品进出口公司向科威特出口一批核桃糖，成交条件为 CIF 科威特，由我方投保一切险。由于货轮陈旧，速度慢，加上该轮沿途到处揽货，结果航行 3 个多月才到达目的地。卸货后，核桃糖因受热时间过长已全部潮解软化，无法销售。

问：这种情况保险公司是否赔偿？

分析：保险公司不予赔偿。“被保险货物的自然损耗、本质缺陷、特性及市价跌落、运输延迟所引起的损失或费用”属于保险公司的除外责任。本案中，核桃糖之所以变质是因为运输延迟造成的，所以保险公司不予赔偿。

（三）保险利益

海上保险与其他保险一样，要求被保险人必须对保险标的物具有保险利益。保险利益又称可保权益，是指投保人对保险标的物具有法律上承认的利益。就货物保险而言，反映在运输货物上的利益，主要是货物本身的价值，但也包括与此相关联的运费、保险费、关税、预期利润等。海上保险仅要求被保险人在保险标的物发生损失时必须具有保险利益。

（四）代位权

在保险业务中，为了防止被保险人双重获益，保险人在履行全损赔偿或部分损失赔偿后，在其赔付金额内，要求被保险人转让其对造成损失的第三人要求全损赔偿或相应部分赔偿的权利。这种权利称为代位追偿权，或称代位权。代位权的成立必须具备以下条件：

（1）保险人已向被保险人给付保险赔偿金。

（2）保险事故的发生是由第三人的行为导致的。

（3）被保险人对第三人有损失赔偿请求权，并且被保险人在保险人行使代位权之前未行使该权利。

（五）免赔率

保险公司认为某些散装货、易碎、易短量的商品在运输途中遭受一定比例的损失是不可避免的，故投保这类商品时规定在某比率范围内的破碎或短量可以免赔，该比率就是免赔率（Franchise）。免赔率又分为以下三种：

1. 绝对免赔率：保险公司只对投保商品的实际损失超过规定的免赔率的部分给予赔偿，这种赔偿的比率叫做绝对免赔率。如实际损失比率为8%，免赔率为5%，保险公司只赔偿超过的部分即3%。

2. 相对免赔率：当投保商品的实际损失比率起过了规定的免赔率时，保险公司负责赔偿实际全部损失，这种赔偿的比率叫做相对免赔率。如实际损失比率为8%，免赔率为5%，保险公司赔偿8%。

3. 不计免赔率：保险公司不管损失多少，按投保商品的实际损失给予赔偿。即损失多少就赔多少。如实际损失比率为2%，保险公司赔偿2%。

案例分析64

案例：我某外贸公司向泰国某商人出口电视机一批，成交条件为CIF曼谷。根据信用证的要求，保险单的被保险人只能显示泰商的名称，我方按信用证的要求办理并备妥货物装运。在装运中由于吊钩脱落，货物在起吊后掉落码头，造成全部电视机损坏。我方凭保险单和有关单据向保险公司索赔，但遭保险公司拒绝。理由是我方不是被保险人，于是我方提议由泰国商人向保险公司索赔。

问：保险公司是否需要理赔？为什么？

分析：保险公司不必理赔。因为货物没有越过船舷，风险没有转移，货物的所有权仍属我方所有。虽然保险单的被保险人为泰国商人，但泰国商人没有保险利益，以泰国商人的名义向保险公司索赔也不能获得赔偿。正因为如此，在我国的出口业务中，如果没有特别说明，保险单上的被保险人应填写出口公司的名称，以便货物在装运港越过船舷之前发生承保范围内的损失时，出口公司可以向保险公司索赔。

四、伦敦保险协会海运货物保险条款

伦敦保险协会海运货物保险条款（Institute Cargo Clauses）的英文简称为ICC，该条款由英国伦敦保险业协会制订，并经英国国会确认。ICC最早制定于1912年，目前采用的是1982年修订、1983年4月1日起实行的版本。该条款有六种保险险别：

（1）Institute Cargo Clauses（A），协会货物条款（A），简称ICC（A）。该条款列出全部承保的风险，再减去除外责任。除外责任主要有一般除外责任，不适航、不适货除外责任，战争除外责任和罢工除外责任四类。

（2）Institute Cargo Clauses（B），协会货物条款（B），简称ICC（B）。该条款列出的全部承保风险范围比ICC（A）小，减去的除外责任在ICC（A）的基础上增加海盗行为和恶意损害险两类。

（3）Institute Cargo Clauses（C），协会货物条款（C），简称ICC（C）。该条款列出的全部承保风险范围比ICC（B）小，减去的除外责任与ICC（B）相同。

（4）Institute War Clauses_Cargo，协会战争条款（货物）。

（5）Institute Strike Clauses_Cargo，协会罢工条款（货物）。

（6）Malicious Damage Clauses，恶意损害险。

在六种险别中，除恶意损害险不能单独投保外，其余五种险别都可以单独投保。从保险公司的承保范围看，ICC（A）已包含了恶意损害险，ICC（B）和ICC（C）不包含恶意损害险。ICC（A）相当于我国海运货物保险的一切险，ICC（B）相当于我国海运货物保险的水渍险，ICC（C）相当于我国海运货物保险的平安险。以上三种险别，保险公司的承保责任起讫适用于“仓至仓”条款。实务中，国外来证经常要求按ICC投保，我保险公司可根据客户的要求，酌情按ICC条款的有关规定承保。

五、保险单据

（一）保险单据的作用

保险单据是保险公司在接受投保后签发的承保凭证，是保险公司与被保险人之间订立的保险合同。在被保险货物遭受到保险合同责任范围内的损失时，它是被保险人索赔和保险公司理赔的主要依据。在CIF或CIP合同中，保险单据是卖方必须向买方提供的主要单据之一，它可以通过背书行为转让。

（二）保险单据的种类

在国际贸易中，最常采用的保险单据是保险单（Insurance Policy）和保险凭证（Insurance Certificate）。保险单又称大保单，保险凭证又称小保单，两种保单具有同等的法律效力。在保险单出单后，保险公司可应投保人的请求，补充或修改保险内容，另出具一张凭证，该凭证称为“批单（Endorsement）”。保险批单一经批改，保险公司就要按批改后的内容负责。

保险单据还有联合凭证（Combined Certificate）和预约保单（Open Policy）等。联合凭证是在发票上注明保险公司承保的险别、保险金额和保险号码，并加盖保险公司的印章。预约保单是指被保险人和保险人事先订立合同，合同中规定承保货物的范围、险别、费率等条款，凡属于合同约定的运输货物，在合同有效期内自动承保。实务中多用于进口贸易，当我方公司收到外商的装船通知时，即将装船通知传真给保险公司，保险自进口货物起运时开始生效。

（三）保险单的填制

1. 发票号码（Invoice No.）

填写投保货物商业发票的号码。

2. 保险单号次（Policy No.）

填写保险单号码。

3. 被保险人（Insured）

如来证无特别规定，保险单的被保险人应是信用证上的受益人，由于出口货物绝大部分均由外贸公司向保险公司投保，按照习惯，被保险人一栏中填写出口公司的名称。

4. 保险货物项目（Description of Goods）

与提单相同，填写货物的总称。

5. 包装及数量（Quantity）

与提单相同，填写最大包装的总件数。

6. 保险金额（Amount Insured）

一般按照发票金额加一成（即110%发票金额）填写。最终以双方商定的比例计算而成，但保险公司一般不接受保额超过发票总值30%，以防止个别买主故意灭损货物，串通当地检验部门取得检验证明，向保险公司索赔。对总值的理解，各地区、各银行不一致，一般以扣除贸易折扣后的净值为基础，扣除的其他费用均不能在保险总值中减除。如信用证规定按 gross invoice value or full invoice value，即使发票中扣除贸易折扣，也要以毛额为计算基础。

7. 承保险别

出口公司只需在副本上填写这一栏目的内容。承保的内容应严格按信用证规定的险别投保。并且为了避免混乱和误解，最好按信用证规定的顺序填写。当全套保险单填好交给保险公司审核、确认时，才由保险公司把承保险别的详细内容加注在正本保险单上。

8. 标记（Marks & Nos）

与提单相同，也可以填写“AS PER INVOICE NO. ＊＊＊”。但如果信用证规定所有单据均要显示装运唛头，则应按实际唛头缮制。

9. 保险总金额（Total Amount Insured）

将保险总金额以大写的形式填入，计价货币也应以全称形式填入。注意保险总金额使用的货币应与信用证使用的货币一致，保险总金额大写应与保险总金额的阿拉伯数字一致。

10. 保费（Premium）

一般已由保险公司在保险单印刷时填入“as arranged”字样。出口公司在填写保险单时无需填写。

11. 装载工具

填写装载船的船名。当运输由两程运输完成时，应分别填写一程船名和二程船名。

12. 开航日期

一般填写提单签发日期，也可填写提单签发日前 5 天之内的任何一天的日期，或填写 “As Per B/L”。

13. 起运港

填写起点即装运港名称。

14. 目的港

填写讫点即目的港名称。当一批货物经转船到达目的港时，这一栏填写：目的港 W/T（VIA）转运港。

15. 保险单份数

当信用证没有特别说明保险单份数时，出口公司一般提交一套完整的保险单（一份 “original”，一份 “duplicate”）。

中国人民保险公司出具的保险单一套五份。由一份正本 original，一份复联（复本）duplicate 和三份副本 copy 构成。

当来证要求提供的保险单 “in duplicate/in two folds/in 2 folds/in 2 copies” 时，出口公司提交给议付行的是正本保险单（original）和复联（复本）保险单（duplicate）构成全套保险单。其中的正本保险单可经背书转让。

16. 赔付地点

一般地，可将目的地作为赔付地点，将目的地名称填入该栏。如买方指定理赔代理人，必须在货物到达目的港的所在国内，便于到货后检验。赔款货币，一般为与投保额相同的货币。

17. 日期

指保险单的签发日期。由于保险公司提供 “仓至仓”（Warehouse to Warehouse）服务，因而要求保险手续在货物离开出口方仓库前办理。保险单的日期也应是货物离开出口方仓库前的日期。

18. 投保地点

填写投保地点的名称，一般为装运港（地）的名称。

19. 背书

当合同或信用证没有明确使用哪一种背书时，一般使用空白背书方式。空白背书（Blank Endorsed）就是只注明被保险人的名称（包括出口公司的名称和经办人的名字）。

样单 4-1 保险单

中保财产保险有限公司

The people insurance(Property) Company of China, Ltd.

PICC PROPERTY

发票号码　(1)　　保险单号次　(2)

Invoice No.　YSM1999C　　Policy No.　0071925

海洋货物运输保险单

MARINE CARGO TRANSPORTATION INSURANCE POLICY

被保险人：　GUANG DONG MACHINERY IMPORT AND EXPORT CORP.　(GROUP)　(3)

Insured:

中保财产保险有限公司(以下简称本公司)根据被保险人的要求，及其所缴付约定的保险费，按照本保险单承担险别和背面所载条款与下列特别条款承保下列货物运输保险，特签发本保险单。

This policy of Insurance witnesses that The People Insurance(Property)Company of China, Ltd. (hereinafter called he Company¡), at the reruest of the Insured and in consideration of the agreed premium paid by the Insured, undertakes to insure theundermentioned goods in transportation subject to the conditions of this Policy as per the Clauses printed overleaf and otherspecial clauses attached hereon.

保险货物项目 Descriptions of Goods	包装 单位 数量 Packing Unit Quqntity	保险金额 Amount Insured
(4) RABIT BRAND SHOVEL WITH METAL HANDLE TOTAL:　400 BUNDLES	(5) 400　BUNDLES	(6) USD 17600. 00

承保险别　　货物标记

Conditions　　Marks of Goods

(7)　　(8)

COVERING ALL RISKS AND WAR RISKS AS PER OCEAN MARINE CARGO CLAUSES（WAREHOUSE TO WAREHOUSE CLAUSE IS INCLUDED） AND OCEAN MARINE CARGO WAR RISK CLAUSES OF THE PEOPLES INSURANCE COMPANY OF CHINA（1/1/1981）。

A98JP1990006

YOKOHAMA

ORIGINAL

总　保　险　金　额:.　(9)

Total Amount Insured:　U. S. DOLLARS SEVENTEEN THOUSAND SIX HUNDRED ONLY

保费　(10)　载运输工具　(11)　开航日期　(12)

Premium　As arranged　Per conveyance S. S　JING AN CHENG V. 0224E　Slg.　on or abt　JAN. 25, 2008

起运港　(13)　目的港　(14)

From　GUANGZHOU　To　YOKOHAMA

所保货物，如发生本保险单项下可能引起索赔的损失或损坏，应立即通知本公司下述代理人查勘。如有索赔，应向本公司提交保险单正本(本保险单共有　份正本)及有关文件。如一份正本已用于索赔，其余正本则自动失效。

In the event of loss or damage which may result in a claim under this Policy, immediate notice must be given to the Company Agent as mentioned hereunder. Claims, if any, one of the Original Policy which has been issued in (15) Original(s) together with the relevant documents shall be surrendered to the Company, If one of the Original Policy has been accomplished, the others to be void.

中保财产保险有限公司

THE PEOPLE INSURANCE(PROPERTY) COMPANY OF CHINA, LTD.

赔款偿付地点　(16)

Claim payable at　YOKOHAMA

日期　(17)　在　(18)

Date　JAN. 25, 1998　at　GUANGZHOU

地址:

Address:

六、保险金额及保险费

保险金额是指当保险标的发生承保范围内的损失时保险人所应承担的最高赔偿金。一般按 CIF 和 CIP 的总值加 10% 的保险加成率，保险加成率是作为买方的经营管理费用和预期利润加保。在出口贸易中采用 CIF 和 CIP，保险加成率在 10% 到 30% 之间都可接受，如果超过 30%，出口企业必须先征得保险公司的同意，方可答应外商的要求。如果合同或信用证没有说明，按惯例，卖方加 10% 的保险加成率投保。保险费是指被保险人应缴纳的费用。

保险金额 = CIF（或 CIP）价值 ×（1 + 保险加成率）

保险费 = 保险金额 × 保险费率

案例分析 65

案例： 我某外贸公司以 1 200 美元/千克 CIF 威尼斯向意大利某商人出口中药材 2 000 千克，根据合同规定，我方向保险公司投保平安险、串味险及淡水雨淋险，其保险费率分别为 0.5%、0.2% 和 0.3%，按发票金额 120% 投保。

问： 该批货物的保险金额和保险费各是多少？

分析： 保险金额 = CIF 价值 × 120%

= 1 200 × 2 000 × 120%

= 2 880 000（美元）

保险费 = 保险金额 × 保险费率

= 2 880 000 ×（0.5% + 0.2% + 0.3%）

= 28 800（美元）

因此，该批货物的保险金额是 2 880 000 美元，保险费是 28 800 美元。

案例分析 66

案例： 我某公司向西班牙商人出口某商品 2 000 公吨，每公吨单价为 CIF VIGO（维哥）2 566 美元，加一成投保一切险。货到目的港后，西班牙商人发现只有 1 975 公吨的货物完好，其余 25 公吨因意外事故已失去原有的用途。

问： 保险公司应赔偿多少？

分析： 因货物已失去原有的用途，保险公司必须对 25 公吨的货物给予赔偿。

25 × 2 566 × 110% = 70 565（美元）

因此，保险公司应赔偿 70 565 美元。

第三节　我国陆、空、邮运货物保险

一、我国陆上运输货物保险险别与条款

1. 陆上运输货物保险险别

根据我国 1981 年 1 月 1 日修订的《陆上运输货物保险条款》的规定，陆上运输货物

保险的基本险别分为陆运险和陆运一切险两种，前者的承保范围与海上运输货物保险条款的水渍险相似，后者的承保范围与海上运输货物保险条款的一切险相似。此外，还有适用于陆运冷藏货物的专门保险——陆上运输冷藏货物险（属于基本险性质）以及陆上运输货物战争险（火车）等附加险。

2. 陆上运输货物保险责任期限

保险公司的承保责任起讫适用于“仓至仓”条款，当货物到达目的地而一直没有进仓时，保险公司只承担货到目的地后60天内的保险责任。附加险的办理与海运货物保险的办理方法一致。

二、我国航空运输货物保险险别与条款

1. 航空运输货物保险险别

根据我国1981年1月1日修订的《航空运输货物保险条款》的规定，航空运输货物保险的基本险别分为航空运输险和航空运输一切险两种，前者的承保范围与海上运输货物保险条款的水渍险相似，后者的承保范围与海上运输货物保险条款的一切险相似。此外，还有航空运输货物战争险等附加险。

2. 航空运输货物保险责任期限

保险公司的承保责任起讫适用于“仓至仓”条款，当货物到达目的地而一直没有进仓时，保险公司只承担货到目的地后30天内的保险责任。附加险的办理与海运货物保险的办理方法一致。

三、我国邮包运输货物保险险别与条款

1. 邮包运输货物保险险别

根据我国1981年1月1日修订的《邮包运输货物保险条款》的规定，邮包运输货物保险的基本险别分为邮包险和邮包一切险两种，前者的承保范围与海上运输货物保险条款的水渍险相似，后者的承保范围与海上运输货物保险条款的一切险相似。此外，还有邮包运输货物战争险等附加险。

2. 邮包运输货物保险责任期限

对于基本险别，保险公司的承保责任起讫适用于“仓至仓”条款。当货物到达目的地而一直没有进仓时，保险公司只承担货到目的地后15天内的保险责任。附加险的办理与海运货物保险的办理方法一致，即不能单独投保，投保人在投保了战争险的基础上加保罢工险，保险公司不另外加收保险费。

第四节 出口合同中货物运输保险条款的拟订

一、保险条款的内容

1. 按FOB、FCA、CFR或CPT条件成交的保险条款

按FOB、FCA、CFR或CPT条件成交，合同中的保险条款只需规定“Insurance: To be covered by the Buyer”（保险由买方办理）。

2. 按 CIF 或 CIP 条件成交的保险条款

按 CIF 或 CIP 条件成交的保险条款，则需具体规定保险金额、投保险别和保险适用的条款等内容。如：

"Insurance: To be covered by the Sellers for the full invoice value plus 10% against all risks and war risks as per and subject to the relevant ocean marine cargo clauses of the People's Insurance Company of China, dated Jan. 1, 1981. If the Buyers desire to cover for any other extra risks besides aforementioned of amount exceeding the aforementioned limited, the sellers' approval must be obtained beforehand and all the additional premiums thus incurred shall be for the Buyers' account."

（保险：由卖方按发票金额加乘 10% 投保一切险及战争险，以中国人民保险公司 1981 年 1 月 1 日的有关海洋运输货物保险条款为准。如果买方要求加投上述保险或保险金额超出上述金额，必须提前征得卖方的同意，超出的保险费由买方承担。）

二、拟订保险条款应注意的问题

1. 必须明确保险适用的条款

实务中，保险条款主要有“中国保险条款”（China Insurance Clauses，简称 CIC）和伦敦保险协会海运货物保险条款（Institute Cargo Clauses，简称 ICC）。

ICC（A）相当于我国海运货物保险的一切险，ICC（B）相当于我国海运货物保险的水渍险，ICC（C）相当于我国海运货物保险的平安险。我保险公司可根据客户的要求，酌情按 ICC 条款的有关规定承保，但不能张冠李戴，用 CIC 的险别套用 ICC 的条款。

2. 必须明确投保险别，注意“仓至仓”条款适用的险别

中国人民保险公司的《海洋运输货物保险条款》规定的平安险、水渍险和一切险三种险别和伦敦保险协会海运货物保险条款规定的 ICC（A）、ICC（B）、ICC（C）对承保责任起讫或称保险期限，均采用国际保险业务中惯用的“仓至仓”条款（即 Warehouse to Warehouse Clause，简称 W/W Clause）。但战争险和罢工险不适用“仓至仓”条款。

3. 被保险人必须对保险标的物具有保险利益

保险利益又称可保权益，是指投保人对保险标的物具有法律上承认的利益。海上保险仅要求被保险人在保险标的物发生损失时必须具有保险利益。

如果投保人是出口企业，而保单的被保险人填写为进口商，则货物从仓库到装运港装运前的运输风险，由于有保险利益的出口企业保单上不是他，而保单上有名字的进口商却没有保险利益。因此，此段运输货物有损害，出口企业和进口商都不能向保险公司索赔。

4. 加保战争险、罢工险应注意的问题

对于出口贸易，如加保战争险、罢工险，进出口合同上应明确“若发生有关的保险费率调整，所增加的保险费由买方负担”。

5. 注意基本险与附加险的关系

附加险只能在投保某一种基本险的基础上才可加保，但因一切险的责任范围已包括了一般附加险，故如投保人在投保时选择了一切险，则无需再加保一般附加险。

伦敦保险协会海运货物保险条款的战争险和罢工险可单独投保。

第五章　进出口商品价格

第一节　出口商品成本核算

一、出口商品成本核算

1. 出口总成本

出口总成本是指外贸企业为出口商品而支付的国内总成本，它的构成因素有进货成本及出口前的一切费用和税金。如果有出口退税时，应减去出口退税额。即

出口总成本 = 进货成本 + 出口前的一切费用 + 税金 − 出口退税额

2. 出口销售外汇（人民币）净收入

出口销售外汇净收入是指出口商品按 FOB 价所获得的外汇收入。

出口销售人民币净收入是指出口商品的 FOB 价所获得的外汇收入按当时外汇牌价折算成人民币的数额。

3. 出口销售盈亏率

出口销售盈亏率 =（出口销售人民币净收入 − 出口总成本）/出口总成本 ×100%

4. 出口销售换汇成本

出口销售换汇成本 = 出口总成本（元人民币）/出口销售外汇净收入（外汇）

案例分析 67

案例： 深圳维斯尔贸易有限公司出口一批工艺品，FOB 总值为 12 000 美元。已知该批工艺品成本结构为：国内进货价 80 000 元人民币，商品加工费 6 000 元人民币，商品流通费 4 800 元人民币，税金支出 3 200 元人民币。

问： ①该批工艺品的出口总成本是多少？②该批工艺品的出口销售换汇成本是多少？③该工艺品的出口销售盈亏率是多少？（结汇当天的汇率：USD100 = RMB ¥681.26 ~ 684.00）

分析： ①出口总成本 = 进货成本 + 出口前的一切费用 + 税金

= 80 000 + 6 000 + 4 800 + 3 200 = 94 000（元人民币）

②出口销售换汇成本 = 出口总成本/出口销售外汇净收入

= 94 000/12 000 = 7.83（元人民币/美元）

③出口销售盈亏率 =（出口销售人民币净收入 − 出口总成本）/出口总成本 ×100%

=（12 000 ×6.812 6 − 94 000）/ 94 000 ×100% = −13.03%

该笔业务中，出口总成本为94 000元人民币；出口商品换汇成本为7.83元人民币/美元；出口商品盈亏率为－13.03%。

二、价格条款的拟订

1. 价格条款的内容

进出口合同中的价格条款，一般包括商品的单价和总值两项基本内容。单价通常由计量单位、单位价格金额、计价货币和贸易术语四个部分组成。总值是单价与数量的乘积，是一笔交易的总金额。如：

“USD300 per piece CIF Tokyo”（每件300美元CIF东京）。

“GBP218 per metric ton FOB Guangzhou”（每公吨218英镑FOB广州）。

2. 拟订价格条款应注意的问题

（1）根据国际市场行情，合理确定商品的单价，防止偏高或偏低。

（2）根据船源、货源等实际情况，选择适当的贸易术语。

（3）争取选择有利的计价货币，必要时可加订保值条款。

（4）灵活运用各种不同的作价办法，尽可能避免承担价格变动的风险。

（5）参照国际贸易的习惯做法，注意佣金和折扣的合理运用。

（6）如交货品质、交货数量有机动幅度或包装费另行计价时，应订明机动部分的作价和包装费计价的具体方法。

第二节　主要贸易术语的价格换算

一、FOB、CFR、CIF三种价格的换算

1. FOB价换算为其他价

CFR价＝FOB价＋国外运费

$$\text{CIF 价} = \frac{\text{FOB 价} + \text{国外运费}}{1 - \text{投保加成} \times \text{保险费率}}$$

2. CFR价换算为其他价

FOB价＝CFR价－国外运费

$$\text{CIF 价} = \frac{\text{CFR 价}}{1 - \text{投保加成} \times \text{保险费率}}$$

3. CIF价换算为其他价

FOB价＝CIF价×（1－投保加成×保险费率）－国外运费

CFR价＝CIF价×（1－投保加成×保险费率）

案例分析68

案例： 我某出口商品对芬兰商人报价为80欧元/件FOB广州，现芬兰商人要求将价格改报CIF哈米纳，我方经查保险费率为0.4%，每件运费是FOB价的5%。

问： 在不减少我方利益的情况下，CIF的报价应为多少？

分析： CIF价＝（FOB价＋国外运费）/（1－投保加成×保险费率）

$$=(80+80\times 5\%)/(1-110\%\times 0.4\%)$$
$$=84/0.9956$$
$$=84.37\text{（欧元）}$$

因此，在不减少我方利益的情况下，CIF 的报价应为 84.37 欧元。

二、FCA、CPT、CIP 三种价格的换算

1. FCA 价换算为其他价

CPT 价 = FCA 价 + 国外运费

$$\text{CIP 价}=\frac{\text{FCA 价}+\text{国外运费}}{1-\text{投保加成}\times\text{保险费率}}$$

2. CPT 价换算为其他价

FCA 价 = CPT 价 - 国外运费

$$\text{CIP 价}=\frac{\text{CPT 价}}{1-\text{投保加成}\times\text{保险费率}}$$

3. CIP 价换算为其他价

FCA 价 = CIP 价 ×（1 - 投保加成 × 保险费率）- 国外运费

CPT 价 = CIP 价 ×（1 - 投保加成 × 保险费率）

第三节 佣金与折扣

国际货物买卖合同的价格条款中所规定的价格，可分为包含佣金或折扣的价格和不包含这类因素的净价。包含佣金的价格，在业务中通常称为“含佣价”。

一、佣金（Commission）

1. 佣金的含义及其规定方法

佣金是指代理人或经纪人为委托人介绍生意或代买代卖而收取的报酬。合同中的价格条款，对佣金的规定方法有如下 3 种：

（1）价格中包括佣金的，即为“含佣价”，一般用百分比表示。如“250 美元/公吨 CIF 纽约，含 2% 的佣金”。

（2）直接在术语后加“C”来代表佣金。如“250 美元/公吨 CIFC5% 纽约”或“250 美元/公吨 CIFC5 纽约”。

（3）用绝对数来表示。如“每台支付佣金 18 美元”。

根据佣金是否在价格条款中表明，还可分为“明佣”和“暗佣”。“明佣”是指在合同价格条款中明确规定佣金率；“暗佣”是指暗中约定佣金率；若中间商从买卖双方都获得佣金，则被称为“双头佣”。

2. 佣金的计算

佣金的计算公式有：

单位货物佣金额 = 含佣价 × 佣金率

净价 = 含佣价 - 单位货物佣金额 = 含佣价 ×（1 - 佣金率）

案例分析 69

案例：我某公司出口某商品 300 桶，对外报价为每桶 60 美元 FCAC3% 大连，外商要求将价格改报为每桶 CIPC5% 东京。已知运费为每桶 10 美元，保险费为每桶 0.24 美元，进货成本为 420 元人民币/桶，商品流通费为每桶 15 元人民币，出口退税为每桶 98 元人民币。

问：该商品的出口销售盈亏率及换汇成本是多少？要维持出口销售外汇净收入不变，CIPC5% 应改报为多少？（结汇当天的汇率：USD100 = RMB ¥681.26 ~684.00）

分析：（1）出口总成本 = 进货成本 + 出口前的一切费用 − 出口退税

= 420 + 15 − 98 = 337（人民币）

出口销售盈亏率 =（出口销售人民币净收入 − 出口总成本）/出口总成本 ×100%

=（58.2 ×6.812 6 − 337）/337 ×100%

= 17.65%

（2）出口销售换汇成本 = 出口总成本/出口销售外汇净收入

= 337/58.2 = 5.79（元人民币/美元）

（3）净价 = 含佣价 ×（1 − 佣金率）

FCA = 60 ×（1 − 3%）= 58.2（美元）

（4）CIP = FCA + 运费 + 保险费 = 58.2 + 10 + 0.24 = 68.44（美元）

含佣价 = 净价/（1 − 佣金率）

则：CIPC5% = CIP/（1 − 5%）

= 68.44/（1 − 5%）

= 72.04（美元）

因此，该商品的出口销售盈亏率为 17.65%；出口销售换汇成本为 5.79 元人民币/美元；CIPC5% 应改报为每桶 72.04 美元。

3. 佣金的支付方法

（1）出口商收清包含佣金的货款后，按合同规定的佣金率提取佣金，并在规定的期限内汇付给中间商。

（2）中间商直接从货价中扣除佣金。

（3）中间商扣除部分佣金，剩余佣金待出口商收妥货款后，汇付给中间商。

二、折扣（Discount，Rebate，Allowance）

折扣是卖方给予买方一定的价格减让。在价格条款中，折扣的表示方法主要有：①用文字明确表示给予折扣的比例；②用绝对数表示；③直接在术语后加“D”或“R”来代表折扣。如 250 美元/公吨 CIFD5% 纽约或 250 美元/公吨 CIFRD5 纽约。

与佣金一样，根据折扣是否在价格条款中表明，折扣也可分为“明扣”和“暗扣”。有关折扣的计算公式有：

单位货物折扣额 = 含折扣价 × 折扣率

净收入 = 含折扣价 − 单位货物折扣额

案例分析70

案例： 我A公司向美国B公司出口某商品一批共180公吨，每公吨FOB大连1 200美元，含折扣2%。

问： A公司实际净收入是多少？

分析： 卖方实际净收入＝（含折扣价－单位货物折扣额）×180

＝（1 200－1 200×2%）×180

＝211 680（美元）

因此，A公司实际净收入为211 680美元。

第六章　国际货款的收付

第一节　支付工具

一、汇票（Bill of Exchange，Draft）

（一）汇票的定义和基本内容

1. 汇票的定义

英国《票据法》下定义为，汇票是“由一人签发给另一人的无条件书面命令，要求受票人见票时或于未来某一规定的或可以确定的时间，将一定金额的款项支付给某一特定的人或其指定的人，或持票人”。

我国《票据法》第 19 条对汇票作如下定义：“汇票是出票人签发的，委托付款人在见票时或者在指定日期无条件支付确定的金额给收款人或者持票人的票据。”

2. 汇票的基本内容

各国票据法对汇票内容的规定不同，我国《票据法》第 22 条规定，汇票必须记载下列事项：①注明“汇票”字样；②无条件的支付委托；③确定的金额；④付款人的名称；⑤收款人的名称；⑥汇票的出票日期；⑦出票人签章。汇票上未记载上述规定事项之一者，汇票无效。

我国《票据法》第 23 条还就付款日期、付款地点和出票地点等内容作了以下规定：“汇票上未记载付款日期的，为见票即付。汇票上未记载付款地的，付款人的营业场所、住所或经常居住地为付款地。汇票上未记载出票地的，出票人的营业场所、住所或经常居住地为出票地。”

上述基本内容一般为汇票的要项，但并不是汇票的全部内容。按照各国票据法的规定，汇票的要项必须齐全，否则受票人有权拒付。

（二）汇票的种类

1. 按出票时是否附有货运单据，汇票可分为光票和跟单汇票

光票（Clean Bill）又称净票或白票，是指不附带商业单据的汇票。即出具的汇票既不带发票、装运单据、物权凭证或其他类似的单证，也可不带任何为了取得货款而随附于汇票的单证。在国际贸易中，对小批量货款、货款尾数、佣金、保险费、运费、其他费用等款项，有时可采用光票。

跟单汇票（Documentary Bill）又称押汇汇票，是指附有运输单据的汇票。即一份或一份以上的汇票，并随附各种单证（主要包括发票、提单、装箱单、产地证和保险单等装运

单证以及其他一切随附于汇票的单证)。在国际贸易中，多数使用的是 FOB、CFR、CIF 等象征性交货的贸易术语，卖方凭单交货，买方凭单付款。跟单汇票体现了货款与单据对流的原则，对进出口双方提供了一定的安全保证，因此，跟单汇票在国际贸易支付中使用较多。

2. 按汇票付款时间的不同，汇票可分为即期汇票和远期汇票

即期汇票（Sight Bill）是指汇票上规定付款人见票后立即付款的汇票。

远期汇票（Draft and Time Bill）是指汇票上规定付款人于将来的一定日期内付款的汇票。实务中常使用的远期汇票对付款日期的记载方法有：

(1) 提单签发日后若干天付款。如：

“We hereby issue our irrevocable documentary letter of credit No. 123 available, at 60 days after B/L date by draft.”（我们特此开立号码为 123 的不可撤销信用证，凭提单日期后 60 天的汇票付款。）

(2) 交单后若干天付款。如：

“This L/C is available with us by draft at 30 days after receipt of full set of documents at our counters.”（本信用证凭在我处提交全套单据后 30 天付款。）

(3) 出票后若干天付款。如：

“Draft at 30 days from invoice date.”（发票日期起算 30 天付款。）

(4) 见票后若干天付款。如：

“Draft at 90 days sight.”（见票日期起算 90 天付款。）

3. 按出票人的不同，汇票可分为商业汇票和银行汇票

商业汇票（Commercial Bill）。商业汇票是指汇票的出票人为商业企业或个人的汇票。在国际贸易中，多数的汇票由出口企业出具，并通过银行向进口商提示收款，因此，商业汇票使用较多，且使用时大都随有货运单据。

银行汇票（Banker's Bill）是指汇票的出票人和付款人都是银行的汇票。出票行签发汇票后，必须将付款通知书寄给国外付款行，以便付款行在收款人持票取款时进行核对。银行汇票一般为光票，不随附货运单据。

4. 按付款人的不同，远期汇票可分为商业承兑汇票和银行承兑汇票

商业承兑汇票（Commercial Acceptance Bill）是指商业企业出票而以另一商人为付款人，并经付款人承兑的远期汇票。

银行承兑汇票（Banker's Acceptance Bill）是指商业企业出票而以银行为付款人，并经付款银行承兑的远期汇票。

在国际贸易中，汇票通常具有几种属性。如出口企业出具的汇票，根据信用证或合同的要求，它必须随附有关的单据，还必须注明交单后多少天付款，这表明一份汇票同时具有商业汇票、跟单汇票和远期汇票等属性。

（三）汇票的使用

汇票属于资金单据，它可以代替货币进行转让或流通。因此，汇票是一种很重要的有价证券。为了防止丢失，一般汇票都有两张正本，即 First Exchange 和 Second Exchange。根据《票据法》的规定，两张正本汇票具有同等效力，但付款人付一不付二，付二不付一，先到先付，后到无效。银行在寄送单据时，一般也要将两张正本汇票分为两个邮次向

国外寄发，以防在邮程中丢失。

汇票的使用方式有顺汇法和逆汇法两种。顺汇法是指进口人向其本地银行购买银行汇票，寄给出口人，出口人凭此向汇票上指定的银行取款。逆汇法是指出口人开出汇票，要求付款。

汇票的使用有出票、提示、承兑（即期汇票无须承兑）、付款等。如需转让，通常经过背书行为转让。汇票遭到拒付时，还要涉及作出拒付证书和行使追索权等法律权利。

1. 出票（To draw）

我国《票据法》对出票的定义：出票是指出票人签发票据并将其交付给收款人的票据行为。根据定义，出票包含三项工作：首先是出票人填制汇票；其次是出票人在填制好的汇票上签名盖章，完成汇票的签发；最后是出票人将汇票交付给收款人。

出票人出票后就享有汇票列明的权利，命令汇票中的付款人无条件支付列明的款项，同时，出票人也承担起相应的责任。我国《票据法》规定，出票人出票后，即承担保证该汇票必然会被承兑和/或付款的责任，出票人在汇票得不到承兑或者付款时，应当向持票人清偿被拒绝付款的汇票金额和自到期日或提示付款日起至清偿日止的利息，以及取得拒付证书和发出通知等的费用。

2. 提示（Presentation）

提示是指持票人将汇票提交付款人，要求承兑和付款的行为。付款人看到汇票叫做见票（Sight），如系即期汇票，付款人见票后立即付款，称为付款提示；如系远期汇票，付款人见票后办理承兑手续，到期立即付款，称为承兑提示。

3. 承兑（Acceptance）

承兑是指付款人对远期汇票表示承担到期付款责任的行为。其手续是由付款人在汇票正面写上“承兑”（Acceptance）字样，注明承兑的日期，并由付款人签名盖章。付款人对汇票作出承兑，即成为承兑人（Acceptor）。承兑人有在远期汇票到期时立即付款的责任。

4. 付款（Payment）

对即期汇票，在持票人提示时，付款人即应付款，无须经过承兑手续；对远期汇票，付款人经过承兑后，在汇票到期日付款。

5. 背书（Endorsement）

背书是转让汇票的一种法定程序，就是由汇票抬头人（受款人）在汇票背面签上自己的名字，或再加上受让人，即被背书人（Endorsee）的名字，并把汇票交给受让人的行为。经背书后，汇票的收款权利便转移给受让人。汇票可以经过背书不断转让下去，对于受让人来说，所有在他以前的背书人（Endorser）以及原出票人都是他的“前手（Prior endorser）”；对于出让人来说，在他出让以后的所有受让人都是他的“后手（Subsequent endorser）”。前手对后手负有担保汇票必然会被承兑或付款的责任。

在国际市场上，汇票持有人如要求付款人付款之前取得票款，可以经过背书将汇票转让给银行，银行在扣除一定的利息和手续费后将票款付给持票人，这叫做贴现（Discount）。银行贴现汇票后，就成为汇票的持票人，还可以在市场上继续转让，或者向付款人索取票款。

6. 拒付（Dishonour）

汇票在提示时，遭到付款人拒绝付款或拒绝承兑，称为拒付。汇票经过转让，如果遭到拒付，最后的持票人有权向所有的“前手”追索，一直追索到出票人。持票人为了行使追索权（Right of recourse），应及时作出拒付证书（Protect）。拒付证书，是由付款地的法定公证人或其他依法有权作这种证书的机构（例如法院，银行等）所作出的付款人拒付的文件，是最后持票人凭以向其“前手”进行追索的法律依据。如拒付的汇票已经承兑，出票人也可凭拒付证书向法院起诉，要求承兑汇票的付款人付款。

汇票的出票人或背书人为了避免承担被追索的责任，可在背书时加注“不受追索”（Without Recourse）的字样。凡列有这种批注的汇票，在市场上一般是很难转让流通的。

（四）汇票的填制

1. 出票根据（Drawn under）

（1）信用证项下，出票根据是表明汇票起源交易是允许的。一般内容要具备三项，即开证行名称、信用证号码和开证日期。

出票条款是说明开证行在一定的期限内对汇票的金额履行保证付款责任的法律依据，是信用证项下的汇票不可缺少的重要内容之一。

（2）托收项下，一般不填，也可填商品的名称、数量，甚至加填起运港和目的港以及合同号等。

2. 年息

填写合同规定的利息率。若合同没有规定，该项留空。

3. 号码

填写商业发票的号码，实际业务中一般留空不填。

4. 小写金额

表示汇票上确切的金额数目。一般要求汇票金额使用货币缩写和用阿拉伯数字表示的金额小写数字，例如：USD 345. 00。

除非信用证另有规定，汇票金额所使用的货币必须与信用证规定和发票所使用的货币一致，在正常情况下，汇票金额应为发票金额的100%，但以不超过信用证规定的最高金额为限。

5. 付款期限

付款期限（Tenor），在各国票据中都认为它是票据的重要项目，如果一张汇票没有确定的期限，那么这张汇票将是无效的。在缮制汇票付款期限时，应按照信用证的规定填写。即期的要打上“At Sight”或“＊＊＊”，如证内规定开具远期汇票，应在“at”后面打印上期限。

6. 受款人

受款人又称收款人（Payee），也称汇票的抬头人，是出票人所指定的接受票款的当事人。有的以出口商或以其所指定的第三者为受款人。在我国对外贸易中，汇票的受款人一般都是以银行指示为抬头。这是因为出口商通常在付款人所在地的银行里并无账户，只有出口商指定的银行才有，付款人无法直接把款项付给出口商，而只能付给出口商指定银行的户头上，再由该指定银行“解付”给出口商。常见的信用证对汇票的受款人一般有以下4种规定：

①信用证（或合同）规定付中国银行或其指定的议付行，或信用证（或合同）对汇票受款人未作明确规定。通常，汇票的受款人可打印上："Pay to the order of Bank of China."（付中国银行或其指定人。）这种汇票可通过中国银行背书转让给第三者。

②信用证（或合同）规定付开证行（ABC Bank）或其指定时，在汇票的这一栏目应打印上："Pay to the order of ABC Bank."

③信用证规定付偿付行（BBS Bank）或其指定时，在汇票的这一栏目应打印上："Pay to the order of BBS Bank."

④信用证（或合同）规定付给来人（Bearer）或持票人（Holder）时，汇票的受款人可分别打印上："Pay bearer"和"Pay holder"。此时的汇票无须背书即可转让。

7. 大写金额

用文字表示并在文字金额后面加上"ONLY"（整），防止涂改。例如："UNITED STATES DOLLARS ONE THOUSAND TWO HUNDRED AND THIRTY FOUR ONLY."

大写金额应与上面的小写金额以及所使用的货币一致。如果大写与小写不符，议付行不予接受。

8. 付款人及付款地点

汇票的付款人（Payer）即汇票的受票人（Drawee），也称为致票人。在汇票中表示为"此致……"（to...）。凡是要求开立汇票的信用证，证内一般都指定了付款人。根据《UCP 600》的规定，若证内没有指定付款人，则开证行就是付款人。

"付款人"旁边的"地点"，就是付款地点。它是汇票金额支付地，也是请求付款地，或拒付证书作出地。

9. 出票人及出票地点

出票人（Drawer）即签发汇票的人，在进出口业务中，通常是出口商（信用证的受益人）。按照我国的习惯，出票人一栏通常打上出口商的全称，并由公司经理签署，也可以盖上出口商包括有经理章字模的印章。

必须注意，汇票出票人应该是信用证指定的受益人。如果证内的受益人不是出具汇票的公司，应修改信用证。如未作修改，汇票的出票人应填写信用证指定的受益人名称，按来证照打，否则，银行将当作出单不符而拒收。

样单 6－1　汇票

F14

凭 SAKURA BANK, LTD., THE (FORMERLY MITSUI)
Drawn under TAIYO KOBE) TOKYO

信用证　第　号
L/C　*No.*　645－3000598

日期　年　月　日
dated　JAN. 13, 2004

按　息　付　款
Payable with interest @　*% per annum*

号码　汇票金额　中国　广州　年　月　日
No.　**Exchange** *for* USD16,000.00　*Guangzhou China*　20

见票　日　后（本　汇　票　之　副　本　未　付）付
At　*******　*sight of this* FIRST *of Exchange (Second of exchange being unpaid)*

pay to the order of　BANK OF CHINA　或其指定人

金　额
the sum of　U.S. DOLLARS SIXTEEN THOUSAND ONLY.

此致　AKURA BANK, LTD., THE (FORMERLY)
To:　ITSUI TAIYO KOBE) TOKYO

GUANGDONG MACHINERY IMPORT AND EXPORT CORP. (GROUP)

样单 6－2　汇票

凭
Drawn under　CANADIAN IMPERIAL BANK OF COMMERCE TORONTO

信用证　第　ILCT507553　号
L/C　*No.*

日期　年　月　日
dated　July 10, 2000

按　息　付　款
Payable with interest @　*% per annum*

号码　汇票金额　中国　广州　年　月　日
No.　**Exchange** *for* USD20,782.20　*Guangzhou China*　19

见票　日　后（本　汇　票　之　正　本　未　付）付
At　—　*sight of this* **SECOND** *of Exchange (First of exchange being unpaid)*

pay to the order of　BANK OF CHINA, GUANG DONG, BRANCH　或其指定人

金　额
the sum of　U.S.DOLLARS TWENTY THOUSAND SEVEN HUNDRED AND [illegible]

此致　CIBCCATT
To　CANADIAN IMPERIAL BANK OF COMMERCE
TORONTO

GUANGDONG TEXTILES [illegible] KNITWEARS CO. LTD.

二、本票与支票

（一）本票

本票（Promissory Note）是一个人向另一个人签发的保证于见票时或定期或在可以确定的将来时间，对某人或其指定人或持票人支付一定金额的无条件的书面承诺。简言之，本票是出票人对受款人承诺无条件支付一定金额的票据。

本票的基本内容有：①注明“本票”字样；②无条件的支付承诺；③确定的金额；④付款期限；⑤受款人的名称；⑥本票的出票日期和地点；⑦出票人签章。

本票可分为商业本票和银行本票。商业本票可按付款时间分为即期本票和远期本票两种，而银行本票都是即期的。我国《票据法》第 79 条规定，我国允许开立自出票日起，付款期限不超过两个月的银行本票。我国《票据法》还规定，银行本票仅限于由中国人民银行审定的银行或其他金融机构签发。

（二）支票

支票（Cheque/Check）是存款人对银行无条件支付一定金额的委托或命令。出票人在支票上签发一定的金额，要求受票银行于见票时立即支付一定的金额给特定人或持票人。

支票的基本内容有：①注明“支票”字样；②无条件的支付命令；③确定的金额；④付款银行名称；⑤受款人的名称；⑥支票的出票日期和地点；⑦出票人签章。

支票的出票人在签发支票后，应负票据上的责任和法律上的责任。前者是指出票人对收款人担保支票的付款；后者是指出票人签发支票时，应在付款银行存有不低于票面金额的存款。如存款不足，支票持有人在向银行提示支票要求付款时，就会遭到银行的拒付，这种支票称为空头支票。

按我国《票据法》的规定，支票可以分为普通支票、现金支票和转账支票三种。

（三）汇票、本票与支票的主要区别

1. 证券的性质不同

汇票与支票都是委托他人付款的证券，故属于委托支付证券；而本票是由出票人自己付款的票据，故属自付证券或承诺证券。

2. 到期日不同

支票为见票即付；而汇票和本票除见票即付外，还可作出不同日期的记载。在国际货款结算中使用的跟单汇票，还有运输单据出单日期后定期付款的记载。

3. 是否需要承兑不同

远期汇票需要付款人履行承兑手续；本票由于出票时出票人就负有担保付款的责任而无须承兑；支票均为即期，故也无须承兑。

第二节　汇付和托收

在国际货款的结算中，较常见的结算方式有汇付、托收和信用证三种，其中汇付和托收方式属于商业信用，信用证方式属于银行信用。

一、汇付

（一）汇付的含义

汇付（Remittance）又称汇款，指汇款人（Remitter）通过汇出行（Remitting Bank）将一定金额的款项汇交收款人（Payee）的结算方式。

汇付方式的当事人主要有汇款人、汇出行、汇入行（Receiving Bank）、收款人。在实际业务操作中，一般情况下，汇款人为买方，汇出行为买方所在地的某银行，汇入行为卖方所在地银行，收款人为卖方。汇付方式在国际贸易中主要用于预付货款（Payment in advance）、随订单付定金（Deposit）、凭单付款（Remittance against documents）和赊销（Open account）等业务以及小额佣金、费用的支付。

（二）汇付的种类及业务流程

汇付方式可分为信汇、电汇和票汇三种。

1. 信汇

信汇（Mail Transfer，简称 M/T）是指汇出行应汇款人的申请，将信汇付款委托书寄给汇入行，授权解付一定金额给收款人的一种汇付方式。

实务中，汇出行通过航邮寄交付款委托书，汇入行根据汇出行的印鉴和签字核对无误后解付。信汇的费用较低，但收款人较迟收到货款。信汇业务的流程见下图：

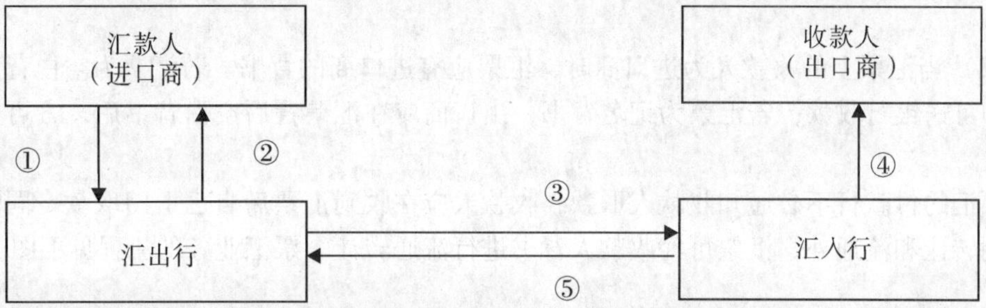

①汇款人填写汇款委托书，连同款项提交汇出行；

②汇出行接受申请，出具交款回执交汇款人；

③根据汇款申请书的指示，以信函方式通知汇入行向收款人付款；

④汇入行收到汇出行的信汇付款委托书后，验证密押无误后，出具信汇通知书交收款人，通知收款人取款；

⑤汇入行向收款人付款后，向汇出行寄交付讫收据。

2. 电汇

电汇（Telegraphic Transfer，简称 T/T）是指汇出行应汇款人的申请，将电汇付款委托书用电讯手段通知汇入行，授权解付一定金额给收款人的一种汇付方式。电汇的费用较高，但收款人能迅速收到货款。

实务中，对于老客户以及信誉好的客户，出口商经常采用电汇结算。电汇在汇付中使用最多，在我国，电汇的手续费一般按总金额的1‰收取，最低为 50 元人民币，最高为 1 000 元人民币。电汇业务的流程见下图：

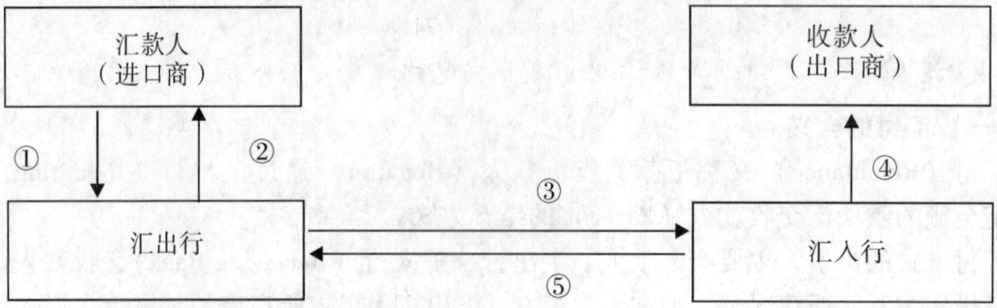

①汇款人填写汇款委托书，连同款项提交汇出行；
②汇出行接受申请，出具交款回执交汇款人；
③根据汇款申请书的指示，以电信方式通知汇入行向收款人付款；
④汇入行收到汇出行的电信通知后，验证密押无误后，出具电汇通知书交收款人，通知收款人取款；
⑤汇入行向收款人付款后，向汇出行寄交付讫收据。

3. 票汇

票汇（Remittance by Banker's Demand Draft，简称 D/D）是指汇出行应汇款人的申请，代汇款人开立以其分行或代理行为解付行的即期汇票，支付一定金额给收款人的一种汇付方式。

实务中，根据汇票填写收款人的不同，持票人可作如下处理：

（1）当汇票上的收款人为出口商时，出口商应在汇票背后盖章签字后即可送银行收款。

（2）当汇票上的收款人为进口商时，汇票应有进口商的背书。若汇票为空白背书，出口商即可送银行收款；若汇票为记名背书，出口商应在汇票背后空白背书后，方可送银行收款。

票汇的付款行不必通知收款人取款，收款人应在收到汇票后自己上门取款。同时，除有限制转让和流通外，汇票可经收款人背书进行流通转让。票汇业务的流程见下图：

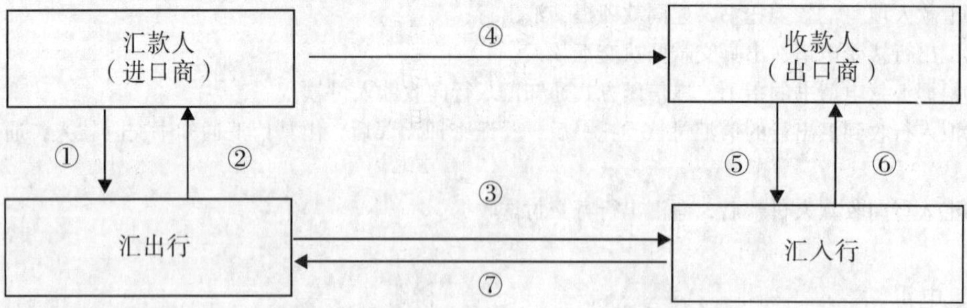

①汇款人填写票汇申请书，连同款项提交汇出行；
②汇出行接受申请，开立以汇入行为付款人的即期汇票，交给汇款人；
③汇出行向汇入行寄送汇票通知书（票根）；
④汇款人向收款人寄交银行即期汇票；
⑤收款人背书后向汇入行提交银行即期汇票；
⑥汇入行将银行汇票与汇票通知书（票根）核对无误后，向收款人付款；
⑦汇入行向收款人付款后，向汇出行寄交付讫收据。

案例分析71

案例：我方A公司与阿联酋B公司成交一笔棉织毛巾的贸易，B公司要求10%预付货款，90%电汇。

问：A公司是否可以接受？

分析：A公司是否可以接受要具体分析。如果与B公司已经是老客户，贸易一直很正常，且本笔贸易额不大，成交的商品也是通用商品，A公司就可以接受。如果与B公司是第一次合作，A公司就要慎重，最好采用信用证支付，如一定要采用电汇，10%预付货款太少，可要求提高至30%预付货款，剩余70%的货款在装货前电汇我方账户，我方才装运出口，这是最稳妥的措施。实务中也常采用其他方法处理，如装运后传真提单，通知外商电汇，或凭海运提单向汇入行收款。这两种处理方法存在B公司不支付剩余70%货款时，我方已发货出运，必须自行处理运抵目的港货物的风险。

二、托收

（一）托收的含义

托收（Collection）是指债权人（出口商）出具汇票委托银行向债务人（进口商）收取货款的一种支付方式。

托收方式的当事人主要有委托人（Principal）、托收行（Remitting Bank）、代收行（Collecting Bank）、提示行（Presenting Bank）和付款人（Payer）等。在实际业务操作中，一般情况下，委托人为卖方，托收行为卖方所在地的银行，代收行为买方所在地银行，提示行为买方所在地同一城市的银行，付款人为买方。托收方式在国际贸易中主要用于支付货款（Payment），在我国，银行一般按货款总额的1‰收取手续费，最低100元人民币。

托收的基本做法是：①由出口商根据发票金额开出以进口商为付款人的汇票，并向出口地银行提出托收申请；②委托出口地银行（托收行）通过它在进口地的代理行或往来银行（代理行）代为向进口商收取货款。

按照一般国家的银行做法，委托人在委托银行办理托收时，需随附一份托收委托书（Collecting order），形成委托人与委托行之间的委托代理关系，在委托书中明确提出各种指示。银行接受委托后，应按照委托书的指示内容办理托收。对于托收过程中委托人与银行之间就各自权利、义务和责任，国际商会制定了相应的规则，最新的是《托收统一规则》（Uniform Rule for Collections）522号出版物（ICC Publication No. 522），简称《URC 522》。

（二）托收的种类

托收方式根据托收时金融单据（Financial Documents）是否附有商业单据（Commercial Documents）分为光票托收（不附有商业单据）和跟单托收（附有商业单据），国际贸易中大多使用跟单托收。

在跟单托收的情况下，根据交单条件的不同又可以分为付款交单（Documents against Payment，简称D/P）和承兑交单（Documents against Acceptance，简称D/A）。

1. 付款交单

付款交单是指出口商的交单以进口商的付款为条件，即只有在进口商付清货款后，才能把货运单据交给进口商。按付款时间的不同，付款交单又可分为即期付款交单（D/P sight）和远期付款交单（D/P after Sight）。

（1）即期付款交单（D/P Sight）是指出口商发货后开具即期汇票连同货运单据，通过银行向进口商提示，进口商见票后立即付款，进口商在付清货款后向银行领取货运单据。

（2）远期付款交单（D/P after Sight）是指出口商发货后开具远期汇票连同货运单据，通过银行向进口商提示，进口商审核无误后即在汇票上进行承兑，于汇票到期日付清货款后再领取货运单据。

远期付款交单业务流程图如下：

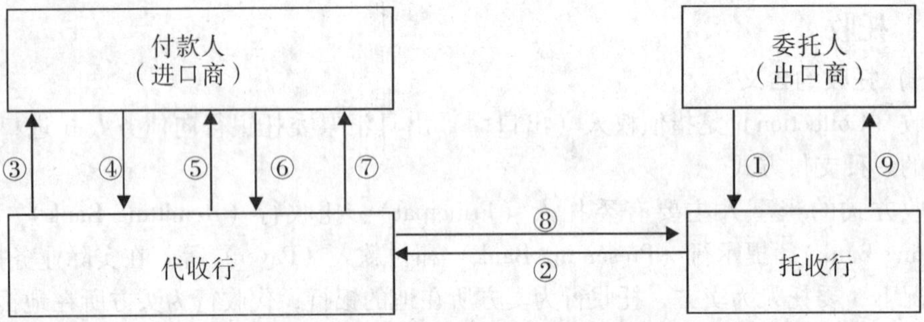

①出口商按合同规定装运货物后，缮制商业发票、货运单据和远期汇票等有关单证，填写委托申请书，交托收行，请求托收行代收货款；

②托收行接受出口商的申请，根据委托申请书缮制托收委托书，连同商业发票、货运单据和远期汇票等单证交进口国代收行，委托代收行代收货款；

③代收行根据委托书的指示向进口商提示商业发票、货运单据和远期汇票；

④代收行收回经进口商承兑的远期汇票和商业发票、货运单据；

⑤付款期限届满，代收行向进口商提示商业发票、货运单据和经进口商承兑的远期汇票；

⑥进口商付款；

⑦代收行向进口商交单；

⑧代收行通知托收行货款已收妥，并向托收行转交货款；

⑨托收行扣减托收费并向出口商交款。

在远期付款交单情况下，如果货物已经到达目的港，单据也已经到达代收银行，但汇票的付款时间未到，而买方欲抓住有利行市提前提货，则可采取的做法有：

（1）在付款到期日之前提前付款赎单。

在实际业务中，当市场行情较好时，买方可选择提前付款。因为这样，买方既可获得较高的售价，又可扣除提前付款日至原付款日之间的利息，享受提前付款的现金折扣。

（2）凭信托收据借单。

信托收据（Trust Receipt，T/R）就是进口商借单时提供的一种书面信用担保文件，用来表示愿意以代收行的受托人身份代为提货、报关、存仓、保险、出售货物，并承认货物所有权仍属代收行。货物销售后所得的货款，应于汇票到期时交代收行。

案例分析 72

案例：我某外贸进出口公司与比利时某贸易公司洽商某商品的出口交易，我方提出付款条件为 30% 定金，货物装运后凭提单传真 T/T 付款，比利时商人要求降价，否则付款条件应修改为 D/P90 天，并通过其指定的代收行代收方可接受。

问：比利时商人提出修改付款条件的意图是什么？

分析：比利时商人提出修改付款条件，将 T/T 付款修改为 D/P90，其目的在于推迟付款，争取 90 天的资金周转时间。比商要求指定代收行，其目的在于凭信托收据向代收行借单，及早提货销售，达到利用我方资金的目的。

凭信托收据借单是代收行自己向进口商提供的信用便利，与出口商无关，如代收行借出单据后，到期不能收到货款，则代收行应对委托人负全部责任。因此，只有资信较好、实力较强的进口商，代收行才允许进口商凭信托收据借取货运单据，先行提货。

如果出口商主动授权代收行借单给进口商，即所谓“远期付款交单凭信托收据借单”（D/P · T/R），进口商在承兑汇票后可以凭信托收据先行借单提货。日后如果进口商在汇票到期时拒付，则与银行无关，应由出口商自己承担风险。

案例分析 73

案例：我某外贸进出口公司与德国某贸易公司签订一份出口冷轧钢板的销售合同，6 月份交货，合同金额为 18 万多美元，付款条件为 D/P 见票后 45 天付款。卖方 6 月 15 日装运出口，随即将一整套结汇单据和以买方为付款人的 45 天远期汇票向银行托收货款。当汇票及所附单据通过托收行寄抵进口地代收行后，德商及时在汇票上履行了承兑手续。货抵目的港时，行情看好，由于用货心切而付款期未到，德商经代收行同意，出具信托收据向托收行借得单据，先行提货转售。汇票到期时，德商因经营不善，失去偿付能力，无力付款赎单。

问：这种情况下，我出口公司应如何处理？为什么？

分析：我公司应通过托收行向国外代收行索偿货款。因为，本案中，代收行允许进口商凭信托收据借单先行提货并非我方授权，付款人德国公司不能如期付款的责任应由代收行承担。据此，我方应通过托收行要求代收行付款。

2. 承兑交单

承兑交单是指出口商的交单以进口商在汇票上承兑为条件。承兑交单业务流程图如下：

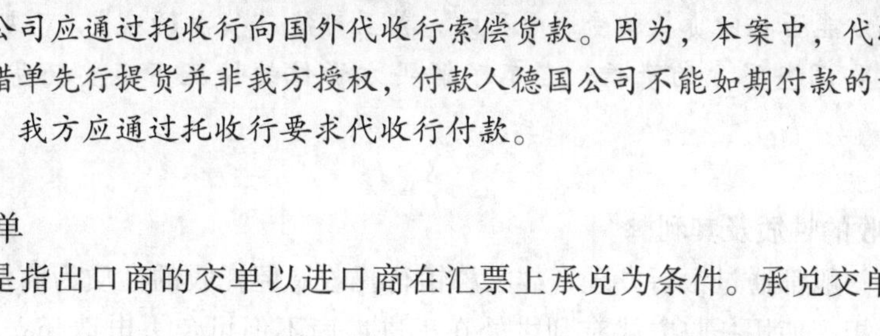

①出口商按合同规定装运货物后，缮制商业发票、货运单据和远期汇票等有关单证，填写委托申请书，交托收行，请求托收行代收货款；

②托收行接受出口商的申请，根据委托申请书缮制托收委托书，连同商业发票、货运单据和远期汇票等单证交进口国代收行，委托代收行代收货款；

③代收行根据委托书的指示向进口商提示商业发票、货运单据和远期汇票；

④代收行收回经进口商承兑的远期汇票，进口商接收商业发票、货运单据；

⑤付款期限届满，代收行向进口商提示经进口商承兑的远期汇票；

⑥进口商向代收行付款；

⑦代收行通知托收行货款已收妥，并向托收行转交货款；

⑧托收行扣减托收费并向出口商交款。

在承兑交单下，出口商在付款人承兑后已交出了物权凭证及有关的单据，其收款的保障全依赖进口商的信用，一旦进口商到期不付款，出口商便会遭到货物与货款全部落空的损失。因而，对出口商而言，承兑交单的风险比付款交单的风险大。

案例分析 74

案例：我某贸易发展进出口公司向非洲地区某贸易公司出口一批冷冻食品。合同规定3 月份装船，付款条件为 D/A 见票后 30 天付款。卖方 3 月 5 日装船完毕，3 月 8 日向托收行办理 D/A 30 托收。3 月 17 日买方在汇票上履行了承兑手续。货抵目的港后，买方提取货物并售出，但亏损严重。4 月 16 日汇票到期时，买方因此借故提出拒付。我方只好委托我驻外机构直接与买方谈判，最终该批货物折价 25%，货款在第二年分四次偿还而结案，我公司损失严重。

问：我方应从此事件中吸取什么教训？

分析：我方应吸取的教训是：本案的问题主要在于 D/A 托收方式。D/A 方式的特点是买方只要在汇票上签字承兑，银行即可在买方不付款的情况下交单给买方，买方就可凭单据提货，等汇票到期时再付款。D/A 方式对卖方而言，无疑存在极大的风险，如果买方资信不好，卖方能否收回货款就受制于买方，甚至可能“货款两空”。可见，采用 D/A 方式付款，一定要调查买方的资信，在不了解买方资信的情况下不要轻易接受 D/A 方式结算。

（三）托收的性质及其利弊

托收方式一般都通过银行办理，故又称银行托收，但托收的性质为商业信用。托收费用由委托人承担，使用托收方式有利之处在于进口商不但可免去申请开立信用证的手续，不必预付银行押金，减少费用支出，而且有利于资金融通和周转，增强出口商品的竞争能力。

托收方式结算对出口商而言也存在着不少弊端，主要有：

（1）银行办理托收业务时，只是按委托人的指示办事，并无检查单据内容和承担付款人必然付款的义务。

（2）进口商破产或丧失清偿债务的能力，出口商则可能收不回或晚收回货款。

（3）在进口商拒不付款赎单后，除非事先约定，银行无义务代管货物；如货物已到达，还要发生在进口地办理提货、交纳进口关税、存仓、保险、转售以至被低价拍卖或被运回国内的损失。

（四）出口商使用托收方式应注意的问题

（1）要事先做好客户的资信调查，掌握适当的授信额度，货款金额不宜过大。

（2）了解进口国家的贸易管制和外汇管制条例，以免货到目的地后，由于不准进口或收不到外汇而造成损失。

（3）了解进口国家的商业惯例，以免由于当地习惯做法而影响安全迅速收汇。

（4）出口合同应争取 CIF 或 CIP 条件成交，由出口商办理货运保险，也可投保出口信用险，在不采取 CIF 或 CIP 条件时，应投保卖方利益险。

卖方利益险是一种供出口企业在采用托收方式并按 FOB 或 CFR 术语成交出口时，为保障卖方利益而投保的独立险别，中国人民保险公司将卖方利益险列入其海洋运输货物保险条款中。该险别规定，当买方拒收时，保险公司对卖方的利益承担责任，赔偿保险单载明承保范围内的货物损失。卖方利益险一般按一切险和战争险承保，卖方缴纳保险费的费率按正常规定时保险费率的 25% 计收。操作上卖方在发票上注明投保“卖方利益险”，由保险公司签章并注明日期即可。

（5）健全管理制度，定期检查，及时催收清理。

案例分析 75

案例： 我方 A 公司向拉丁美洲地区 B 公司出口一批货物 160 包，合同规定 5 月份装运，支付方式为 D/P 30 天。5 月 14 日卖方备齐全部单据向托收行办理 30 天远期付款交单手续。7 月 4 日代收行称，6 月 20 日汇票到期时 B 公司拒绝付款，据称因货物水分超过标准，甚至有部分霉粒，所以不肯接受。A 公司甚感奇怪，最后查实，B 公司早已提货，后因经营不善，资金周转出现困难，借故不付款。且并非向代收行借单提货，该国对远期付款交单托收一律按承兑交单方式处理，这是事实。最后 A 公司与 B 公司几次磋商，折价 15% 收回货款而结案。

问： 我方 A 公司应从此事件中吸取什么教训？

分析： 从本案例来看，我方应吸取的教训是：①采用托收支付方式的卖方首先要做好对买方资信的调查工作，因为托收完全是依靠商业信用，不像信用证方式那样有银行付款保证；②以托收方式结算还要了解对方国家的商业习惯和银行的惯例。例如，有些国家按本国的习惯将远期付款交单视同承兑交单处理，本案就是这种情况，我进出口公司对此缺乏掌握；③采用托收方式要建立管理和定期检查制度。每笔托收都应有专人负责管理及催收清理。本案中，汇票于 6 月 20 日到期，货款收到与否，我进出口公司一直没有反应，直到 7 月 4 日代收行来电通知买方拒付才开始警觉，实不应该。

第三节　信用证

进出口业务中，出口商担心交了货却不能取得货款，而进口商担心付了款却提不到货，利用信用证付款方式，借助银行信用就可以解决这个问题。

一、信用证的定义

信用证（Letter of Credit）简称L/C，是一种以银行信用为保证，凭规定的单据付款的保证文件。根据《UCP 600》第2条，信用证可定义为：

信用证意指无论如何命名或描述的一项约定，该约定不可撤销并由此相当于开证行对于相符提示予以付款的明确承诺。

承付意指：

a. 对于即期付款信用证即期付款；

b. 对于延期付款信用证作出延期付款承诺并于到期日付款；

c. 对于承兑信用证承兑由受益人出具的汇票并于到期日付款。

信用证开立后，只要出口商严格按照信用证规定的条款执行，做到单证一致、单单一致，就能及时收到货款。

二、信用证的当事人

1. 开证申请人（Applicant）

开证申请人是指向银行申请开立信用证的人，即进口商或实际买主，在信用证业务中又称开证人（Opener）。

2. 开证银行（Issuing Bank）

开证银行是指接受开证申请人的委托开立信用证的银行。开证银行一般为进口商所在地的银行，只要受益人按信用证的要求办理并提交与信用证相符的单据，开证银行负保证付款的责任。必须注意，根据《UCP 600》的规定，一家银行设在不同国家的分支行被认为是另一家银行。因此，进口国的开证行与设在出口国的分支行不能看成为同一家银行，如“美国花旗银行”与“花旗银行广州分行”。

3. 通知银行（Advising Bank）

通知银行是指受开证行的委托，将信用证转交出口商的银行，通知银行一般为出口商所在地的银行。通知银行如不愿意将信用证通知受益人，必须毫不迟延地告知开证行。通知银行如愿意将信用证通知受益人，则必须审核信用证的表面真实性，若对信用证的表面真实性无法确定，应在通知受益人时一并提出，若通知受益人时没有提出，事后发现为假信用证，受益人有权向通知行索赔。

4. 受益人（Beneficiary）

受益人是指信用证上所指定的有权使用该证的人，一般为出口商。

5. 议付银行（Negotiation Bank）

议付银行是指愿意买入受益人提交的跟单汇票的银行。议付银行可以是开证行指定的（如限制议付的信用证），也可以是非指定的（如自由议付信用证），依信用证条款的规定来决定。

6. 付款银行（Paying Bank）

付款银行是指信用证上指定付款的银行。一般情况下为开证行，也可以是接受开证行委托代为付款的另一家银行，简称代付行（Paying bank agent），具体依信用证的条款规定来决定。实务中，如果信用证上指定的银行不付款、不承兑，受益人可要求开证行付款、承兑；如果信用证上指定的银行已承兑，但到期又拒绝付款，受益人也可要求开证行付款。

7. 偿付银行（Reimbursing Bank）

偿付银行是指受开证行的指示或授权，对有关代付行或议付行的索偿予以付款的银行。偿付行一般有开证行的存款账户，不负责审核单据，只负责付款，并在开证行的存款账户上扣款。因此，偿付行的付款不视为开证行终局性的付款。

三、信用证的特点

1. 信用证是一种银行信用

银行信用是指由银行向买卖双方提供的信用。在信用证支付方式下，开证银行以自己的信用作为保证，只要卖方按信用证规定的条款办理并向开证银行提交与信用证规定相符的有关单据，开证银行就保证付款，即承担第一性付款责任。

案例分析 76

案例：我方A公司在春交会上与日本B公司成交一笔银耳出口贸易，合同规定7月份装船，不可撤销即期信用证付款。6月20日，A公司收到中国银行转来由日本东京银行开立的不可撤销即期信用证，证中规定偿付行为纽约花旗银行。6月底A公司正待发货时，得知B公司因资金问题濒临破产倒闭的消息。

问：这种情况下，我方A公司应如何处理？

分析：信用证支付方式属银行信用，开证行承担第一性付款责任。即使开证申请人，即买方已经倒闭，开证行在收到符合信用证各项条款规定的单据后仍应承担付款责任。据此，本案中开证行和偿付行又均为知名银行，A公司应抓紧时间于7月初发货并严格按照信用证要求制作、提交全套合格单据，然后向中行办理议付后由中行向偿付行索偿，以顺利收汇，货物也不致积压。

2. 信用证是一种自足文件

信用证是依买卖合同开立的，一经开立，就成为独立于合同以外的另一份契约。开证银行只根据信用证的有关规定办理信用证业务。

案例分析 77

案例：我A公司向国外B公司出口一批大麻籽。对方开来信用证规定，150公吨大麻籽，杂质及水分与第DHF 98403号合同规定一致。A公司完成装运后随即向议付行交单议付。不久，开证行称，“我信用证规定货的杂质和水分必须与第DHF 98403号合同规定一致。从你方发票和其他有关单据上都无法确定杂质及水分的含量已符合上述合同规定。因而拒付”。A公司即去电反驳。开证行回电仍然拒付，称“虽然你解释发票上所表明的杂质含量最高3%，水分最高12%，实际与合同规定一致。但我银行处理的仅仅是单据，单据上表现不出与合同相符的记载文句，就是单证不符，我银行不管你货物实际情况或合同如何规定”。

问：银行拒付是否有理？为什么？

分析：银行拒付是有理的。首先，信用证是一个独立自足的文件，它不依附于买卖双方的合同，银行处理信用证业务不受合同的约束。其次，信用证有关当事人处理的是单据，而不是与单据有关的货物或其他行为，开证行凭单据表面上是否与信用证规定相符而决定是否付款。本案中，信用证规定杂质和水分必须与合同规定一致，银行不管实际是否一致，只管单据是否表现了信用证规定的字句，即在单据上表示，"杂质和水分与第DHF 98403号合同规定一致"，即是单证相符，开证行就必须履行付款责任。我公司虽然发票上所表明的杂质含量最高3%，水分最高12%，实际与合同规定一致，但没有表明"与第DHF 98403号合同规定一致"的文句，也是无用的，仍然不符合信用证要求。因此，银行有权拒付。

3. 信用证是一种单据买卖

信用证结算方式下，银行处理的是单据，而不是货物。开证银行的付款遵循"单单一致、单证一致"的原则，只要受益人提交的单据"单单一致、单证一致"，开证银行就必须支付货款。

案例分析78

案例：我A公司从外国B公司进口某种商品。合同规定分两次交货，分批开证，买方应于货到目的港后60天内进行复验，若与合同规定不符，A公司凭所在国的商检证书向B公司索赔。A公司按照合同规定，申请银行开出首批货物的信用证。B公司履行装船并凭合格单据向议付行议付，开证行也在单证相符的情况下，对议付行偿付了货款。在第一批货物尚未到达目的港之前，第二批的开证日期临近，A公司又申请银行开出信用证。此时，首批货物抵达目的港，经检验发现货物与合同规定不符，A公司当即通知开证行："拒付第二份信用证项下的货款，并请听候指示。"但开证行收到议付行寄来的第二批单据后审核无误，再次偿付议付行。当开证行要求A公司付款赎单时，该公司拒绝付款赎单。

问：①开证行和A公司的处理是否合理？②A公司应该如何处理此事？

分析：①开证行处理是合理的，A公司拒绝付款赎单是无理的。因为信用证方式下，银行处理的是单据业务，开证行在单证相符时必须付款，不管货物是否与合同相符。A公司作为开证申请人，在单证相符、开证行已付款的情况下，必须付款赎单。②有关卖方交货品质不符，A公司应根据合同有关规定，直接向卖方索赔。

四、信用证的种类

信用证可根据其性质、期限、流通方式等特点分为以下几种：

（一）跟单信用证和光票信用证

以信用证项下的汇票是否附有货运单据划分，信用证可分为跟单信用证和光票信用证。跟单信用证（Documentary L/C）是指开证行凭跟单汇票或仅凭单据付款的信用证；光票信用证（Clean L/C）是指开证行仅凭不附单据的汇票付款的信用证。我国的信用证结算方式，大多数采用跟单信用证。

（二）不可撤销信用证和可撤销信用证

以开证行所负的责任为标准，信用证可分为不可撤销信用证和可撤销信用证。

不可撤销信用证（Irrevocable L/C）是指信用证一经开出，在信用证的有效期内，未经受益人及所有当事人的同意，开证行不得片面修改或撤销。只要受益人提交的单据符合信用证规定，开证行必须履行付款义务；可撤销信用证（Revocable L/C）是指开证行对所开信用证不必征得受益人或有关当事人的同意有权随时撤销或修改的信用证。

案例分析 79

案例：中国某公司从德国进口一批五金工具，合同规定以不可撤销的即期信用证支付。合同签订后，中国银行广州分行（开证行）根据买方指示向卖方开立一份不可撤销的即期信用证。货物装运完毕，卖方获得信用证要求的全套单据后，即到议付行办理议付。经审查，单证相符，议付行进行了议付。与此同时，载货船离开汉堡港后，由于在航行途中遇到意外事故，货物受损严重。开证行收到议付行寄来的全套单据，我方得知货物受损的消息，因而要求开证行对此信用证项下的单据拒绝付款，但遭开证行拒绝。

问：开证行这样做是否合理？为什么？

分析：开证行拒绝有理。因为我方要求开证行拒付，实质为撤销信用证。不可撤销信用证未经有关当事人同意不得撤销。信用证业务下，开证行处理的是单据业务，只要单证相符，银行必须承担其付款义务，而不管货物是否完好。有关货物受损，我方应向有关责任方索赔。

不可撤销信用证对受益人比较有保障，在国际贸易中使用最广泛。根据《UCP 600》的规定，跟单信用证必须是不可撤销的，即只要开出的信用证依照《UCP 600》解释，该跟单信用证就必须是不可撤销信用证。

案例分析 80

案例：我 A 公司与加蓬 D 公司签订一份 FOB 上海的塑料雨衣出口合同。合同规定，从上海港至利伯维尔港不迟于 9 月 30 日装运，不可撤销即期信用证付款。合同签订后，A 公司收到 D 公司通过银行开来的 SWIFT 信用证，审证发现该信用证中未明确规定“不可撤销”字样。

问：我 A 公司是否必须要求对方修改信用证？为什么？

分析：该信用证不需要修改就可使用。因为，按规定 SWIFT 信用证都依照《UCP 600》解释，而根据《UCP 600》的规定，跟单信用证必须是不可撤销的。因此，我方不需要对方改证即可认为该证是不可撤销的。

（三）保兑信用证和不保兑信用证

有的开证行信用程度不高，如非洲和南美的一些银行，卖方担心收不到货款，要求这些开证行开立的信用证须经另一家银行保兑。按照有没有另一家银行对信用证加以保兑，信用证可分为保兑信用证和不保兑信用证。保兑信用证（Confirmed L/C）是指有另一家银行保证对符合信用证条款规定的单据履行付款义务的信用证。对信用证加以保兑的银行被称为保兑行。

根据《UCP 600》的规定，信用证一经保兑，即构成保兑行在开证行以外的一项确定承诺。保兑行与开证行一样承担第一性的付款责任，保兑行付款后对受益人或其他“前手”无追索权。

实务中保兑行一般是通知行，有时也可以是出口地的其他银行或第三国银行。保兑的手续一般由保兑银行在信用证上加列保兑文句，通常是通过在信用证原件上加盖“我行保兑”之类的印章等行为表示出来。如果信用证要求保兑的银行拒绝对该信用证加具保兑，或者保持沉默、不置可否，则该银行就不是保兑行，对受益人就没有“担保付款”的义务。因此，检查一份信用证是否保兑，对于 SWIFT 信用证，可查看“Confirmation 49”是填写“WITHOUT”还是“CONFIRM”。若是“CONFIRM”，再查看信用证上是否有“我行保兑”之类的印章，如果有才是保兑的信用证。另外，当信用证有修改通知时，保兑行可以不对保兑信用证项下的一份或数份修改书予以保兑。

在我国，保兑费用一般为信用证金额的 2‰，最低 300 元人民币，而且规定每三个月收取一次，不足三个月按三个月计算。当通知行为保兑行时，其通知费（每份信用证 200 元人民币）不另外收取。

案例分析 81

案例：我 A 公司向巴基斯坦 B 公司出口 1 100 箱去骨鸡罐头。合同规定 7 月 15 日前装运，不可撤销即期信用证付款。合同签订后，买方按时开来不可撤销即期信用证，该证由设在我国境内的 C 银行通知并加保兑。A 公司在货物装运后，将信用证要求的单据送交 C 银行议付，C 银行审单无误，向 A 公司支付货款。C 银行随即向开证行寄单索偿，但此时，开证行因经营不善已宣布破产。于是，C 银行要求 A 公司将议付的货款退还，并建议 A 公司可委托其向买方 B 公司直接索取货款。

问：对此 A 公司应如何处理？为什么？

分析：我方应按规定交货并向该保兑行交单，要求付款。因为根据《UCP 600》，信用证一经保兑，保兑行与开证行同为第一性付款人，只要 A 公司提交信用证要求的合格单据，保兑行对受益人就要承担保证付款的责任，未经受益人同意，该项保证不得撤销。因此本案中，C 银行作为保兑行无权要求 A 公司退还货款。

信用证的“不可撤销”是指开证行对信用证的付款责任。“保兑”则是指开证行以外的银行对信用证的付款责任。不可撤销的保兑信用证，则意味着该信用证不但有开证行不可撤销的付款保证，而且还有保兑行的兑付保证。两者的付款人都负第一性付款责任。所以，这种有双重保证的信用证对出口商最为有利。保兑以符合信用证的条款为条件。

不保兑信用证（Unconfirmed L/C）是指开证银行开出的信用证没有经另一家银行保兑。保兑必须向保兑行支付保兑费，当开证银行资信较好和成交金额不大的情况下，一般都使用不保兑信用证。

（四）即期付款信用证、延期付款信用证、承兑信用证和议付信用证

按付款方式的不同，信用证可分为即期付款信用证、延期付款信用证、承兑信用证和议付信用证。在《UCP 600》中明确指出：“一切信用证都必须清楚地表明该证适用于即期付款、延期付款、承兑或议付。”

1. 即期付款信用证（Sight Payment L/C）

即期付款信用证是指采用即期兑现方式的信用证，证中通常注明“付款兑现”（Available by Payment）字样。

即期付款信用证一般不要求受益人开立汇票，其信用证的付款行可以是开证行，也可以是出口地的通知行或指定的第三国银行。如开证行自己是付款行，开证行应履行即期付款的承诺；如由通知行或第三国银行担任付款行，开证行应保证该款的即期照付。付款行一经付款，对受益人均无追索权。

以出口地银行为付款人的即期付款信用证的交单到期地点一般在出口地，便于受益人交单收款；以开证行本身或第三国银行为付款人的即期付款信用证的交单到期地点通常规定在付款行所在地，受益人要承担单据在邮寄过程中遗失或延误的风险。

2. 延期付款信用证（Deferred Payment L/C）

延期付款信用证是指开证行在信用证中规定货物装船后若干天付款，或开证行收单后若干天付款的信用证。

延期付款信用证不要求出口商开立汇票，所以，出口商不能利用贴现市场资金，只能自行垫款或向银行借款。在出口业务中，若使用这种信用证，货价应比银行承兑远期信用证高一些，以拉平利息率与贴现率之间的差额。

3. 承兑信用证（Acceptance L/C）

承兑信用证是指银行在收到符合信用证规定的远期汇票和单据时，先在远期汇票上履行承兑手续，到期再行付款的信用证。承兑信用证一般适用于远期付款的交易。

根据《UCP 600》的规定，开立信用证时不应以申请人作为汇票的付款人，因此，汇票的付款人应为银行。承兑信用证的汇票承兑人可以是开证行或其他指定的银行，但不论由谁承兑，开证行均负责该汇票的承兑及到期付款。因此，承兑信用证又称为银行承兑信用证（Banker's Acceptance L/C）。

承兑信用证的汇票，由于承兑人是银行，因此其交单条件一般采用 D/A，承兑人在汇票上承兑后就可取得单据，而持票人可凭该承兑汇票在贴现市场上交易转让。

4. 议付信用证（Negotiation L/C）

议付是指由议付行对汇票和（或）单据付出对价。只审单据而不支付对价，则不能构成议付。实务中银行大多采用审单、寄单、收款、结汇，在结汇时向出口商收取议付费用。

议付信用证是指开证行允许受益人向某一指定银行或任何银行交单议付的信用证。议付信用证又可分为公开议付信用证和限制议付信用证。

（1）公开议付信用证（Open Negotiation L/C），又称自由议付信用证（Freely Negotiation L/C），是指开证行对愿意办理议付的任何银行作公开议付邀请和普遍付款承诺的信用证。对于公开议付信用证，任何银行均可按信用证条款自由议付。

（2）限制议付信用证（Restricted Negotiation L/C），是指开证银行指定某一银行或开证行本身自己议付的信用证。

公开议付信用证和限制议付信用证的到期地点都在议付所在地，一般为出口商所在地。这种信用证经议付后，如因故不能向开证行索取票款，议付行有权向受益人行使追索权。

（五）即期信用证和远期信用证

根据付款时间的不同，信用证可分为即期信用证和远期信用证。

1. 即期信用证（Sight L/C）

即期信用证是指开证行或付款行收到符合信用证条款的跟单汇票或装运单据后，立即履行付款义务的信用证。这种信用证的特点是出口商收汇迅速、安全，有利于资金的周转。

为了尽快转移货款，在即期信用证中，有时还加列电汇索偿条款（T/T Reimbursement Clause）。所谓电汇索偿条款，是指开证行允许议付行用电报或电传通知开证行或指定付款行，说明各种单据与信用证要求相符，开证行或指定付款行接到电报或电传通知后，有义务立即用电汇将货款拨交议付行。

2. 远期信用证（Usance L/C）

远期信用证是指开证行或付款行收到信用证项下的单据后，暂不立即付款，而是在规定期限届满时才付款的信用证。远期信用证主要有承兑信用证和延期付款信用证。

3. 假远期信用证（Usance L/C Payable at Sight）

假远期信用证是指从表面上看是远期信用证，但出口商却可以即期收到十足的货款的信用证。

假远期信用证的构成条件包括：

（1）信用证规定受益人开立远期汇票，由付款行负责该远期汇票的贴现。

（2）因付款行贴现而产生的一切利息和费用由进口商负担。

（3）出口商即期收回十足货款。

对进口商来说，要承担承兑和贴现费。因此，人们也把这种信用证称为买方远期信用证（Buyer's Usance L/C）。

假远期信用证与远期信用证的主要区别有：

（1）开证基础不同。假远期信用证是以即期付款的贸易合同为基础；而远期信用证是以远期付款的贸易合同为基础。

（2）信用证的条款不同。假远期信用证中有“假远期”条款；而远期信用证中只有利息由谁负担条款。

（3）利息的负担者不同。假远期信用证的贴现利息由进口商负担；而远期信用证的贴现利息由出口商负担。

（4）收汇时间不同。假远期信用证的受益人能即期收汇；而远期信用证要待汇票到期才能收汇。

（六）可转让信用证和不可转让信用证

可转让信用证（Transferable Credit）是指开证行授权可使用信用证的银行（转让银行），在受益人（第一受益人）的要求下，可将信用证的全部或部分转让给一个或数个受益人（第二受益人）使用的信用证。根据《UCP 600》的规定，唯有开证行在信用证中明确注明“可转让”字样，信用证方可转让。

可转让信用证只能转让一次，即只能由第一受益人转让给第二受益人，第二受益人不得要求将信用证转让给其后的第三受益人。但第二受益人再将信用证转回给第一受益人，不属被禁止转让的范畴。如A公司作为受益人收到一份金额为100万美元的可转让信用证，A公司可以不转让信用证，自己完成；也可以把其中的50万美元信用证转让给B公司；也可以把其中的50万美元和30万美元的信用证转让给B公司和C公司；也可以把100万美元的信用证全部转让给B公司和C公司。

案例分析82

案例：广州A、B两家贸易公司共同对外出口水泥6 000公吨，双方约定分别交货60%和40%，各自结汇，由A公司按CIF EX SHIP'S HOLD曼谷条件对外签订出口合同。合同签订后，泰国亚洲银行开来以A公司为受益人的不可撤销即期信用证，证中规定不迟于8月22日装运，允许分批装运，但未注明"可转让"字样。A公司收到该信用证后经审核，认为证中条款与合同规定相符，因此凭以发货，在信用证规定的装运期限内按各自约定各出口了60%和40%的货物，并以各自名义制作了有关的结汇单据。

问：A、B公司这样做有无问题？为什么？

分析：这样做有问题，银行将以单证不符为由对两家公司予以拒付。因为，《UCP 600》中规定，只有信用证中明确注明"可转让"字样的信用证才可转让，信用证中如未注明"可转让"，则应视为"不可转让"信用证。本案中，国外开证行开来的信用证中未注明"可转让"，则该信用证是一份不可转让的信用证。A、B公司可各自交货，但必须是仅由A公司以A公司的名义制作并提交符合信用证规定的全套单据，否则，银行必定以单证不符拒付货款。

在实际业务中，转让银行一般为信用证的通知行，要求开立可转让信用证的第一受益人通常是中间商。为了赚取差额利润，中间商可将信用证转让给实际供货商，由供货商办理出运手续。实务中，转让银行收取的费用由第一受益人承担。信用证转让费，如果不改变信用证条款，一般收取300元人民币，如果改变信用证条款，则按转让金额的1‰收取，最低为300元人民币，最高为1 000元人民币。

信用证的转让并不等于买卖合同的转让，如第二受益人不能按时交货或单据有问题，第一受益人（即原出口人）仍要负买卖合同上的卖方责任。信用证转让的业务流程如下：

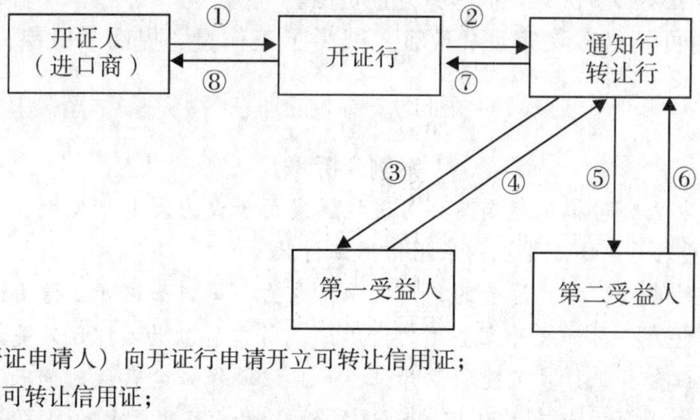

①进口商（开证申请人）向开证行申请开立可转让信用证；

②开证行开立可转让信用证；

③通知行向受益人（第一受益人）通知可转让信用证；

④第一受益人提出转让申请，并得到转让行的同意；

⑤转让行向第二受益人开出可转让信用证；

⑥第二受益人向转让行提交结汇单据，取得货款；

⑦转让行通知第一受益人，根据具体需要调换有关单据后，向开证行寄单索款；

⑧开证行向进口商提交单据，收取货款。

（七）循环信用证（Revolving Credit）

循环信用证是指信用证被全部或部分使用后，其金额又恢复到原金额，可再次使用，直至达到规定的次数或规定的总金额为止。

循环信用证又分为按时间循环的信用证和按金额循环的信用证两种。按时间循环的信用证是受益人在一定的时间内可多次支取信用证规定的金额。按金额循环的信用证是信用证金额议付后，仍恢复到原金额可再次使用，直至用完规定的总额为止。

（1）自动循环（Automatic Revolving）。每期用完一定金额后，不需要等待开证行的通知到达，即可自动恢复到原金额继续使用。此类信用证常有如下条款的表述："The total amount of this credit shall be restored automatically after date of negotiation."（本信用证项下总金额于每次议付后自动循环。）

（2）非自动循环（Non-automatic Revolving）。每期用完一定金额后，必须等待开证行的通知到达，信用证才恢复到原金额继续使用。此类信用证常有如下条款的表述："The amount shall be reinstated after each negotiation only upon receipt of issuing bank's notice stating that the credit might be renewed."（每次议付后，须待收到开证银行通知，方可恢复到原金额。）

（3）半自动循环（Self-automatic Revolving）。每次支款后若干天内，开证行未提出停止循环使用的通知，自第×天起即可自动恢复到原金额。此类信用证常有如下条款的表述："Should the negotiating bank not be advised of stopping renewal within ten days after each negotiation, the unused balance of this credit shall be increased to the original amount."（每次议付后十天内，议付银行未接到停止循环的通知时，本信用证项下尚未用完的金额，可增至原金额。）

当买卖双方长期有业务往来，并且货款金额较大时，可利用循环信用证，这是因为循环信用证有下列优点：

（1）进口商可不必多次开证而节省开证费用。

（2）出口商可不必多次审证、改证，减少了工作量，提高了效率，有利于合同的履行。

案例分析83

案例：广州电力公司拟从越南某公司进口煤炭用于火力发电厂发电，每月所需货款约500万美元，全年约6 000万美元，采用信用证付款。

问：为了节约资金，提高资金的利用效率，电力公司应如何开立信用证较合适？

分析：广州电力公司如果开立全年的信用证，所需货款为6 000万美元，电力公司必须提交大量的保证金，银行才可能同意开证，而且该笔保证金存放时间长，对电力公司的资金利用不利。由于每月都有500万美元煤炭的交货，因此，电力公司最好开立金额为500万美元的信用证，每月按金额循环一次，即可减少资金占用，也可节约开证费。

（八）对开信用证（Reciprocal Credit）

对开信用证是指两张信用证的开证申请人互以对方为受益人而开立的信用证。对开信用证多用于综合易货贸易和进料加工贸易。对开信用证一般以同时生效为妥，即进口信用证开出后暂不生效，对方回头证开到并经受益人接受并通知对方银行后，第一张信用证才生效。

案例分析84

案例：广东A公司与国外B公司签订一份合同，从该国进口鱼苗和相关的饲料，半年后由B公司负责按拟好的价格收购出口，A公司花费300万美元购买鱼苗并在该地区大力宣传饲养，从B公司进口100万美元的饲料。半年后，由于市场变化，价格大跌，B公司不愿意按拟订价格收购，造成我方损失。

问：A公司应如何规避此类风险？

分析：针对本案，广东A公司进口在先，而且金额较大、时间较长，虽然签订了合同，但市场有可能变化，B公司有可能不履行合同。A公司如果采用对开信用证，在我方进口对方产品的同时，要求对方开立收购产品的信用证，证中明确价格和数量，则我方可规避B公司不履行合同的风险。

（九）对背信用证（Back-to-Back Credit）

对背信用证又称转开信用证，它是指受益人要求原证的通知行或其他银行以原证为基础，另开一张内容相似的新信用证。

对背信用证的新证开立后，原证仍然有效，由开立新证的开证行代原受益人保管。原开证行与原开证申请人与新证毫无关联，因请求开立新证的不是原开证申请人，也不是原开证行，而是原证的受益人。

开立对背信用证的开证行对新证的受益人付款后，便立即要求原证的受益人提供符合原证条款的商业发票和汇票，以便与对背信用证受益人提供的商业发票及汇票进行调换，然后附上货运单据寄到原证的开证行收汇。

对背信用证除了允许商业发票和汇票可以与原证不符外，对于其他的所有货运单据都应与原证中的要求完全相符，否则将导致原证的受益人无法交单结汇。

（十）预支信用证（Anticipatory Credit）

预支信用证是指开证行授权代付行（通常是通知行）向受益人预付信用证金额的全部或一部分，由开证行保证偿还并负担利息。预支条款通常用红色表示，故预支信用证又称"红条款信用证"。

预支信用证的特点是开证行付款在先，受益人交单在后。如果预支银行预支了货款，在受益人未能及时交单或偿还预支货款的情况下，开证行负责向预支银行清偿。

必须注意，预支银行没有必须办理货款预支的义务，它可根据情况确定是否承担预支银行的职责。

（十一）备用信用证（Standby Letter of Credit）

备用信用证又称商业票据信用证（Commercial Paper Letter of Credit）、担保信用证或保证信用证（Guarantee Letter of Credit），是指开证行根据开证申请人的请求向受益人开立的承诺承担某项义务的凭证。即开证行保证在开证申请人未履行其应履行的义务时，受益人只要按备用信用证的规定向开证行开具汇票（或不开汇票），并提交开证申请人未履行义务的声明或证明文件，即可取得开证行的偿付。

备用信用证属于银行信用，开证银行保证在开证申请人未履行其义务时，即由开证银行付款。因此，备用信用证对受益人来说是备用于开证申请人发生毁约时，取得补偿的一种信用证。备用信用证与跟单信用证的区别有：

（1）使用的条件不同。在跟单信用证下，受益人只要履行信用证所规定的义务，即可向开证银行要求付款；在备用信用证下，受益人只有在开证申请人未履行其义务时，才能行使信用证规定的权利，如开证申请人履行了约定的义务，则备用证就成为备而不用的文件。

（2）适用的范围不同。跟单信用证一般只适用于货物的买卖；而备用信用证可适用于货物买卖以外的多方面的交易。

（3）付款的依据不同。跟单信用证一般以符合信用证规定的代表货物的货运单据为付款依据；而备用信用证一般只凭受益人出具的说明开证申请人未能履约的证明文件，开证银行即保证付款。

五、信用证的格式及其主要内容

（一）信用证的格式

根据传递方式的不同，信用证可分为信开信用证和电开信用证两种。

1. 信开信用证

信开信用证是指以信函传递的信用证，一般通过航空挂号的形式寄送。

信开信用证中有开证行的签章，重要内容如金额、有效期等加密押。由于信开信用证传递比较慢，现在使用较少。

2. 电开信用证

电开信用证是指以电讯的方式传递的信用证，包括电传、电报、传真、SWIFT 格式等。

目前，电开信用证中 SWIFT 格式应用比较普遍，“SWIFT”是环球银行金融电讯协会（Society for Worldwide Inter - bank Financial Telecommunication）的简称，是一个国际银行同业间非营利性的合作组织。该组织于 1973 年在比利时成立，总部设在比利时的布鲁塞尔，并在荷兰阿姆斯特丹和美国纽约设立与总部相互连接的大型电脑操作中心，在各会员银行所在的国家和地区设有与操作中心相连的处理站。会员银行通过专用电脑设备与处理站和操作中心的电脑、数传通信设备连通，构成全球性通信网，开展电讯国际银行业务。

凡利用 SWIFT 系统设计的特殊格式（Format），通过 SWIFT 系统传递的信用证的信息（Message），即通过 SWIFT 开立或通知的信用证称为 SWIFT 信用证，也有称为“环银电协信用证”。SWIFT 具有如下的特点：

（1）采用会员制度。使用 SWIFT 系统的银行必须加入环球银行金融电讯协会，成为会员后方可使用 SWIFT 系统。

（2）格式标准化。对于 SWIFT 电文，SWIFT 有统一的要求和格式。使用 SWIFT 信用证，必须遵守 SWIFT 使用手册的规定，使用 SWIFT 手册规定的代号（Tag）。

（3）安全性高。与信开信用证比较，SWIFT 是全证加密，而信开信用证只对重要的内容（如金额）处加密押。与电传比较，SWIFT 的密押比电传的密押可靠性强、保密性高。

（4）解释统一。根据环球银行金融电讯协会的规定，SWIFT 信用证必须按国际商会制订的《UCP 600》的规定处理。因此在 SWIFT 信用证中可以省去银行的承诺条款，但并不能免去银行所应承担的义务。SWIFT 信用证可省去按《UCP 600》处理的声明，但该信用证仍按《UCP 600》处理。

（5）费用较低。与电传、电报比较，同样多的内容，SWIFT 的费用只有 TELEX（电传）的 18%左右，只有 CABLE（电报）的 2.5%左右。

（6）系统服务范围广。SWIFT 系统服务范围很广，凡会员银行所处理的有关国际银行业务的电讯均可使用 SWIFT 系统。主要业务包括：外汇买卖、证券交易、开立信用证、办理信用证项下的汇票业务等，同时还兼理国际账务清算和银行间的资金调拨。

（7）处理业务快捷。SWIFT 系统电讯的线路速度为普通电传的 48～192 倍，在正常情况下，每笔交易从发出电讯到收到对方确认只需 1～2 分钟。会员间还可以利用 SWIFT 系统的存储功能，随时从该系统索得所需要的电讯往来记录。

（8）自动功能。SWIFT 系统具有自动收发储存信息、自动加押和核押、自动将文件分类等自动功能，可每周 7 天 24 小时连续不停地运转。

（二）信用证的主要内容

不同银行开立的信用证的格式虽然不同，但是其基本内容大致相同，一般有对信用证本身的说明、信用证的关系人、金额和币制、汇票条款、货物说明、单据条款、装运条款、特别条款、开证行的保证和跟单信用证统一惯例文句等。

（1）对信用证本身的说明：主要有信用证的类型、信用证的编号、开证银行、开证日期、到期日和到期地点等。

（2）信用证的关系人（Parties to a L/C）：主要有开证人（The Applicant for the Credit）、受益人（Beneficiary）、开证行（Opening Bank）、通知行（Advising Bank）、议付行（Negotiation Bank）、付款行（Paying Bank，Drawee Bank）和保兑行（Confirming Bank）等。

（3）金额和币制（Amount and Currency）。

（4）汇票条款（Clause on Draft or Bill of Exchange）。

（5）货物说明（Description of Goods）。

（6）单据条款（Clause(s) on Documents）。

（7）装运条款（Clauses on Shipment）：装运条款通常包括装运期限、是否允许分批装运和转运以及起讫地点的规定。

（8）特别条款（Special Clauses / Conditions）。

（9）开证行的保证（Warranties of Issuing Bank）。

（10）跟单信用证统一惯例文句。

六、国际商会《跟单信用证统一惯例》

由于对跟单信用证有关当事人的权利、责任、付款的定义和术语在国际上缺乏统一的解释，因此容易引起当事人的争议。为了减少国际贸易中的争议，国际商会制定了《跟单信用证统一惯例》。最新的修订版本为《跟单信用证统一惯例》600 号出版物，简称

《UCP 600》，该版本于 2007 年 7 月 1 日起实行。

《跟单信用证统一惯例》不是一个国际性的法律规章，对有关当事人不具有约束力。如果在信用证引用该惯例，则该惯例对有关当事人具有约束力，引用该惯例常用的文句为："除另有规定，本证根据国际商会《跟单信用证统一惯例（2007 年修订）》即国际商会 600 号出版物办理。"对于 SWIFT 信用证，即使信用证中没有说明引用《UCP 600》，该信用证也依照《UCP 600》的规定处理。

信用证 1　中英文对照信用证

英文信用证	参考译文
EasyLink IMS 0701 – 069 69835701M 2JUL09 17：19 TEST /WUW 716420244（SCBSZ CN）+GA	此三行是银行之间互对的密押（Test Key）。
FROM：National Bank of Alaska Anchorage，Alaska U. S. A. TO：Bank of China Guangdong Branch Guangzhou，CHINA	这份信用证是由美国阿拉斯加州，安克雷奇市，阿拉斯加国立银行用电传开到中国银行广东省分行。
DATE：7/2/2009 SUBJECT：OUR IRREVOCABLE COMMERCIAL LETTER OF CREDIT NO. CO – 1561	日期：2009 年 7 月 2 日 事由：本行（阿拉斯加国立银行）第 MK – 1855 号不可撤销的商业信用证。
Please further advise the Letter of Credit below without any liability or obligation on your part other than authenticating the issuance. ADVISE THROUGH：Bank of China Guangdong Branch Guangzhou，CHINA AS FOLLOWS：	请贵行（标准渣打银行）确认这份信用证，贵行对本信用证不负任何义务和责任，并通过中国银行广东省分行作出以下的通知：
IRREVOCABLE DOCUMENTARY CREDIT Credit Number：MK – 1855	不可撤销的跟单信用证 信用证编号：MK – 1855
Beneficiary： Guangdong Machinery Import & Export Corporation（Group） 720 Dong Feng Road East Guangzhou，China	受益人： 广东省机械进出口公司（集团） 中国广州东风东路 720 号
Applicant： ABC Corporation 1888 W. Northen Lights Blvd.，Room 1， Anchorage，Alaska U. S. A.	开证人： ABC 公司 美国阿拉斯加州，安克雷奇市，西北来兹大街 1888 号，1 号套房
Amount：US DOLLARS SIXTY SEVEN THOUSAND TWO HUNDRED ONLY	金额：六万七千二百美元（USD 67 200. 00）

EXPIRY DATE: August 15, 2009 at the counters of National Bank of Alaska International Banking Department 301 West Northern Lights Boulevard Anchorage, Alaska U. S. A.	有效期: 本证在阿拉斯加国立银行国际金融部议付，有效期至2009年8月15日。 美国阿拉斯加州，安克雷奇市， 西北来兹大街301号。
We hereby issue this documentary credit which is available by payment of beneficiary's drafts at sight for full invoice value drawn on National Bank of Alaska, International Banking department, being marked as having been drawn under this credit, and accompanied by the following documents:	本行兹开立这份跟单信用证，该信用证议付时需要凭受益人按本信用证和发票的总金额开给阿拉斯加国立银行国际金融部的即期汇票，以及凭以下单据议付:
1. Signed Commercial Invoice, in triplicate. 2. Packing List, in triplicate. 3. Insurance Policy, in triplicate.	1. 签字或盖章商业发票一式三份。 2. 装箱单一式三份。 3. 保险单一式三份。
4. Beneficiary's Certificate, reflecting that it has been signed by an authorized individual of Guangdong Machinery Import & Export Corporation (Group), certifying that:" One set of non-negotiable documents (Invoice, Packing List and Bill of Lading) have been faxed to ABC Corporation, at 001 - 907 - 888 - 5678, immediately after shipment".	4. 受益人的证明书一份，由广东省机械进出口公司（集团）负责人签字。证明一整套的单据副本（发票、装箱单和提单）在装运后已经用传真（001－907－888－5678）发给ABC公司。
5. Full set (3/3) of Clean On Board Ocean Bills of Lading issued to the order of shipper and blank endorsed, marked "Notify ABC Corporation, 1888 W. Northen Lights Boulevard, Room 1, Anchorage, Alaska".	5. 全套清洁的已装船海运提单一式三份正本，以托运人指示为抬头并空白背书，注明“通知美国，阿拉斯加州，安克雷奇市西北来兹大街1888号1号套房ABC公司。
COVERING: 7000 pcs. of Stainless Steel Spade Head S821 USD 9.60 per pcs other details as per Sales Contract No. A923444 dd. JUN. 23, 2009 CIF NEWYORK (Incoterm 2000)	标的物: 7 000件S821不锈钢铲头，每件9.60美元，其他按照2009年6月23日签订的合同，合同号码为A923444，CIF纽约（《2000年通则》）。
Latest shipment date: July 31, 2009 Shipment From: Guangzhou, CHINA Shipment to: NEWYORK via HONGKONG. Partial shipment are not allowed. Transhipment allowed.	最迟装运日期：2009年7月31日。 装运：从中国广州到纽约，由香港转船。 不允许分批装运。 允许转船。

SPECIAL CONDITIONS: 1. Drafts and documents must be presented to the negotiating bank or drawer bank within twenty-one (21) days after the date of issuance of transport documents by within the validity of this credit.	特殊条款： 1. 受益人必须在提单签发日期后21天之内，但必须在本信用证有效期内将汇票和装运单据呈交议付行或付款兑现。
2. All banking charges (including advising commission, payment commission, negotiation commission and reimbursement commission) outside Alaska, U. S. A.,, are for the account of the Beneficiary.	2. 在美国阿拉斯加州之外的一切银行费用（包括通知费、支付费、议付费和偿付费用）都由受益人支付。
3. This Letter of Credit is transferable in full or in part.	3. 该信用证可部分或全部转让。
4. Third Party Bills of Lading and documents are acceptable.	4. 可接受第三方的提单和单据。
We hereby engage that drafts drawn and documents presented under and in compliance with the terms and conditions of this Letter of Credit will be duly honored by us, if presented to the counters of our International Banking Department on or prior to the expiration date set herein.	本行保证根据本证，并按照本证内条款开出的汇票和单据在本证有效期内提交本行的国际金融部时，本行即承兑付款。
This credit is subject to the Uniform Customs and Practice for Documentary Credit (2007 Revision), International Chamber of Commerce, Publication No. 600.	本信用证是根据国际商会600号出版物（2007年修订版）《跟单信用证统一惯例》而开出的。
INSTRUCTIONS TO THE NEGOTIATING BANK: 1. Drafts and documents are to be sent to us in one lot by courier express delivery or by registered airmail.	对议付行的指示： 1. 请用特快专递或航空挂号将全部汇票和单据一次性寄给我行。
2. Reimbursement according to your instructions.	2. 按贵行的指示偿还（本信用证金额）。
This is to be considered the original Letter of Credit. No mail confirmation will follow Again, please advise this Documentary Credit through Bank of China, Guangdong Branch.	本信用证是正本，不再用信函确认。再次请贵行通过中国银行广东省分行通知本信用证。
Thank you, National Bank of Alaska International Banking Department	多谢！ 阿拉斯加国立银行国际金融部

信用证 2 SWIFT 信用证

```
2002APR25 07:55:54                                                Logical Terminal GDPF
MT S700                  Issue of a Documentary Credit                     Page 00001
                                                                       Func JSRVPR1
MSGACK  DWS765I Auth OK, key B0020421064AF648, BKCHCNBJ AIBK**** record797208
Basic Header          F  01 BKCHCNBJA400 0649 494074
Application Header    O 700 1715 020424 AIBKIE2DAXXX 3189 448014 020425 0015 N
                                          *AIB BANK
                                          *DUBLIN
User Header           Service Code      103:
                      Bank. Priority    113:
                      Msg User Ref.     108:
                      Info. from CI     115:                    ORIGINAL
Sequence of Total     *27   :  1 / 1
Form of Doc. Credit   *40 A : IRREVOCABLE
Doc. Credit Number    *20   : AIB.IM02023502
Date of Issue          31 C : 020424
Expiry                *31 D : Date 020619 Place CHINA
Applicant Bank         51 A : AIBKIE2DXXX
                              *AIB BANK
                              *DUBLIN
Applicant             *50   : B AND C CANTWELL, CC FITTINGS,
                              MEADOWLANDS
                              GRANTSTOWN
                              CO WATERFORD
Beneficiary           *59   : GUANGDONG TEXTILES IMPORT AND
                              EXPORT.COTTON MANUFACTURED GOODS CO
                              14/F GUANGDONG TEXTILES MANSIONS
                              168 XIAO BEI RD GUANGZHOU CHINA
Amount                *32 B :          Currency USD Amount 20000.00
Available with/by     *41 A : AIBKIE2DXXX
                              *AIB BANK
                              *DUBLIN
                              BY ACCEPTANCE
Drafts at ...          42 C : 30 DAYS SIGHT
Drawee                 42 A : AIBKIE2DXXX
                              *AIB BANK
                              *DUBLIN
Partial Shipments      43 P : PROHIBITED
Transshipment          43 T : PERMITTED
Loading in Charge      44 A :
               GUANGZHOU CHINA
For Transport to ...   44 B :
               DUBLIN,IRELAND.
Descript. of Goods     45 A :
               +DRAWER SLIDES AND HANDLES
               CIF DUBLIN,IRELAND.
Documents Required     46 A :
               +SIGNED INVOICES IN TRIPLICATE
               +FULL SET OF CLEAN ON BOARD MARINE BILLS OF LADING CONSIGNED TO
               ORDER, BLANK ENDORSED, MARKED FREIGHT PREPAID AND CLAUSED NOTIFY
               APPLICANT.
               +INSURANCE POLICY/CERTIFICATE BLANK ENDORSED COVERING ALL RISKS
               FOR 10 PER CENT ABOVE THE CIF VALUE.
               +CERTIFICATE OF CHINA ORIGIN ISSUED BY A RELEVANT AUTHORITY.
               +PACKING LIST
Additional Cond.       47 A :
               +PLEASE FORWARD ALL DOCUMENTS TO ALLIED IRISH BANKS, TRADE
               FINANCE SERVICES, CARRISBROOK HOUSE, BALLSBRIDGE, DUBLIN 4.
               +IF BILLS OF LADING ARE REQUIRED ABOVE, PLEASE FORWARD
               DOCUMENTS IN TWO MAILS, ORIGINALS SEND BY COURIER AND
               DUPLICATES BY REGISTERED AIRMAIL.
```

```
2002APR25 07:55:56                                          Logical Terminal GDPF
MT S700                    Issue of a Documentary Credit            Page 00002
                                                                    Func JSRVPR1
Details of Charges    71 B : BANK CHARGES EXCLUDING ISSUING
                             BANKS ARE FOR ACCOUNT OF
                             BENEFICIARY.
Presentation Period   48   : DOCUMENTS TO BE PRESENTED WITHIN
                             21 DAYS FROM SHIPMENT DATE
Confirmation         *49   : WITHOUT
Instructions          78   :
                 DISCREPANT DOCUMENTS, IF ACCEPTABLE, WILL BE SUBJECT TO A
                 DISCREPANCY HANDLING FEE OF EUR100.00 OR EQUIVALENT WHICH
                 WILL BE FOR ACCOUNT OF BENEFICIARY.
                 SPECIAL NOTE: ISSUING BANK WILL DISCOUNT ACCEPTANCES ON
                 REQUEST, FOR A/C OF BENEFICIARY (UNLESS OTHERWISE STATED)
                 AT APPROPRIATE LIBOR RATE PLUS 1.00 PER CENT MARGIN.
Send. to Rec. Info.   72   : THIS CREDIT IS ISSUED SUBJECT TO
                             THE U.C.P. FOR DOCUMENTARY CREDITS,
                             1993 REVISION, I.C.C. PUBLICATIONS
                             NO.500
Trailer                      Order is <MAC:> <PAC:> <ENC:> <CHK:> <TNG:> <PDE:>
                             MAC:1D20750E
                             CHK:5034662F74BC
```

第四节　收付条款的拟订

一、收付条款的内容

在国际贸易合同中，收付条款的内容是指货款结算方式如汇付、托收、信用证或这三种方式的结合。

1. 信用证结算条款举例

"The Buyers shall open with a bank to be accepted by both the Buyers and Sellers an irrevocable transferable letter of credit, allowing partial shipment, transshipment in favor of the Sellers and addressed to Sellers payable at sight against first presentation of the shipping document to Opening Bank. The covering letter of credit must reach the Sellers 30 days before shipment and remain valid in China until the 21st day (inclusive) from the date of shipment."

（买方应通过买卖双方都接受的银行向卖方开出以卖方为受益人的不可撤销、可转让的即期付款信用证并允许分装、转船。信用证必须在装船前 30 天开到卖方，信用证有效期限延至装运日期后 21 天在中国到期。）

2. 托收结算条款举例

"The Buyers shall duly accept the documentary draft drawn by the Sellers at 30 days sight upon first presentation and make payment on its maturity, The shipping documents are to be delivered against payment only."

（买方对卖方开具的见票后 30 天付款的跟单汇票，于提示时应即予承兑，并应于汇票到期日即予付款，付款后交单。）

3. 汇付结算举例

"50% of the total contract value as advance payment shall be remitted by the Buyer to the Seller through T/T within 15 days after signing this contract. Payment to be effected by the Buyer shall not be later than 7 days after receipt of the documents listed in the contract by T/T. "

（买方同意在本合同签字之日起，15 天内将本合同总金额 50% 的预付款，以电汇方式汇交卖方，并在收到本合同所列单据后 7 天内电汇其余货款。）

二、拟订收付条款应注意的问题

1. 要灵活运用支付方式

（1）在国际贸易中使用的支付方式主要有汇付、托收和信用证，这三种支付方式虽都通过银行办理，但汇付和托收属于商业信用，而信用证属于银行信用。

（2）在出口贸易中，原则上采用信用证支付方式，但为了提高竞争力和降低费用，对于信誉好的客户，也可采用汇付或托收。

（3）一笔交易大多使用一种支付方式，但有时根据不同需要，也可把两种或两种以上的支付方式结合使用。

2. 不接受可撤销信用证

采用信用证付款时，不接受可撤销信用证或以开证人为付款人的信用证。

3. T/T 付款应预先收取定金

采用 T/T 付款时，必须先收取一定的定金（如 30%），在货物装运前通知买方电汇货款，款到后方能装运出口。

4. 信用证和托收结合付款单据的处理

采用信用证和托收付款时，全套单据必须随附托收项下的汇票，信用证项下的汇票采用光票收款。

5. 区分"议付"与"付款"的不同含义

（1）"议付"是指被授权议付的银行对汇票及/或单据付出对价的行为；而"付款"是开证行或其指定的代付行向信用证受益人或其代理人进行付款或支付其出具的汇票的行为。

（2）对于"议付"，议付行如因开证行无力偿付等原因而未能收回款项时，可向受益人追索；对于"付款"，开证行、保兑行或指定付款行一经付款就无权向受款人及其"前手"行使追索权。

第七章　商品检验、索赔、不可抗力和仲裁

第一节　商品检验

我国《中华人民共和国商检法》规定：凡未经检验的进口商品，不准销售、使用，凡未经检验合格的出口商品，不准出口。《公约》也规定："买方必须在按情况实际可行的最短时间内检验货物或由他人检验货物。""如果合同涉及货物的运输，检验可推迟至货物到达目的地后进行。"

一、商品检验条款的内容

在国际货物买卖合同中商品检验条款的内容主要有检验时间与地点、检验机构和检验证书。如：

"It is mutually agreed that the Certificate of Quality and Weight (Quantity) issued by the China Exit and Entry Inspection and Quarantine Bureau at the port/place of shipment shall be part of the documents to be presented for negotiation under the relevant L/C. The Buyers shall have the right to reinspect the quality and weight (quantity) of the cargo. The reinspection fee shall be borne by the Buyers. Should the quality and/or weight (quantity) be found not in conformity with that of the contract, the Buyers are entitled to lodge with the Sellers a claim which should be supported by survey reports issued by a recognized surveyor approved by the Sellers. The claim, if any, shall be lodged within 30 days after arrival of the cargo at the port/place of destination."

[买卖双方同意以装运港（地）中国出入境检验检疫局签发的质量和重量（数量）检验证书作为信用证项下议付所提交的单据的一部分，货物的质量和/或重量（数量）与合同规定不符时，买方有权向卖方索赔，并提供经卖方同意的公证机构出具的检验报告。索赔期限为货物到达目的港（地）后30天内。]

二、检验时间和地点

商品检验的时间和地点一般与交货的时间和地点一致。根据不同的贸易术语，商品检验的时间和地点也不尽相同，主要有在出口国检验，在进口国检验和在出口国检验、进口国复验三种。

1. 在出口国检验

货物在装船前或装运时，由买卖双方约定的商检机构检验货物，并以其检验货物后出具的检验证明作为货物品质、重量或数量的最后依据。在出口国检验也称为“离岸品质、离岸重量（Offshore Shipping Quality and Offshore Shipping Weight）”。

采用“离岸品质、离岸重量”，只要检验时货物的品质、重量或数量与合同相符，买方日后对货物无权提出任何异议。因此，买方一般不接受“离岸品质、离岸重量”。

案例分析 85

案例：广东成华进出口公司与泰国某商人以 CFR 价格术语达成一笔出口交易，合同规定商品重量为 18 000 公吨，每公吨 150 美元，信用证支付方式付款，商品检验条款规定：“货物在装船前，由广州出入境检验检疫局对货物进行检验，并以其检验货物后出具的检验证明作为货物品质、重量的最后依据。”广东成华进出口公司按合同规定装运出口，并已交单议付。不久，收到泰商因货物品质与合同规定不符而向广东成华进出口公司提出索赔的电传通知及目的港检验机构出具的检验证明。

问：泰商的索赔是否有理？为什么？

分析：泰商的索赔无理。本案中，商品检验条款规定：“货物在装船前，由广州出入境检验检疫局对货物进行检验，并以其检验货物后出具的检验证明作为货物品质、重量的最后依据。”这说明广州出入境检验检疫局出具的检验证明是确定交货品质和重量的最后依据，只要出具的检验证明符合双方签订的合同要求，货到目的港后即使其质量与合同规定的不符，泰商也无权向广东成华进出口公司提出索赔。

2. 在进口国检验

货物在卸货后，由买卖双方约定的商检机构检验货物，并以其检验货物后出具的检验证明作为货物品质、重量或数量的最后依据。也称为“到岸品质、到岸重量（Landed Quality and Landed Weight）”。

采用“到岸品质、到岸重量”，卖方必须承担货物运输途中的风险，且担心买方在到达目的港或目的地后货物的品质、重量或数量与合同不符而拒付货款。因此，卖方一般不接受“到岸品质、到岸重量”。

案例分析 86

案例：我方 A 公司从美国 B 公司进口仪器设备，检验条款注明“货到目的港卸货后，由当地检验机构检验并出具检验合格证书”。货到目的港后，发现仪器设备的外包装良好，运输途中也无事故发生，但当地检验机构检验的结果是部分仪器损坏，但 B 公司却提交了设备装运前出口地检验机构的检验合格证书。

问：A 公司可否向 B 公司提出索赔？

分析：A 公司可向 B 公司提出索赔。双方规定，货物的最终检验地点是在进口国，并且已注明“货到目的港卸货后，由当地检验机构检验并出具检验合格证书”，属于“到岸品质、到岸重量”。B 公司虽然提交了检验合格证书，但该证书是美国即出口国检验的证书，与合同的规定不符，A 公司有权以货物质量不符为由，向 B 公司提出索赔。

3. 在出口国检验、进口国复验

在当前的国际贸易中，广泛采用在出口国检验、进口国复验的检验方法。按此做法，装运地的商检机构检验货物后出具的检验证明，作为卖方议付货款的凭证之一，但不是货物品质、重量或数量的最后依据。货到目的港后，由双方约定的检验机构在规定的期限内复验货物，并出具复验证明。复验中若发现交货品质、重量或数量与合同规定不符而责任属于卖方时，买方可凭复验的证向卖方提出索赔。

买方对到货有复验权。除非另有约定，买方有权要求合理的机会检验货物，在这之前不能认为买方已经接受货物，也没有丧失拒收货物的权利。如果买方收到货物后未经复验便先行使用，此后，发现货物的品质、重量或数量与合同规定不符就不能提出索赔。复验期限实际上就是索赔期限，超过复验期限买方就丧失了索赔的权利。

案例分析 87

案例： 粤东茶叶进出口公司与印度巴巴达贸易公司签订出口一批茶叶的买卖合同，订约时，印度巴巴达贸易公司告知我粤东茶叶进出口公司该批货物要转销英国，并要求粤东茶叶进出口公司在包装上根据英国市场作特别处理。当茶叶到达印度后，为赶上船期，印度巴巴达贸易公司立即转运英国。事后，印度巴巴达贸易公司来电称，粤东茶叶进出口公司提供的茶叶净重短少，并提供由英国商检机构签发的在英国检验的证明书，向粤东茶叶进出口公司提出索赔。

问： 印度巴巴达贸易公司的索赔是否有理？为什么？

分析： 印度巴巴达贸易公司的索赔有理。《公约》第 38 条第 3 款规定："如果货物在运输途中改运或买方须再发运货物，没有合理机会加以检验，而卖方在订立合同时已知道或理应知道这种改运或再发运的可能性，检验可推迟到货物到达新目的地后进行。"根据上述规定，印度巴巴达贸易公司提交的英国检验证书应是有效的。

三、检验机构

检验机构是指接受委托对商品进行检验或公证鉴定的专门机构。检验机构的选定，关系到交易双方的利益，故交易双方应商定检验机构，并在买卖合同中订明。

检验机构有官方机构、非官方机构、由私人或同业公会（协会）等开设的检验机构、工厂企业、用货单位或买方等。

我国从事商品检验的官方机构是国家质量监督检验检疫总局和设在各地的检验机构。

四、检验证书

进出口商品经商检机构检验、鉴定后出具的证明文件，称为检验证书（Inspection Certificate）。检验证书可以证明出口商是否按合同规定的品质、数量、包装和卫生条件交付货物，是出口商出口结汇的单据之一。检验证书主要的类型有：

（1）品质检验证书（Inspection Certificate of Quality）。用以证明进出口商品的质量、规格、等级。出口商品的品质检验，大部分属于法定检验。进口商品的品质检验，主要是检验商品的质量、规格、等级及其他技术条件是否与合同规定相符。

（2）重量检验证书（Inspection Certificate of Weight）。用以证明进出口商品根据不同的计重方式测得的重量。

（3）数量检验证书（Inspection Certificate of Quantity）。用以证明进出口商品的数量。商品的数量可用个数、长度、重量、体积、面积等计量单位和计量方法来表示。

（4）兽医检验证书（Veterinary Certificate）。用以证明动物产品在出口前经过兽医检验，符合检疫要求。适用于我国出口的家畜、家畜产品、皮张、蛋及蛋制品、水产品、肠衣等商品的检验。

（5）卫生检验证书（Inspection Certificate of Sanitary）。又称健康检验证书（Inspection Certificate of Health），用以证明出口供食用的动物产品、食品已经过卫生检验，未受传染疾病感染，可供食用。适用于罐头食品、冻鱼、蛋品、肠衣等商品的检验。

（6）消毒检验证书（Inspection Certificate of Disinfection）。用以证明出口动物产品及食品经过高温或药剂消毒检验。适用于猪鬃、羽毛、山羊毛、人发等商品的检验。

（7）产地检验证书（Inspection Certificate of Origin）。用以证明出口商品的原产地。

（8）价值检验证书（Inspection Certificate of Value）。用以证明发货人提供的发票所列商品的价值完全正确。适用于文物等商品的检验。

（9）验舱检验证书（Inspection Certificate of Hold）。用以证明准备装货的船舱适合出口商品的装运。

（10）验残检验证书（Inspection Certificate of Damaged Cargo）。用以证明进口商品残损情况，估定残损贬值程度，判断致损原因，供进口商索赔时使用。

五、检验标准和方法

对同一商品，使用不同的检验标准和检验方法，可得出不同的检验结果，因此，买卖双方在拟订合同的检验条款时，应规定具体的检验标准和方法。

（一）检验标准

商品检验的标准主要有生产国标准、进口国标准、国际通用标准以及买卖双方协议的标准等。实务中，检验标准依据的顺序首先是按法律规定的强制性标准检验；无强制性标准的，按合同或信用证规定的标准检验；合同或信用证没规定的，出口商品按国家标准检验；无国家标准的按部颁标准检验，无部颁标准的按企业标准检验。进口商品首先采用生产国标准检验，无生产国标准的采用国际通用标准检验，既无生产国标准又无国际通用标准的采用进口国标准检验。

案例分析 88

案例：深圳 A 公司与美国 B 公司在深圳签订了购买某种医药注射针剂的合同，CIF 深圳成交，不可撤销信用证付款。合同的附加条款第 1 条规定："凭广东省药检所检验合格单为准。"货到目的港后，A 公司请广东省药检所检验，检验报告表明，该批货物按中华人民共和国卫生部"注射剂澄明度检查细则和判断标准"检查不符合规定，不准进口。于是 A 公司向 B 公司提出退货。但美国 B 公司表示：该批货物与美国药典 21 版相符，不同意退货。

问：A 公司的要求是否合理？为什么？

分析：A 公司的要求是合理的。因为，合同的签订和履行地都在中国，本案应当适用中国的法律。《中华人民共和国药品管理法》第28条对进出药品的检验作出了规定："进口的药品，必须经国务院卫生行政部门授权的药品检验机构检验；检验合格的，方准进口。"同时，合同的附加条款第1条规定："凭广东省药检所检验合格单为准。"明确了检验的标准是按照中华人民共和国卫生部"注射剂澄明度检查细则和判断标准"，而非美国药典21版。因此A公司可以针剂的质量与合同不符为由，要求B公司赔偿A公司愿支付的货款以及在目的港的处理费（如针剂在目的港报关征收的关税、在目的港销毁该批货物的费用和药物的检验费等）。

（二）检验方法

检验方法主要有感官检验法、物理检验法、化学检验法、微生物检验法等。

1. 感官检验法

检验人员用人体的感觉器官，对货物的外观及内在品质进行检验。如眼看、耳听、鼻嗅、口尝、手摸等方法。

2. 物理检验法

检验人员利用力学、电学、光学、声学等仪器仪表进行物理方面的检验。

3. 化学检验法

检验人员利用化学分析方法对货物的化学成分、有害元素含量进行检验。

4. 微生物检验法

检验人员利用微生物学的方法对货物中的细菌、致病菌及其他微生物进行检验。

六、商品质量认证的种类

（一）ISO认证

ISO（International Standard Organization）是国际标准化组织制定的标准，其认证机构为合格评定委员会。在ISO认证中，ISO 9000系列（质量管理和质量保证系列国际标准）认证是最畅销的认证。

1. ISO 9001体系认证

当企业具有产品设计、开发功能，同时又希望对外承揽设计业务，可申请ISO 9001（等同GB/T 19001）的体系认证。

2. ISO 9002体系认证

当企业具有设计、开发功能，但不对外承揽设计任务，或者没有设计功能，但产品的制造比较复杂时，可申请ISO 9002（等同GB/T 19002）体系认证。

3. ISO 9003体系认证

当企业生产的产品十分简单时，则可申请ISO 9003（等同GB/T 19003）体系认证。

（二）CE认证

CE是法语Conformité Européene（欧洲合格评定）的缩写。CE是欧洲联盟实行的安全认证，用以证明电气设备产品符合指令规定的安全合格标志所要求的内容。

CE标志是工业产品进入欧洲市场的"通行证"，产品贴附CE标记表明其符合欧盟新方法的指令和基本要求。指令中的基本要求指的是：公共安全、卫生、环保及对消费者的保护。按欧盟规定，凡进入欧盟市场的工业产品，须经指定的认可机构进行安全性能检验合格后，加贴 CE 标志，才能进入欧盟市场。

（三）UL 认证

UL 是保险商实验所（Underwriter Laboratories Inc.）的英文简写，也称安全实验所。UL 是美国民间的检验机构，由于它在世界上建立了良好的检验声誉而成为一个专业检验认证公共安全产品的权威机构。美国进口商或外国厂商销往美国市场的产品要向 UL 申请认证检验。

UL 标准几乎涉及所有种类的产品，它是鉴定产品的基础。UL 出版了 800 多种标准，其中 70% 被美国国家标准协会（ANSI）采纳并作为美国国家标准。

目前，UL 在美国本土有五个实验室，总部设在芝加哥北部的 Northbrook 镇，同时在我国台湾和香港地区分别设立了相应的实验室。

（四）BSI 认证

BSI 是英国标准学会（British Standard Institution）的英文简写，它是英国认证机构委员会认可的民间认证机构，且在英国从事工业产品认证工作的历史最悠久，认证的产品涉及面最广，是英国最大的认证机构。

BSI 由四大部分组成，即标准部、质量保证部、检验部、出口商技术服务部，认证工作由质量保证部负责。认证的产品范围是：机械、电子、电工、化工、建筑、纺织。产品认证标志有风筝标志、安全标志。获得风筝标志的产品属于 BS（英国标志）中规定的结构、性能、安全和尺寸参数。获得安全标志的家电产品符合 BS 有关安全的要求。

七、法定检验

法定检验（Lawful Inspection）是指有关商检机构或商检部门，根据国家法律、行政法规，对规定的进出口商品和有关的检验事项实施强制性检验。

凡属法定检验范围内的进口商品，海关凭商检机构在报关单上加盖的印章报收；对于出口商品，海关凭商检机构签发的检验证书、放行单或者报关单上加盖的印章验收。

八、拟订商品检验条款应注意的问题

（1）必须明确规定商品检验的时间和地点。在国际货物买卖合同中一般采用出口国检验、进口国复验的办法，由于买方只有在复验期限内复验并取得的证书才能作为提出索赔的依据，所以，要对复验的期限予以明确。

（2）必须明确检验标准和方法。对于我国的出口商品，合同无规定或规定不明确的，按国家标准检验，无国家标准的按部颁标准检验，无部颁标准的按企业标准检验。

（3）检验条款应明确具体，并避免与信用证的规定相冲突而导致单证不符。

（4）必须确认有把握取得进口国规定的质量认证。有的国家规定，生产企业只有取得某项质量认证（如 CE 认证、ISO 认证等）后，其生产的产品方允许进口。出口商应确认出口产品是否需要认证，要哪些认证，能否办到。

案例分析 89

案例：某粮油食品进出口公司以 FOB 广州向国外 B 公司出口 2 000 公吨油籽产品。合同规定商品规格为含油量最低 28%，杂质最高 3%，未规定检验方法、检验时间和地点及检验权事项。粮油食品进出口公司装运前取得我商检局出具的品质检验证书，证明货物含油量29.3%。卖方在买方指派的船只到达广州港时即装运出口。货到目的港后不久，卖方收到买方索赔函件，声称货物到港后复验结果是含油量只有27.2%，与合同规定不符。卖方对此提出异议，坚持交货品质合格，双方争执不下。

问：本案合同中关于商品检验的规定有何失误？

分析：从本案例看，合同中有关商品检验条款的规定有两点失误：①合同中对含油量的具体规格作了规定，但未明确检验的方法。实际上，按该商品的专业要求，含油量的检验方法有以湿态、乙醚浸出物和干态、乙醚浸出物两种方法。不同的检验方法得出的检验结果不同，因此在签订合同时必须明确。本案合同没有明确规定检验方法，因此我方以干态检验结果是29.3%，对方以湿态检验是27.2%，从而产生纠纷。②商品检验权的确定问题。合同中必须明确品质检验是以卖方装运前检验机构的检验还是买方的复验为最后依据。本案合同没有作类似规定，因此一方坚持检验合格，另一方坚持不合格，必然引起纠纷。

第二节　索赔条款

一、合同当事人违约后的法律责任

合同一经订立，合同各方当事人必须履行各自的义务。一方当事人全部或部分未履行合同所规定的义务，或者拒不履行合同义务的行为，称为违约（Breach of Contract）。

一方的违约行为，会直接或间接地给另一方造成损失，违约一方必须承担赔偿损失的责任，受损一方有权提出赔偿要求，直至解除合同。只有当履约中发生不可抗力的事故，致使一方不能履约或不能如期履约时，才可根据合同规定或法律规定免责。

《公约》把违约分为根本性违约（Fundamental Breach of Contract）和非根本性违约（Non-fundamental Breach of Contract）。《公约》第25条规定："一方当事人违反合同的结果，如使另一方当事人蒙受损失，以致实际上剥夺了他根据合同规定有权期待得到的利益，即为根本性违反合同，除非违反合同一方并不预知，而且一个同等资格、通情达理的人处于相同情况下也没有理由预知会发生这种结果。"可见，发生根本性违约，受害方可以解除合同并要求损害赔偿。卖方完全不交付货物、买方无理拒收货物或拒付货款等都属于根本性违约。未达到上述违约后果的，视为非根本性违约，受害人只能要求损害赔偿，而无权解除合同。

与《公约》的根本性违约和非根本性违约相对应，英国的法律把违约分为违反要件（Breach of Condition）和违反担保（Breach of Warranty），美国的法律把违约分为重大违约（Material Breach）和轻微违约（Minor Breach）；对于受害人，前者可以解除合同，后者只能要求损害赔偿，不能解除合同。

二、争议、索赔和理赔

（一）概念

争议（Dispute）是指交易的一方认为对方未能部分或全部履行合同规定的责任与义务而引起的纠纷。目前，国际上解决国际货物买卖合同争议所采用的方法主要有协商、调解、仲裁和诉讼四种。

索赔（Claim）是指遭受损害的一方在争议发生后，向违约方提出赔偿的要求。

理赔（Settlement of Claim）是指违约方对受害方所提赔偿要求的受理与处理。

（二）索赔的类型

根据损失的原因和责任的不同，索赔有三种不同的情况：

1. 向贸易违约方索赔

凡属由买卖合同当事人的责任造成的损失，可向责任方提出索赔，索赔的基础为双方签订的货物买卖合同。

（1）向卖方索赔的情况主要有：原装数量不足；货物的品质、规格与合同规定不符；包装不良致使货物受损；未按期交货或拒不交货；FOB、CFR 情况下，卖方没有及时发出装运通知，买方没有及时投保，致使货物在运输途中受损而得不到保险公司的赔偿；FOB 情况下，买方指派的船舶已能按期到达指定的装运港，而卖方未备妥货，造成滞期费、港口费等费用的增加。

案例分析 90

案例：我方售货给加拿大的甲商，甲商又将货物转手出售给英国的乙商。货抵甲国后，甲商已发现货物存在质量问题，但仍将原货经另一艘船运往英国，乙商收到货物后，除发现货物质量问题外，还发现有 80 包货物包装破损、货物短少严重，因而向甲商索赔。据此，甲商又向我方提出索赔。

问：此案中，我方是否应负责赔偿？为什么？

分析：我方不应负赔偿责任。①甲商在我方的货物运抵甲国后，虽发现货物存在质量问题，但并未向我方提出，也未请有关部门对到货进行复验，即放弃了检验权，从而丧失了拒收货物的权利。②甲商将原货经另一艘船运给英国乙商，已构成了甲方与乙方之间的合同内容，而非我方与甲方的合同内容，有关货物的损失应由乙方找甲方处理。所以，我方不应负赔偿责任。

（2）向买方索赔的情况主要有：买方无理不按期收货或拒不收货；FOB 情况下，买方指派的船舶未按期到达指定的装运港，造成卖方货物在港口仓管等费用的增加；在托收、汇付方式下，买方已受领货物，但不按期付款。

案例分析 91

案例：我方按 FOB 条件进口一批商品，合同规定交货期为 5 月份。4 月 8 日，接对方来电称，因洪水冲毁公路（附有证明），要求将交货期推迟至 7 月份。我方接信后，认为既然有证明表明洪水冲毁公路，推迟交货期应没有问题，但因广交会期间工作比较忙，我方一直未给对方答复。6、7 月份船期较紧，我方于 8 月份才派船前往装运港装货。因货物置于码头仓库产生了巨额的仓租、保管等费用，对方便要求我方承担有关的费用。

问：我方可否以对方违约在先为由，不予理赔？为什么？

分析：我方不可以对方违约在先为由，不予理赔。根据国际惯例，无论合同中是否明确规定了不可抗力条款，任何一方当事人在遭受不可抗力事故后，都必须及时通知对方，而对方接到通知后应予以答复，否则，将按遭遇不可抗力事故一方提出的条件办理。本案中，我方接到对方的通知后，一直未给对方答复，也未按对方所提的条件履行，属我方违约。因此，我方不可以对方违约在先为由，不予理赔。

2. 向保险公司索赔

如果是承保范围内的货物损失，应向保险公司索赔。如由于自然灾害、意外事故或运输途中其他事故致使货物发生承保范围以内的损失；有关损失既在承保范围之内，又属于船公司的责任，但船公司赔偿金额不足抵补损失的案例。

3. 向承运人索赔

如果是承运人的责任造成货物损失，则应向承运人索赔。如收货数量少于提单所载数量；提单是清洁的，而货物却有残损短缺情况，并属于承运方责任造成的；货物所受的损失，根据租船合约有关条款应由船方负责的。

案例分析 92

案例：我土产进出口公司向国外客户出口 500 箱香菇，即期信用证付款。土产进出口公司根据信用证规定于 8 月 10 日装运完毕，8 月 12 日凭已装船清洁提单和投保一切险的保险单向银行办理议付，在单证相符的情况下收妥货款。货到目的港后，买方复验发现：①买方只实际收到 497 箱，短少 3 箱；② 30 箱内香菇黄曲霉素含量超过进口国标准；③ 10 箱货物外表状况良好，但箱内共短少 40 千克。

问：以上情况，买方应分别向谁索赔？为什么？

分析：第①种情况应向承运人索赔，因承运人签发清洁提单，在目的港应如数向收货人交货。第②种情况应向卖方索赔，因卖方所交货物存在内在缺陷。第③种情况可向保险公司索赔，属保险责任范围内。但如进口人能举证卖方交货数量不足，也可向卖方索赔。

三、索赔的依据和索赔期限

1. 索赔依据

索赔依据又称为索赔应具备的条件，一方当事人违约后，另一方当事人在提出索赔时，必须要有充分的合法证据，如买卖合同、货损证明、缺货证明等。索赔依据包括法律依据和事实依据：前者是指买卖合同和适用的法律规定；后者则指违约的事实、情节及书面证明。

2. 索赔期限

索赔期限（Duration for a Claim）是指受损害一方有权向违约方提出索赔的有效期限。按照法律和国际惯例，受损害一方只能在索赔的期限内提出索赔，否则即丧失索赔权。索赔的期限有约定与法定两种。

一般来说，约定期限比较短，主要适用于货物外观状况如包装、外形、数量、规格等的约定。容易变质的商品，如食品、新鲜水产、新鲜蔬菜等，一般规定货到目的港（地）后 1 ~ 10 天；普通商品一般规定货到目的港（地）后 30 ~ 45 天；特殊商品如机械设备等可规定货到目的港（地）后 60 天以上，但一般不得超过 6 个月。

法定期限比较长。《公约》规定，买方向卖方提出索赔的期限是自买方实际收到货物之日起两年之内。

四、索赔条款

（一）索赔条款的规定方法

进出口合同中的索赔条款有异议与索赔条款和罚金条款两种规定方法。

1. 异议与索赔条款（Discrepancy and Claim Clause）

异议与索赔条款多用于货物买卖合同中。在条款中一般规定了买卖双方在履约过程中任何一方违约后，另一方有权对所造成的损失提出赔偿要求，同时还可以对有关的索赔依据、索赔期限、赔偿损失的办法及赔偿金额等作出规定。

2. 罚金条款（Penalty Clause）

罚金又称违约金（Damages for Breach Contract），是合同当事人一方未履行合同义务而向对方支付约定的违约金。罚金条款目的是防止一方违约不履行合同义务，或延迟履行，或履行中有缺陷，如卖方延迟交货、买方延期接货、买方延期开立信用证等。

《中华人民共和国合同法》规定："当事人可以约定一方违约时应根据违约情况向对方支付一定数额的违约金，也可以约定按违约产生的损失赔偿的计算方法。约定的违约金低于造成损失的，当事人可以请求人民法院或者仲裁机构予以增加；约定的违约金过分高于造成损失的，当事人可以请求人民法院或仲裁机构予以适当减少。当事人延迟履行约定的违约金的，违约方支付违约金后，还应当履行债务。"

（二）索赔条款的内容

国际货物买卖合同中的索赔条款的主要内容有：①约定解决索赔的基本原则；②提出索赔的有效期限；③规定索赔的范围；④提出索赔的通知方法；⑤规定索赔的证明文件等。如：

"In case discrepancy on the quality of the goods is found by the Buyers after arrival of the goods at the port of destination, claim may be lodged within 30 days after arrival of the goods at the port of destination, while for quantity discrepancy, claim may be lodged within 15 days after arrival of the goods at the port of destination, being supported by Inspection Certificate issued by a reputable public surveyor agreed upon by both parties. The Sellers shall, within 30 days after receipt of the notification of the claim, send reply to the Buyers. For the losses due to natural cause or causes falling within the responsibilities of the Ship-owners or the Underwriters, the Sellers shall not consider any claim for compensation. In case the Letter of Credit does not reach the Sellers within the time stipulated in the Contract, or under FOB price terms Buyers do not send vessel to appointed ports or the Letter of Credit opened by the Buyers does not correspond to the Contract terms and the Buyers fail to amend thereafter its terms shall have right to cancel the contract or to delay the delivery of the goods and shall have also the right to lodge claims for compensation of losses."

（品质异议须在货到目的口岸之日起 30 天内提出，数量异议须在货到目的口岸之日起 15 天内提出，买方须同时提供双方同意的公证行的检验证明。卖方应于收到异议后 30 天内答复买方。由于自然原因或船方、保险商责任造成的损失，卖方将不予考虑任何索赔。信用证未在合同指定日期内传达卖方，或在 FOB 条款下，买方未按时派船到指定港口，或信用证与合同条款不符，买方在未接到卖方通知所规定的期限内修改有关条款时，卖方有权撤销合同或延迟交货，并有权提出索赔。）

（三）拟订索赔条款应注意的问题

1. 明确索赔的对象

根据损失的原因和责任的不同，索赔有三种不同的情况。凡属合同当事人的责任造成的损失，可向责任方提出索赔；如是承保范围内的货物损失，应向保险公司索赔；如是承运人的责任造成的货物损失，则应向承运人索赔。

2. 索赔期限的确定要适当

索赔期限是指受损害一方有权向违约方提出索赔的有效期限。不同的商品应规定不同的索赔期限，按照法律和国际惯例，受损害一方只能在索赔的期限内提出索赔，否则即丧失索赔权。

五、索赔单证

索赔时需要准备好有关的单证，国际货物买卖合同索赔的单证一般包括：

（1）提单（或其他装运单据）。

（2）商业发票。

（3）保险单（或保险凭证）。

（4）装箱单（或尺码单、重量单）。

（5）商检机构出具的货损检验证明（或船长签字的短缺残损证明）。

（6）索赔清单。

（7）索赔文函。

（8）索赔金额。

第三节　不可抗力

一、不可抗力的含义

不可抗力（Force Majeure；Act of God）又称人力不可抗拒，是指在货物买卖合同签订以后，不是由于订约者任何一方当事人的过失或疏忽，而是由于发生了当事人既不能预见和预防、又无法避免和克服的意外事故以致不能履行或不能如期履行合同，遭受意外事故的一方可以免除履行合同的责任或延期履行合同。

不可抗力的特征主要有：①它是在签订合同以后发生的；②它不是任何一方当事人的过失、疏忽或故意造成的；③它是双方当事人所不能控制的，即不能预见、无法避免、无法预防的；④它的后果是当事人无法避免或无法克服的。

二、不可抗力发生的原因

不可抗力事故发生的原因通常可分为两种：

1. “自然力量”的原因

“自然力量”的原因包括水灾、火灾、冰雹、暴风雨、大雪、地震等。在国际贸易中，除非是故意纵火，火灾一般都作为不可抗力事故处理，如闪电或雷击引起的火灾、黄麻或煤块等货物本身特性引起的自燃、战争引起的火灾、人们的疏忽或过失引起的火灾、不明原因引起的火灾等都可作为不可抗力事故处理。

2. “社会力量”的原因

“社会力量”的原因包括发生战争、工人罢工、政府禁令、发生政变、国际航道封闭等。

三、不可抗力事故的范围

不可抗力事故的范围，应在买卖合同中订明。通常的规定办法有概括规定、列举规定和综合规定三种。

1. 概括规定

概括规定就是对不可抗力的范围只作笼统规定，如：“由于公认的不可抗力的原因，致使卖方不能全部或部分装运或延迟装运合同货物，卖方对于这种不能装运或延迟装运本合同货物不负有责任。”

2. 列举规定

列举规定就是对不可抗力的事件一一列出，如：“由于战争、地震、水灾、火灾、暴风雨、雪灾的原因，致使卖方不能全部或部分装运或延迟装运合同货物，卖方对于这种不能装运或延迟装运本合同货物不负有责任。”

3. 综合规定

综合规定就是列举规定和概括规定相结合，如：“由于战争、地震、水灾、火灾、暴风雨、雪灾或其他不可抗力的原因，致使卖方不能全部或部分装运或延迟装运合同货物，卖方对于这种不能装运或延迟装运本合同货物不负有责任。”由于这种规定方法既明确具体又有灵活性，我国在国际货物买卖合同中较多采用此规定方法。

案例分析93

案例：A公司以较优惠的价格从国外B公司进口一批食糖，合同规定9月份交货。在合同履行的过程中，不料出口国政府于当年9月20日宣布禁止食糖出口，禁令从宣布之日十天后生效执行。国外B公司于是以不可抗力为由要求解除合同。

问：B公司能否主张这种权利？

分析：B公司无权以不可抗力为由要求解除合同。因为出口国政府的禁令并未置B公司于完全不能交货的地步。事实上，B公司如有意履约，完全可在9月21～30日期间装运出口。所以B公司以不可抗力为由要求解约，实有借故违约之嫌。

四、不可抗力事故的处理

1. 不可抗力事故的通知

当发生不可抗力事故，致使合同不能按时履行或不能履行时，应及时通知对方并提交证明书。证明书一般由发生不可抗力当地的商会或对方在当地的领事（或商务处）出具。

我国一般由中国国际商会出具不可抗力证明书。特别要说明的是，当发生不可抗力事故且一方已及时通知对方时，对方接到通知后应予以答复，否则，将按遭遇不可抗力事故一方提出的条件办理。

案例分析 94

案例： 卖方 A 工厂向国外 B 公司出售一批服装，合同规定 5 月份交货。合同签订后，4 月 15 日 A 工厂发生火灾，生产设备及仓库全部烧毁。6 月 1 日买方未见来货，便向 A 工厂查问，并催促交货。这时 A 工厂才把失火的情况通知买方，并以不可抗力为由要求解除合同。买方因急需用货，于是立即以比原合同价高出 30% 的价格从市场补进替代品。

问： 就此差价损失，买方可否向 A 工厂索赔？为什么？

分析： 买方有权就此差价损失向 A 工厂索赔，A 工厂应承担赔偿差价损失的责任。A 工厂发生火灾事故，并导致卖方不能履约，应构成不可抗力，因而本可以援引不可抗力条款免除 A 工厂继续履约的责任。但是，A 工厂在发生不可抗力事故后没有及时把事故及不能履约的情况通知买方，致使买方损失扩大，卖方对此应承担赔偿责任。

2. 不可抗力事故的后果

不可抗力事故的后果有解除合同和延期履行合同两种。对具体某项不可抗力事故，究竟采用解除合同还是延期履行合同，应根据事故对履行合同所产生的实际影响程度而定。如果不可抗力的发生只是暂时影响了合同的履行，待不可抗力事故消失后一段时间内，还可以履行合同的，这种情况就可以不解除合同，而是延期履行合同。

案例分析 95

案例： 我国某企业以 FOB 厦门从国外进口一批货物，合同规定 9 月 15 日前装船。8 月 10 日卖方所在地发生地震，但卖方储存货物的仓库距离震中比较远，因此未受到严重损坏，仅因交通受严重破坏，所以货物不能按时出运。事后，卖方以不可抗力为由通知我方，要求解除合同，免除交货责任，但我方不同意。

问： 卖方解除合同的要求是否合理？为什么？

分析： 卖方解除合同的要求不合理，卖方只能要求延期履行合同，而不能主张解除合同。遭受不可抗力事故的一方，应根据不可抗力事故对其履约所造成的影响决定解除合同或者延期履行合同。本案中，地震并未使货物受到严重损坏，只是因为交通中断，卖方无法按时装运。这种情况下，卖方只能要求延期交货，而不能免除交货责任。

案例分析 96

案例： 我国东方石油化工公司于某年 1 月与文莱石油公司签订一笔进口原油 10 000 桶的交易，每桶 CIF 珠海 40 美元。合同签订后，国际市场油价不断上涨，到 5 月，原油的价格已上升至 60 美元/桶。如果按原来合同规定 5 月份交货，文莱石油公司就亏本严重，于是它以国际原油价格暴涨作为不可抗力事故的理由，要求撤销合同。

问： 文莱石油公司以不可抗力为由撤销合同是否有理？为什么？

分析： 文莱石油公司以不可抗力为由撤销合同无理。因为货价的升跌属于商业上的风险，交易当事人在订立合同时应该预料到或考虑到，不属于不可抗力的范围。相类似的商业风险还有汇率浮动、通货膨胀、生产原材料或配件价格的升跌等。因此，文莱石油公司即使亏本严重，也必须履行合同，按时交货。

五、不可抗力条款的内容

国际货物买卖合同的不可抗力条款的内容包括不可抗力事件的范围、对不可抗力事件的处理原则和方法、不可抗力事件发生后通知对方的期限和方法，以及出具证明文件的机构等。如：

"If the shipment of the contracted goods is prevented or delayed in whole or in part by reason of war, earthquake, flood, fire, storm, heavy snow or other causes of Force Majeure, the Seller shall not be liable for non-shipment or late shipment of the goods of this contract. However, the Seller shall notify the Buyer by cable or telex and furnish the letter within 15 days by registered airmail with a certificate issued by the China Council for the Promotion of International Trade (China Chamber of International Commerce) attesting such event or events."

[如由于战争、地震、水灾、火灾、暴风雨、雪灾或其他不可抗力的原因，致使卖方不能全部或部分装运或延迟装运合同货物，卖方对于这种不能装运或延迟装运本合同货物不负有责任。但卖方须用电报或电传方式通知买方，并须在15天内以航空挂号信件向买方提交由中国国际贸易促进委员会（中国国际商会）出具的证明此类事件的证明书。]

六、拟订不可抗力条款应注意的问题

（1）在国际贸易中，不可抗力的含义及其叫法并不统一。英美法系中，有"合同落空"原则；大陆法系中有所谓"情势变迁"或"契约失效"原则。尽管各国对不可抗力有不同的叫法与说明，但其原则精神大体相同。

（2）不可抗力事故的范围应采用我国最常用的规定方法，即综合规定的办法，在买卖合同中订明。

（3）明确规定不可抗力事件发生后向对方提交证明书的期限。实际业务中，通常规定事故发生时立即电告买方，并在事故发生后15天内航邮证明书。

（4）明确规定不可抗力事件发生后出具证明文件的机构，在我国应注明由中国国际贸易促进委员会（即中国国际商会）出具。

第四节　仲裁

一、仲裁的含义和特点

1. 仲裁的含义

仲裁（Arbitration）又称为公断，是指买卖双方在争议发生前或发生后，签订书面协议，自愿将争议提交双方所同意的第三者予以裁决，以解决争议的一种方式。

2. 仲裁的特点

（1）受理争议的仲裁机构是属于社会性民间团体所设立的组织，不是国家政权机关，不具有强制管辖权，对争议案件的受理以当事人自愿为基础。

（2）当事人双方通过仲裁解决争议时，必须事先签订仲裁协议。

（3）双方均有在仲裁机构中推选仲裁员以裁定争议的自由。

（4）仲裁比诉讼的程序简单，处理问题比较迅速及时，而且费用也比较低廉。

（5）仲裁机构的裁决一般是终局性的，对双方当事人均有约束力。

案例分析 97

案例：我国 A 公司与韩国 B 商社签订一份工艺品出口合同，合同规定信用证付款，仲裁条款规定："凡因执行本合同引起的所有争议，双方同意提交仲裁，仲裁在被诉人所在国家进行，仲裁裁决是终局性的，对双方都有约束力。"在合同履行过程中，B 商社收货后提出 A 公司所交货物品质与样品品质不符，A 公司认为交货品质符合样品规定，双方产生争执，于是双方将争议提交中国国际经济贸易仲裁委员会仲裁。经仲裁庭调查审理，认为 B 商社举证不实，裁决 B 商社败诉。B 商社不服，事后向本国法院提请上诉。

问：B 商社可否向本国法院提请上诉？为什么？

分析：B 商社不可向本国法院提请上诉。原因如下：首先，仲裁协议授予仲裁机构对争议案件的管辖权，排除法院对该案件的管辖权，因此韩国法院对该争议案件不具有管辖权，不应受理 B 商社上诉。其次，仲裁裁决的效力是终局性的，对争议双方均具有约束力。本案中 B 商社败诉，应按裁决的内容执行。

二、仲裁协议

解决国际经济贸易争议必须向仲裁机构提交仲裁协议，且仲裁协议必须是书面的，对此，许多国家的立法、仲裁规则及国际公约等已有明确的规定。

1. 仲裁协议的含义

仲裁协议（Arbitration Agreement）是双方当事人共同约定将可能发生或已经发生的争议提交仲裁机构解决的书面协议。它既是任何一方当事人将争议提交仲裁的依据，也是仲裁机构受理案件的依据。

2. 仲裁协议的形式

（1）争议发生前订立的。由双方当事人订立的表示愿意把将来可能发生的争议提交仲裁解决的协议。这种协议一般包括在合同内，即合同中的仲裁条款。它是最常见的仲裁协议形式。

（2）争议发生后订立的。由双方当事人订立的表示愿意把已经发生的争议提交仲裁解决的协议。

无论是争议发生前订立的仲裁协议，还是争议发生后订立的仲裁协议，都具有同等的法律效力。

3. 仲裁协议的基本内容

（1）同意以仲裁方式解决争议的书面意见。

（2）提交仲裁的争议事项，即仲裁事项。

（3）仲裁地点的确定。

（4）选择仲裁机构和仲裁规则。

（5）仲裁效力的明确规定。

（6）仲裁费用的承担。一般都规定由败诉方负担，也有规定按仲裁裁决办理。

4. 仲裁协议的作用

（1）约束双方当事人解决争议的行为。双方当事人一经签订仲裁协议，就只能以仲裁方式解决争议，不得向法院起诉。

（2）排除法院对有关案件的管辖权。如果一方违背仲裁协议，自行向法院起诉，另一方可根据仲裁协议要求法院不予受理，并将争议案件退交仲裁庭裁断。

（3）授予仲裁机构对争议案件的管辖权。仲裁协议是仲裁机构受理争议案件的法律依据，仲裁机构凭仲裁协议取得对争议案件的管辖权。

三、仲裁条款

1. 仲裁条款的内容

国际货物买卖合同中仲裁条款的内容有提请仲裁的争议范围、仲裁地点、仲裁机构、仲裁规则、裁决的效力等。如：

"Any dispute arising from or in connection with this Contract shall be submitted to China International Economic and Trade Arbitration Commission for arbitration which shall be conducted by the commission in Beijing or by its Shenzhen Sub-commission in Shenzhen or by its Shanghai Sub-commission in Shanghai at the claimant's option in accordance with the Commission's arbitration rules in effect at the time of applying for arbitration. The arbitral award is final and binding upon both parties."

（凡因本合同引起的或与本合同有关的任何争议，均应提交中国国际经济贸易仲裁委员会按照申请仲裁时该会现行有效的仲裁规则，由申请一方选择由该会在北京或深圳或上海的分会进行仲裁。仲裁裁决是终局性的，对双方均有约束力。）

2. 仲裁地点及仲裁机构

合同中的仲裁条款对仲裁地点的规定有三种方法：①规定在我国仲裁；②规定在被告所在国仲裁；③规定在双方同意的第三国仲裁。

选择不同的仲裁地点，也就选用了不同国家的法律，就会对双方当事人的权利、义务作出不同的解释，得出不同的结论。因此，在实际业务中，我们应力争在我国仲裁。

仲裁机构（Arbitration Institution）是依法对争议案件进行仲裁审理的专门机构。根据组织形式的不同，可以分为临时仲裁庭和常设仲裁机构。我国的常设仲裁机构是中国国际经济贸易仲裁委员会和海事仲裁委员会。我国各外贸公司在订立进出口合同中的仲裁条款时，如双方同意在中国仲裁，都订明在中国国际经济贸易仲裁委员会仲裁。

国际组织的仲裁机构有设在巴黎的国际商会仲裁院（Arbitration Court of International Chamber of Commerce，简称 ICC），又称国际商会仲裁院或巴黎仲裁院。

3. 仲裁效力

仲裁效力是指仲裁裁决的终局性效果和对当事人的约束力。世界多数国家的仲裁法规定，仲裁裁决是终局性的。在我国，凡由国际经济贸易仲裁委员会作出的裁决都是终局性的，对双方当事人都有约束力，任何一方都不许向法院起诉要求变更。仲裁的费用一般规定由败诉方承担，也有规定为由仲裁庭酌情决定。

第八章　国际货物买卖合同的商订

交易磋商（Business Negotiation）是指买卖双方就买卖商品的有关条件进行协商以期达成交易的过程，它是国际货物买卖过程中不可缺少的一个重要环节。一旦买卖双方就交易的各项条件达成一致，合同即告成立，买卖双方即可签订书面的销货合同。交易磋商的形式可分为口头和书面两种：口头磋商主要有电话洽谈和面对面洽谈两种；书面磋商主要有信函、电报或电传，现在较多使用电子邮件。

交易磋商的内容一般包括合同中常见的交易条件，有品名、品质、数量、包装、运输、保险、价格、支付、检验、索赔、不可抗力和仲裁。但在实际业务中，为了节省洽谈时间、简化洽谈内容，对合同当中已经印就的一般交易条件（如检验、索赔、不可抗力和仲裁等）、买卖双方的习惯做法和买卖双方为促进交易而签订的长期贸易协议的内容可以不予磋商，但这些一般交易条件、买卖双方的习惯做法和买卖双方为促进交易而签订的长期贸易协议的内容一经同意，则对交易双方均具有约束力。

国际货物买卖中，交易磋商的一般程序有询盘、发盘、还盘和接受四个环节，其中发盘和接受是达成交易、订立合同必不可少的两个具有法律效力的环节。

第一节　询盘和发盘

一、询盘（Inquiry）

询盘，又称询价或邀请发盘，是指交易的一方打算购买或出售某种商品，向对方询问买卖该项产品的有关交易条件，或者就该项交易提出带有保留条件的建议。如：

“Please quote 200 sets Hualin brand air conditioner model KFR34 - GW，FOB Guangzhou，shipment in May.”（请报 200 台华凌牌型号 KFR34 - GW 空调 FOB 广州，5 月份装运。）

“Please offer saving energy，details in the cataloge，delivery in October.”（可供节能灯，详细资料见目录，10 月份交货，请发盘。）

“Please make us your best quotation for 500 cartons of Canned Yellow Peaches.”（请给我方报 500 箱罐头黄桃的最低价。）

“If your price is workable，we shall place a trial order with you for 50 cases Black Tea.”（如果你方价格合理，我们将向你方订购 50 箱红茶。）

询盘可以是口头的表达，也可以是书面的表达，如采用打电话、发电子邮件、寄送价目表、商业广告、招标公告、拍卖公告等形式。询盘的对象可以是特定的人，也可以是公开地对所有人。

询盘的主要目的是寻找买主或卖主，不是同买主或卖主正式洽商的交易条件。根据《联合国国际货物销售合同公约》（以下简称《公约》）的规定，询盘不具有法律效力。

二、发盘（Offer）

（一）发盘的含义

发盘，在法律上又称要约，根据《公约》第14条第（1）款的规定："凡向一个或一个以上特定的人提出订立合同的建议，如果其内容十分确定并且表明发盘人有在其发盘一旦得到接受就受其约束的意思，即构成发盘。"一个发盘有两个当事人，一个是提出发盘的人，称为发盘人（Offeror）；另一个是收受发盘的人，称为受盘人（Offeree）。发盘人可以是买方，也可以是卖方，实务中多数发盘人为卖方。如：

"Air conditioner Hualin brand model KFR34 - GW 2,000 sets，USD 500.00 per set FOB Guangzhou，shipment in May，payment by irrevocable sight credit."（华凌牌型号KFR34 - GW空调2 000台FOB广州，每台500.00美元，5月份装运，不可撤销信用证付款。）

"8,000 pieces of 17inch LCD Monitor at USD 112 per set CIF Huangpu for delivery within one month after receiving your irrevocable letter of credit in our favour."（8 000件17英寸液晶显示器，每件112美元，CIF黄埔，收到以我方为受益人的不可撤销信用证后1个月内交货。）

（二）发盘的构成条件

根据《公约》的规定，一项发盘要有效成立，必须具备下列条件：

（1）发盘必须向一个或一个以上特定的人（Specific Persons）提出。此特定人是指在发盘中指明公司名称或商人名称的受盘人，一般的商业广告、寄送商品目录、价目单等不是对特定人提出，故不是一项发盘，可看成是一项发盘的邀请。特定条件下的商业广告，如果它的内容十分确定具体，也可能成为一项发盘，如百货商场定期印发的促销宣传单，其中列明具体的促销商品、价格、日期等且宣传单上没有"所列价格仅供参考"的说明，对于见到该宣传单的消费者，只要按列明的时间和地点前往购买，就是一项发盘。

（2）发盘的内容必须十分确定。根据《公约》的解释，一项发盘中包含的下列三个基本要素应十分确定：①应明示货物的名称；②应明示或默示地规定货物的价格或规定确定价格的方法；③应明示或默示地规定数量或规定数量的方法。

根据《公约》的解释，一项发盘中只要包含了货名、价格和数量三个条件，即可构成一项有效的发盘。至于其他条件，如付款方式、包装、检验等，可在合同成立后双方按国际惯例协商处理。尽管如此，为了减少双方的误解和日后的争议，实务中发盘应尽量列明主要的条件，如品名、品质、数量、价格、付款方式、付款期限、交货期限等。

案例分析98

案例：某粮油食品进出口公司与曼哈顿贸易公司签订一份为期两年的供货合同，合同规定："由卖方每月供应10吨一级花生油，价格每三个月议定一次。"又规定："如双方发生争议，应提交仲裁处理。"但合同执行了半年后，买方提出："因合同的价格未明确，主张合同无效。"后经仲裁裁决，确认该合同继续执行。

问：在上述情况下，合同的价格条件是否明确？买方能否以此为理由主张合同无效？

分析：合同的价格条件是明确的。由于这份合同是为期两年的供货合同，不可能一次把两年的价格定死，因而只能采取活价条款，即合同中明确规定的每三个月由双方议定价格一次，这种定价方法是合理的，买方不能以此为理由主张合同无效。

（3）必须表明发盘人对其发盘一旦被受盘人接受就受其约束的意思。

"受其约束"是指发盘人的发盘一旦被受盘人接受，发盘人就必须按照发盘中许诺的条件与受盘人订立合同，并按照这些条件履行合同，如果未能按照许诺的条件履行，发盘人应承担违约的责任。

（三）发盘的有效期

通常情况下，发盘都具体规定一个有效期，作为受盘人表示接受的时间限制，超过了发盘规定的有效期，则发盘人将不受其约束。

1. 规定发盘有效期的主要方法

（1）发盘规定最迟接受的期限。如：

"offer subject to reply not later than OCT. 23, 2009 our time"（发盘不迟于我方时间2009年10月23日复到有效）。

（2）发盘规定一段接受的期间。如：

"offer reply in five days"（发盘5天内复到有效）。

（3）口头发盘。根据《公约》的解释，在没有其他约定的情况下，口头发盘只有立即被接受方为有效。

案例分析99

案例：外国B商行代表于5月17日上午来访我某电子工艺品公司洽购某商品，我方口头发盘后B商未置可否。次日上午该商再次来访，表示无条件接受我公司17日上午的发盘。此时，我方获悉该项商品的国际市场价格有趋涨的迹象。

问：根据《公约》的规定，我方应如何处理？

分析：根据《公约》的解释，在没有其他约定的情况下，口头发盘只有立即被接受方为有效。本案中，我方17日上午口头发盘，B商当时未置可否，该口头发盘即失效，我方不再受此发盘约束，B商次日的接受也是无效的，双方合同不能成立。鉴于市价趋涨，我方可以拒绝或提高价格后重新发盘。当然，如果当时我方急于求售或其他原因，同意按原发盘条件与对方达成交易也是可以的。

2. 发盘有效期的计算

（1）《公约》第20条规定："发盘人在电报或信件内规定接受时间的，从电报交发时刻或信上载明的发信日期起算，如信上未载明发信日期，则从信封上邮戳日期起算。发盘人以电话、电传或其他快速通讯方法规定的接受时间，从发盘送达受盘人时起算。"

（2）《公约》还规定："在计算接受期间时，接受期间内的正式假日或非营业日应计算在内。但如果接受通知在接受期间的最后一天未能送达发盘人地址，是因为那天在发盘人营业地是正式假日或非营业日，则接受期间应顺延至下一个营业日。"

（3）如发盘中未具体规定有效期，按惯例应理解为受盘人在合理期限内接受有效。合理期限的理解，应根据商品特点、发盘方法等因素而定。对以信件、电报发盘，其合理期限前者长，后者短；对初级产品、制成品，其合理期限前者短，后者长。

（四）发盘的生效、撤回与撤销

1. 发盘的生效

根据《公约》的解释，发盘于送达受盘人时生效。对于口头发盘，除非双方另有约定，否则只有当即被接受方为有效。

根据我国《合同法》第16条第（2）款规定："要约到达受要约人时生效。采用数据电文形式订立合同，收件人指定特定系统接收数据电文的，该数据电文进入该特定系统的时间，视为到达时间；未指定特定系统的，该数据电文进入收件人的任何系统的首次时间，视为到达时间。"

2. 发盘的撤回（Withdrawal）

发盘的撤回是指发盘人将发盘在送达受盘人生效之前取消的行为。根据《公约》第15条第（2）款规定："一项发盘，即使是不可撤销的，如果撤回的通知在发盘送达受盘人之前或同时送达受盘人，可以撤回。"

实务中，目前采用信函或电报发盘的比例不高，交易双方大多采用电子邮件、电话、网上对话等方式，做到实时到达。因此，大多数情况下的发盘不可能撤回。

案例分析100

案例： 我某公司于5月5日以特快专递向马来西亚B公司发盘，出售一批电子管。5月6日上午，我公司因在发出发盘通知后发现该商品行情趋涨，即传真通知B公司，要求撤回其发盘。5月7日下午B公司收到我公司发盘，即答复我公司，表示接受发盘内容。事后双方就该项合同是否成立发生纠纷。

问： 按《公约》规定，双方合同是否成立?

分析： 双方合同并未成立。《公约》中规定，一项发盘，即使是不可撤销的，也可以撤回，只要撤回通知在发盘送达受盘人之前或同时送达受盘人。本案中，我公司于5月5日发盘后，又于5月6日上午传真通知撤回，而原发盘于5月7日下午才送达B公司，即撤回通知到达在先，发盘到达在后，该发盘得以撤回，发盘即告失效，之后B公司的接受显然无效，因此双方合同并未成立。

3. 发盘的撤销（Revocation）

发盘的撤销是指发盘人将已送达受盘人的发盘取消的行为。根据《公约》第16条规定：

（1）在未订立合同之前，如果撤销发盘的通知于受盘人发出接受通知之前送达受盘人，发盘可以撤销。

（2）在下列情况下，发盘不得撤销：发盘中写明了发盘的有效期或用其他方式表明发盘是不可撤销的；发盘人有理由信赖该发盘是不可撤销的，而且受盘人已本着对该发盘的信赖行事。

在发盘撤销的问题上，大陆法系和英美法系的主张不同：大陆法系主张发盘一经送达受盘人即生效，发盘不得撤销，除非发盘人在发盘中说明不受约束；英美法系主张发盘在被受盘人接受之前可以撤销，即使发盘中规定了发盘的有效期也可以撤销。《公约》对两大法系的主张作了折中处理，形成了《公约》第16条的规定。

案例分析101

案例： 我东莞A公司于3月1日以信函向一日商发盘，出口棉制毛巾一批，限于3月5日复到我方有效。日商于3月3日还盘，要求我方降价，我方于3月5日重新发盘，按降价后的价格报价，限于3月10日复到我方有效，由于市场变化，我方于3月8日以电传方式撤销3月5日的发盘，但日商已于3月7日向我方寄送接受通知。

问： 日商的接受通知是否有效？

分析： 日商的接受通知有效。根据《公约》的规定，我方的发盘写明了有效期，因此，发盘不得撤销。同时，日商寄送的接受通知是在接到我方的撤销通知之前。因此，日商的接受通知有效，合同成立。

（五）发盘的失效（Termination）

根据《公约》的规定，一项发盘，即使是不可撤销的，在下列条件下也可失效：

（1）受盘人作出拒绝或还盘。《公约》第17条规定，一项发盘，即使是不可撤销的，于拒绝通知送达发盘人时终止。受盘人对发盘作出还盘，意味着收盘人拒绝发盘的条件而提出新的条件，原发盘终止，如果受盘人还盘后又反悔，愿意按原发盘的条件接受，即使在原发盘的有效期内，接受也无效，只能看成新的发盘。

案例分析102

案例： 我某外贸公司拟向国外购进特种钢一批，5月20日我公司收到国外某公司的发盘，有效期至5月26日。5月22日我方复电："如能把单价降低6美元，可以接受。"对方没有回复。此时国内用货工厂催货心切，又鉴于该商品行市看涨，我方随即于5月25日又去电表示同意对方5月20日发盘的各项条件，对方仍未回复。

问： 根据《公约》的规定，双方合同是否成立？

分析： 双方合同未成立。因为我方5月22日的复电是还盘，致使外商5月20日的发盘失效。我方5月25日的去电构成一项新的发盘，只有在对方对此去电内容及时表示接受的情况下，双方合同才成立。而对方对我方5月25日的去电内容并未表示接受，因此双方合同未成立。

（2）发盘人依法撤回或撤销发盘。发盘在未送达受盘人之前，发盘人可依法撤回发盘；发盘在送达受盘人之后，但在受盘人发出接受通知之前，发盘人可依法撤销发盘。

（3）不可抗力事件的发生。当发生人力不可抗拒的社会事件或自然灾害时，如受盘人是政府宣布断交禁止贸易或禁止发盘货物进出口的所在国，又如发盘的货物为独一无二的字画或邮票却由于火灾而被焚毁，再如出口国突然宣布实行出口许可证管理而出口商又无法取得出口许可证等情况，发盘将因不可抗力事件而失效。但出口国一直实行出口许可证管理的不属于不可抗力事件。

案例分析 103

案例： 印度A公司于2009年3月16日向美国B公司发盘出口黄麻一批，3月19日美国公司在发盘有效期内表示接受，不久收到A公司来电，声称该国政府于2009年1月1日起对黄麻实行了出口许可证和配额制度，A公司因无法取得出口许可证而无法向美国B公司出口黄麻，遂以不可抗力为由主张发盘失效。

问： 根据《公约》的规定，发盘是否失效？合同是否成立？

分析： 发盘有效，合同成立。因为，该国政府在A公司发盘之前已实行出口许可证和配额制度，A公司早就知道能否取得出口许可证。此事件不符合不可抗力的条件，发盘有效，美国B公司的接受有效，合同成立。

（4）在发盘被接受前，当事人丧失行为能力。当事人丧失行为能力可分为自然人和法人两种，自然人丧失行为能力如死亡或精神失常等，法人丧失行为能力如法人被依法宣告破产等。

（5）发盘中规定的有效期届满；如未规定具体有效期的，则指超过了合理期限。"合理期限"在《公约》上没有统一的规定和解释，一般依据贸易的具体商品和具体情况而定。美国《统一商法典》规定，发盘的合理期限不超过3个月。

第二节　还盘和接受

一、还盘（Counter Offer）

还盘又称还价，在法律上称为反要约。它是指受盘人不同意或不完全同意发盘人在发盘中提出的条件，为进一步协商，对发盘提出的修改意见。如：

"To our regret, your offer is obviously out of line with the prevailing market, counter-offer USD 200 reply not later than OCT. 28 our time."（令我们感到遗憾的是，你方发盘与现行市场价不符，还盘200美元，不迟于10月28日复到有效。）

"Your price dated 7th too high conuteroffer USD 50 reply before 15th."（你方7日电传价格太高，还盘50美元，限15日复到有效。）

还盘一经作出，原发盘即告失效。还盘相当于一项新的发盘，还盘的内容对还盘人具有法律效力。处理对方的还盘应注意：

1. 实质性变更发盘的条件属于还盘性质

根据《公约》的规定，受盘人对货物的价格、付款、品质、数量、交货时间与地点提出更改，一方当事人对另一方当事人的赔偿责任范围或解决争端的办法等条件提出添加或更改，均作为实质性变更发盘的条件。对于实质性变更发盘条件的还盘，发盘人可以不予置理。

案例分析 104

案例： 我A公司于某年9月15日收到意大利B公司发盘："马口铁500公吨，每公吨545美元CFR汕头，10月份装运，即期信用证付款，限20日复到有效。"我方于16日复电："若单价为500美元CFR汕头，可接受500公吨马口铁。履约中若有争议，在中国仲裁。”意B公司当日复电：“仲裁条件可接受，但市场坚挺，价格不能减。”此时马口铁价格确实趋涨。我A公司即于19日复电：“接受你15日发盘，信用证将由中国银行开出。”意商未回复。9月22日，我A公司委托中国银行开出信用证，但意B公司收到后退回信用证。

问：意B公司这样做有无道理？

分析：意B公司退回信用证是有理的。我方16日复电对原发盘价格、仲裁条件进行更改，构成对原发盘内容的实质性变更，实为还盘，意B公司商当日即予拒绝，对我公司的还盘未表示接受。而发盘一经还盘即失效，因此我19日复电中的“接受”是对已失效的发盘表示接受，据此双方合同不能成立，意B公司有权退证。

案例分析 105

案例：我某纺织品公司向国外S公司发盘，报棉纺300公吨，每公吨3万元人民币。几天后，S公司复电称对该批货物感兴趣，但希望将有效期延长10天，我方同意。5天后，S公司来电，要求将货物数量增至400公吨，价格降至2.9万元人民币。7天后我公司将这批棉纺卖给另一外商，并在第9天复电S公司，通知货已售出。但外商坚持要我方交货，否则以我方擅自撤约为由，要求赔偿。

问：我方应否赔偿？为什么？

分析：我方不应赔偿。因为S公司5天后的来电中改变了交货数量、价格，构成对我公司发盘内容的实质性变更，实为还盘。我公司未答复，应视为对S公司的还盘未表示接受，双方合同不能成立，我方有权将货另售。

2. 对发盘表示有条件的接受，也是还盘的一种形式

受盘人在接受发盘的同时，提出其他的附加条件，如“接受须以我方取得进口许可证为准”、“接受须以双方签订售货合同为准”、“接受须以我方与生产商签订供货合同为准”等，这些有条件的接受无效，只能当成还盘的一种形式。

案例分析 106

案例：我某进出口公司与美国H公司洽谈进口一批乳胶制品，经往来电子邮件和传真磋商，几经还价，于2月20日我公司发出接受通知“接受各项交易条件，以签订书面确认书为准”。24日H公司将拟就合同草稿寄达我公司，要我方确认。我方由于对某些条款的措辞需要进一步研究，所以未及时给予答复。不久，交货期临近，H公司来电催促我公司开立信用证。此时，该商品的国际市场价格下跌，我方遂以未签订确认书，双方合同尚未有效成立为由拒绝开证。

问：我公司这样做是否有理？

分析：我方拒绝开证有理。因为我方接受通知中列有“以签订确认书为准”的保留条件，而对发盘表示有条件的接受，仅构成一项还盘，而不是有效的接受。事后外商提交书面合同草稿，我方尚未答复，再次说明合同成立的条件并不具备。合同既未成立，外商催我开证，理应拒绝。

3. 对发盘表示接受的同时，表示某种希望、愿望或建议，则该接受可视为一项有效的接受

如果接受的同时，受盘人表示某种希望、愿望或建议等，由于没有改变或附加接受的条件，这时的接受属于有效的接受。

案例分析107

案例：某年2月3日我A出口公司应邀向西非B公司发盘，“供应A规格印花织物15万米，每米CIF西非口岸0.58美元，5月份交货，2月6日前电复有效”。2月4日B公司复电：“A规格印花织物15万米，每米CIF西非口岸0.58美元，你能否同意两个月内交货?”2月5日下午在尚未收到A公司回复的情况下，B公司又发出接受传真：“A规格印花织物15万米，每米CIF西非口岸0.58美元，5月份交货，我接受。”

问：A、B双方合同关系有无成立？为什么？

分析：双方合同已经有效成立。2月4日B公司的复电仅仅是受盘人提出的一项请求或希望，不构成还盘，A公司2月3日的发盘仍然有效。2月5日下午B公司对此发盘作出了有效接受，因此双方合同成立。

二、接受（Acceptance）

接受，在法律上称为承诺，《公约》第18条第（1）款规定：“被发盘人声明或做出其他行为表示同意一项发盘，即是接受。”也就是说受盘人接到对方的发盘或还盘后，同意对方提出的条件，愿意与对方达成交易，并及时以声明或行动表示出来。如：

“Your telex dated 10th we accept.”（你10日的电传我接受。）

“We agree your offer.”（我同意你方的发盘。）

（一）构成接受的条件

根据《公约》的规定，一项有效的接受必须具备如下四个条件：

1. 接受必须由受盘人作出

《公约》规定，一项有效的发盘必须向特定的受盘人作出。因此，接受也必须由这个特定的受盘人作出方为有效。如果其他人对发盘作出接受，该接受只能当成其他人向发盘人作出发盘，只有发盘人同意，合同才能成立。

案例分析108

案例：我某贸易公司应香港中间商A商行之邀，于7月9日向其发盘供应羽绒一批并限7月16日复到有效。13日我公司收到A商行来电称：“你9日发盘已转美国B公司。”同时收到美国B公司按我方发盘规定的各项交易条件开来的信用证。而此时国际羽绒市场价格猛涨，于是我方将信用证退回开证行，再按新价直接向B公司发盘。B公司拒绝接受新价，并要求我方接受信用证按原价发货，否则将追究我方违约责任。

问：B公司的要求是否合理？为什么？

分析：B公司的要求不合理，我方不应发货。构成接受应具备的条件之一是接受必须由特定的受盘人作出，而本案中，我方发盘的特定受盘人是香港中间商A商行，只有该商行作出的接受才具有接受效力。美国B公司开来的信用证可视为一项发盘，该发盘须得到

我方的接受，双方合同才能成立。在合同未成立的情况下，B 公司要求我方发货是没有依据的。

2. 接受的内容必须与发盘相符

受盘人的接受必须与发盘人所作出的发盘条件完全相符，也即是受盘人必须无条件地、全部同意发盘的条件，接受方为有效。如果受盘人的接受对发盘作出实质性的变更，则接受无效。如果不是实质性变更发盘的内容，除非发盘人及时向受盘人表示反对，否则接受有效。

案例分析 109

案例： 我 A 贸易公司于 5 月 17 日向德国 B 公司发盘出售一批货物："报 W 325 300 公吨，即期装船，不可撤销即期信用证付款，每公吨 CIF 汉堡 USD 900，5 月 24 日前复到有效。" 5 月 22 日 B 公司复电："你 5 月 17 日电，接受 W 325 300 公吨，即期装船，不可撤销即期信用证付款，每公吨 CIF 汉堡 USD 900，适合海运的良好包装。" A 公司未回复。5 月 29 日 B 公司来电询问是否收到其 5 月 22 日接受电。5 月 30 日我 A 公司复电："你 22 日电收悉，由于你方变更了我方 5 月 17 日发盘，致使发盘失效。十分抱歉，由于世界市场价格变化，收到你 22 日电后，我货已另行出售。" B 公司坚持双方合同已经成立，要求我方履行合同。

问： B 公司 5 月 22 日的接受可否使合同成立？为什么？

分析： B 公司 5 月 22 日的接受可使合同成立。因为根据《公约》的规定，B 公司 5 月 22 日的接受通知中对包装条件的添加并不构成对 A 公司发盘的实质性的改变，除非发盘人在合理的时间内及时表示不同意受盘人的添加，否则该接受仍具有效力。本案中，A 公司收到 B 公司 5 月 22 日的来电并没有表示反对，因此，B 公司 5 月 22 日的接受具有接受效力，双方合同成立。

3. 接受必须在有效期内作出表示

接受必须在发盘规定的有效期内送达发盘人，接受方为有效。对于口头、电传、电邮等方式表示接受，信息即时到达发盘人，不存在迟延的问题，对于信函等传递信息，可能出现延迟，对此，英美法系和大陆法系有不同的解释。

英美法系的国家采用"投邮生效"原则，即当信件投邮或电报交发时，不管日后发盘人是否收到或是否及时收到，接受即告生效，合同即告成立。大陆法系的国家采用"到达生效"原则，即接受通知必须在发盘规定的有效期内到达发盘人，接受才能生效。

案例分析 110

案例： 我某外贸进出口公司向菲律宾 B 商行发盘报冷轧钢板，发盘有效期至 11 月 5 日止。B 商行收到我方发盘后，由于市场情况不稳定，延至 11 月 6 日才发传真表示接受我公司发盘。

问： 对此我公司如何处理？

分析： 根据当时情况有两种不同的处理方法：①B 商行 11 月 6 日表示接受的传真已

超过发盘的有效期，不具有接受效力，仅相当于一项新的发盘，但如我方愿达成这笔交易，也可及时回电确认，承认B商行逾期接受有效，合同于接受到达之日生效。②如我公司不愿达成此笔交易，则可通知对方逾期，不能确认，也可不予答复，双方合同不成立。根据《公约》第20条第（2）款规定，如果承诺通知在承诺期间的最后一天未能到达要约人，而那天在要约人营业地正是假日或非营业日，则承诺期间应顺延至下一个营业日。

在接受时间的界定上，《公约》规定：“（1）发盘人在电报或信件内规定的接受期间，从电报交发时刻或信上载明的发信日期起算，如信上未载明发信日期，则从信封上所载日期起算。发盘人以电话、电传或其他快速通讯方法规定的接受期间，从发盘送达被发盘人时起算。（2）在计算接受期间时，接受期间内的正式假日或非营业日应计算在内。但是，如果接受通知在接受期间的最后1天未能送到发盘人地址，是因为那天在发盘人营业地是正式假日或非营业日，则接受期间应顺延至下一个营业日。”

案例分析111

案例：2006年3月22日，我国A空调企业向沙特阿拉伯B客商以信件方式发盘，以每台156美元FOB广州的价格向B客商销售一批单冷空调机400台，2006年5月1日复到有效。沙特阿拉伯B客商在规定的有效期内向A空调企业发出接受信件，表示完全接受A空调企业的发盘内容，信件于2006年5月1日到达A空调企业所在地。由于五一放假，信件未能送达A空调企业，直至假期后的第一个工作日5月8日接受通知才送达A空调企业，该空调企业认为接受通知已超过规定的时间，且货源较紧，对该逾期接受不予理睬。不久，沙特阿拉伯B客商开来信用证，要求A空调企业尽快交货，以满足旺季的需求。

问：沙特阿拉伯B客商的要求是否有理？为什么？

分析：沙特阿拉伯B客商的要求有理。根据《公约》第20条第（2）款规定，如果承诺通知在承诺期间的最后一天未能到达要约人，而那天在要约人营业地正是假日或非营业日，则承诺期间应顺延至下一个营业日。本案中，因5月1日是假日，故承诺期间的最后一天应顺延至下一个营业日即5月8日。因此，A空调企业于5月8日收到接受通知时认为该接受为逾期接受是错误的，该接受是有效的接受，合同已成立。

4. 接受必须用声明或行为作出表示，保持缄默不能算作接受

《公约》第18条第（1）款规定：“缄默或不行动本身不等于接受。”也就是说，接受必须以某种方式向发盘人表示出来，表示的方式可以是口头、书面或行为。

案例分析112

案例：我某出口公司5月10日向芬兰某商人发盘，出口儿童玩具一批，发盘规定30%电汇，70%托收付款，发盘规定5月16日复到有效。5月15日，我方收到芬兰商人30%的电汇货款，由于芬兰商人没有直接与我方联系，也没有签订合同，我方没有理睬，5月18日，芬兰商人来电要求尽快装运。

问：我方与芬兰商人是否达成了交易？

分析：我方与芬兰商人已达成了交易。本案中，虽然芬兰商人没有通过声明表示接受

我方的发盘，但其在我方发盘的有效期内已电汇 30% 的货款，说明芬兰商人以行动表示了接受，因此接受有效，合同成立。

（二）接受的生效

接受在受盘人的接受通知送达发盘人时生效。接受必须以声明或行动表示出来。按《公约》的规定，如根据发盘或依照当事人业已确定的习惯做法或惯例，受盘人可以作出某种行为对发盘表示接受，而无须向发盘人发出接受通知。例如，发盘人在发盘中要求“立即装运”，则受盘人就可作出立即发运货物的行为来表示接受，而且这种以行为表示的接受，在装运货物时立即生效，合同即告成立，发盘人受其约束。

案例分析 113

案例：我某进出口公司在 9 月 1 日向日本三井会社发出询价，拟购 320 公吨聚丙烯，并在询价中说明：“若在我方收到你方报价一周内，未得到我方答复，可视为接受。” 9 月 5 日我公司收到日本三井会社报价。由于该商品市价变化，9 月 15 日我公司电告三井会社，拒绝其报价。双方就合同是否已成立发生激烈争执。

问：双方合同是否成立？为什么？

分析：双方合同已经成立。根据《公约》的规定，本案中因双方事先已有约定，我方 9 月 5 日收到报价后，直至 9 月 15 日才通知拒绝，其答复已经超过了事先约定的收到对方报价后一周的期限。其行为可视为已接受了对方报价，已构成有效的接受，因此双方合同成立。

（三）逾期接受

在国际贸易中，由于各种原因，导致受盘人的接受通知有时晚于发盘人规定的有效期送达，这在法律上称为“逾期接受”。逾期接受在法律上不具有法律效力，对发盘人不具有约束力。根据《公约》的解释，逾期接受在以下两种情况下仍具有效力：

（1）如果发盘人毫不迟延地用口头或书面的形式将表示同意的意思通知受盘人。

（2）如果载有逾期接受的信件或其他书面文件表明，它在传递正常的情况下是能够及时送达发盘人的，那么这项逾期接受仍具有接受的效力，除非发盘人毫不迟延地用口头或书面方式通知受盘人发盘已经失效。

案例分析 114

案例：我农产品进出口公司根据国外 B 公司询盘，发盘销售 50 公吨蜂蜜，限 B 公司 5 日复到有效。B 公司于次日上午以特快专递向我公司发出接受通知，但由于邮递延误，该接受通知于第 6 日上午才送达我公司。此时，我方鉴于市价趋涨，当即回电拒绝，但 B 公司坚持接受通知迟到不是他的责任，坚持合同有效成立，要求我方按期发货。

问：B 公司的要求是否合理？为什么？

分析：B 公司的要求不合理。根据《公约》规定，如果载有逾期接受的信件或其他书面文件表明，它在传递正常的情况下是能够及时送达发盘人的，那么这项逾期接受仍具有接受效力，除非发盘人毫不延迟地用口头或书面形式通知受盘人表示拒绝。本案中，我方收到B公司的逾期接受后当即回电拒绝，因此，该逾期接受无效，合同不能成立，B公司无权要求我方发货。

（四）接受的撤回

根据《公约》的解释，如果撤回通知于接受原应生效之前或同时送达发盘人，接受得以撤回。但接受一旦生效，合同即告成立，就不得撤销接受或修改其内容，因为这样做等于修改或撤销合同。

第三节 合同的订立

一、合同成立的时间

我国《合同法》规定，承诺生效时合同成立。当事人采用合同书形式订立合同的，在双方当事人签字或盖章时合同成立。当事人采用信件、数据电文等形式订立合同的，可以在合同成立之前要求签订确认书，签订确认书时合同成立。

《公约》也规定接受送达发盘人时生效，接受生效的时间就是合同成立的时间。此外，根据我国法律和行政法规的规定，应当由国家批准的合同，在获得批准时，合同方成立。

二、合同的形式

在国际上，合同的形式可以是口头形式、书面形式和其他形式，口头合同必须提供人证。而我国在核准《公约》时坚持，我国与国外当事人订立的国际货物买卖合同必须采用书面的形式，书面形式包括电报和电传。

三、书面合同的意义

我国《合同法》第11条规定："合同的书面形式是指合同书、信件和数据电文（包括电报、电传、传真、电子数据交换和电子邮件）等可以有形地表示记载的内容。"据此，明确了数据电文的法律效力，确定了电子合同与书面合同具有同等效力的问题。对于电子合同生效的方式，我国《合同法》第26条第（2）款规定："采用数据电文形式订立合同的，承诺到达的时间适用本法第16条第（2）款规定。"

我国在核准《公约》时坚持，我国与国外当事人订立的国际货物买卖合同必须采用书面的形式，书面形式包括电报和电传。书面合同的意义有：①作为合同成立的证据；②作为合同生效的条件；③作为合同履行的依据。

四、合同成立的条件

根据各国合同法的规定，一项合同，除买卖双方就交易条件通过发盘和接受达成协议外，还需具备下列有效条件才是一项具有法律约束力的合同。

（1）当事人必须在自愿和真实的基础上达成协议。

（2）当事人必须具有订立合同的行为能力。

（3）合同必须有对价和合法的约因。

（4）合同的标的和内容必须合法。

（5）合同的形式必须符合法律规定的要求。

五、合同的种类

1. 合同（Sale Contract）

合同的内容全面，条款齐全，对买卖双方的权利、义务以及发生争议后的处理都有全面的规定。它适用于大宗商品或成交金额较大的交易。

2. 售货确认书（Sale Confirmation）

售货确认书的条款比较简单，一般省略了索赔、不可抗力、仲裁等条款。适用于金额不大的交易，如轻纺产品、土特产品的交易。

合同范例 1　售货合同

售 货 合 同

SALES CONTRACT

卖　方：SINOCHEM GUANGDONG IMPORT & EXPORT

Sellers: CORPORATION, CHINA　　　　Contract No.: 98SGQ468001

Date: APR. 22, 2003

地址：　　　　Signed at: GUANGZHOU

Address: ZHANQIAN ROAD, GUANGZHOU, CHINA.　　　　Telex: 0835

Fax: 83556688

Buyers: METCH THAI ELECTRICAL APPLANCES COMPANY,

Address: 45 – 7 MAITRICHITR RD., BANGKOK, THAILAND　　　　Telex:

Fax:

This Sales Contract is made by and between the Sellers and the Buyers, whereby the Sellers agree to sell and the Buyers agree to buy the under-mentioned goods according to the terms and conditions stipulated below:

(1) 货号、品名及规格 Name of Commodity and Specifications	(2) 数量 Quantity	(3) 单位 Unit	(4) 单价 Unit Price	(5) 金额 Amount
TRIANGLE BRANDREFRIGERATOR			CIF BANGKOK	
BCD – 184W	100	SET	USD 180.00	USD 18, 000.00
BCD – 184G	100		USD 180.00	USD 18, 000.00
BCD – 184Y	100		USD 180.00	USD 18, 000.00
5% more or less both in amount and quantity allowed		Total Amount		USD 54, 000.00

(6) Packing: CARTON　(7) Delivery From GUANGZHOU to BANGKOK　(8) Shipping Marks: N/M

(9) Time of Shipment: Within 30 days after receipt of L/C. allowing transshipment.

(10) Terms of Payment: By 100% Confirmed Irrevocable Letter of Credit in favor of the Sellers to be available by sight draft to be opened and to reach China before MAY 15, 2003 and to remain valid for negotiation in China until the 15th days after the foresaid Time of Shipment. L/C must mention this contract number. L/C advised by BANK OF CHINA GUANGZHOU BRANCH. TLX: 444U4K GZBC.CN. ALL banking Charges outside China (the mainland of China) are for account of the Drawee.

(11) Insurance: To be effected by Sellers for 110% of full invoice value covering WA up to BANGKOK
~~To be effected by the buyers~~.

(12) Quality/Quantity Discrepancy and Claim:
In case the quality and/or quantity/weight are found by the Buyers to be not in conformity with the Contract after arrival of the goods at the port of destination, the Buyers may lodge claim with the Sellers supported by survey report issued by an inspection organization agreed upon by both parties, with the exception, however, of those claims for which the insurance company and the shipping company are to be held responsible, claim for quality discrepancy should be filed by the Buyers within 30 days after arrival of the goods at the port of destination, while for quantity/weight discrepancy claim should be filed by the Buyers within 15 days after arrival of the goods at the port of destination, The Sellers shall, within 30 days after receipt of the notification of the claim, send reply to the Buyers.

(13) Force Majeure: In case of Force Majeure, the Sellers shall not be held responsible for late delivery or non-delivery of the goods but shall notify the Buyers by cable. The Sellers shall deliver to the Buyers by registered mail, if so requested by the Buyers, a certificate issued by the China Council for the Promotion of International Trade or/and competent authorities.

(14) Arbitration: All dispute arising from the execution of or in connection with this contract shall be settled amicably by negotiation. In case of settlement can be reached through negotiation the case shall then be submit China International Economic & Trade Arbitration Commission. In Shenzhen (or in Beijing) for arbitration in act with its sure of procedures. The arbitral award is final and binding upon both parties for setting the Dispute. The fee for arbitration shall be borne by the losing party unless otherwise awarded.

The Seller 张三　　　　The Buyer ______

合同范例2 售货确认书

卖 方
GUANGDONG TEXTILES IMP. & EXP. GRANDTON TRADING CO., LTD. 7/F, GUANGDONG TEXTILES MANSION, 168 XIAO BEI ROAD, GUANGZHOU, CHINA

售货确认书
SALES CONFIRMATION

号码:
No. GD-2003-7885
日期:
Date: AUG. 15, 2003
签约地点:
Signed at: GUANGZHOU, CHINA
电报挂号:
Cable Address:
TELEX:
FAX:

买 方
Buyers: ABC TRADING CO., LTD.
地 址
Address: NO. 180 MOSQUE ROAD, GORAKANA, SRI LANKA

电报挂号:
Cable Address:
TELEX:
FAX:

兹经买卖双方同意按下列条款成交:
The undersigned Sellers and Buyers have agreed to close the following transactions according to the terms and conditions stipulated below:

1.

货号 Art. No.	品名及规格 Description	数量 Quantity	单价 Unit Price	金额 Amount
ART. NO. GL9001	LEATHER DRESSING GLOVES IN GREY, BLUE AND BLACK COLOURS	3,000 PAIRS	CIFC2 COLOMBO @ USD 26.00	USD 78,000.00
		3,000 PAIRS		USD 78,000.00

数量及总值均得有 %的增减,由卖方决定
With 5 % more or less both in amount and quantity allowed at the Sellers' option.

2. 总 值
Total Value: USD 78,000.00 (U.S. DOLLARS SEVENTY-EIGHT THOUSAND ONLY.)

3. 包 装
packing: CARTON IN 10 PAIRS

4. 装运期
Time of Shipment: IN OCTOBER, 2003

5. 装运口岸和目的地
Loading port & Destination: FROM GUANGZHOU TO COLOMBO

6. 保险: 由卖方按发票全部金额110%投保至 为止的 险
Insurance: To be effected by Sellers for 110% of full invoice value covering ALL RISKS AND WAR RISK up to COLOMBO only.

7. 付款条件: 买方须于 年 月 日前将不可撤销的,即期信用证开到卖方,议付有效期延至上列装运期后15天在中国到期,该信用证中必须注明允许分运及转运。
Terms of payment:
By Irrevocable, and Divisible Letter of Credit to be available by sight draft to reach the Sellers before SEP. 30, 2003 and to remain valid for negotiation in China until the 15th day after the foresaid Time of Shipment. The L/C must specify that transshipment and partial shipments are allowed.

8. 装船标记
Shipping Mark: N/M

9. 开立信用证时请注明我成交确认书号码。
When opening L/C, Please mention our S/C number.

10. 备 注
Remarks:

卖 方
THE SELLER

买 方
THE BUYER

希将本确认书一份签署后寄回本公司
Please sign and one copy of this sales confirmation to us at your earliest convenience.

第九章　出口合同的履行

签订完出口合同，签约双方即受合同的约束，必须严格履行合同规定的各项义务，任何一方不得擅自变更或解除合同。因此，在履行出口合同时，出口企业必须遵循“重合同，守信用”的原则，这是我国对外贸易的重要原则。出口商要做好出口合同的履行工作，首先要做好“四排”和“三平衡”。

“四排”就是以出口合同为对象，对每份出口合同的有关信用证是否开到、货源是否落实进行分析排队，即有证有货、有证无货、无证有货、无证无货。通过排队，可以发现出口合同履行中的薄弱环节和存在的问题，以便及时处理。

“三平衡”就是以信用证为对象，按信用证上规定的货物装运期和有效期的远近，根据货源情况和运输能力，做到证、货、船三方面的衔接和综合平衡。

出口合同履行的环节主要有催证、审证和改证，备货、申领出口许可证，租船订舱、投保、报检、报关和制单结汇等。

第一节　催证、审证和改证

一、催证

在实际业务中，有时国外进口商在遇到市场行情发生变化或资金周转困难等情况时，往往会拖延开证。出口商应根据合同的要求，及时向进口商催开信用证。

催证时应由出口商直接向国外的进口商发出函电。例如：

“The cargo has been prepared to come forward to open credit, call me.”（合同＊＊号，货已备妥，请速开证，电复。）

“Please open credit asap, to arrange shipment, call me.”（合同＊＊号，请速开证，以便安排装运，电复。）

案例分析 115

案例：我 A 公司向中东 B 公司按 CIF 中东口岸每磅 1.38 美元出口某商品，即期信用证付款，合同规定 11 月装运，未规定买方具体开到信用证的日期。合同签订后，该商品市场价格趋降，B 公司便拖延开证。我方从 10 月中旬起多次电催 B 公司开证，终于使该商在 11 月 16 日开来了信用证。但由于开证太晚，我方安排装运发生困难，于是我公司要求买方对信用证的装运期和议付有效期进行修改，分别推迟一个月。但 B 公司拒不同意，并以我方未能按期装运为由单方面宣布解除合同，我方也就此作罢。

问：我方如此处理是否适当？应从中吸取哪些教训？

分析：我方处理不当。应吸取的教训有：①在合同中未规定信用证开到日期不妥；②按惯例，即使合同中未规定开证期限，买方也应于装运月前开到信用证，买方未及时开到信用证，我方应保留索赔权；③对于外商以我方未能按时装运为由，单方面宣布解除合同，我方不能就此作罢。

二、审证

审证由银行和出口商共同承担。银行主要审核信用证的真实性、开证行的资信、付款责任以及索汇路线等，并提出是否对信用证加以保兑的建议。出口商审核信用证的内容是否与合同条款一致，信用证中是否提出合同中没出现的要求，这些要求是否合理，出口商能否接受。

1. 开证银行

开证行的政治背景、资信状况、印鉴、密押是否相符，索汇路线是否正确，是否符合支付协定，是否要加具保兑或由偿付银行确认偿付。

2. 信用证的类型

信用证不论是即期、远期、保兑、可转让、循环或备用的信用证，都应该有“IRREVOCABLE”字样。若信用证没有明示是否可撤销，根据《UCP 600》规定，应理解为不可撤销。当合同规定开出的是保兑信用证时，应检查信用证内是否有注明“CONFIRMED”字样。

3. 开证人

开证人一般情况下是订立货物买卖合同的买方，也可能是买方的客户或买方委托的开证人。审证时应以合同为依据，逐字查核开证人的名称和地址是否写错。

4. 受益人

受益人应是订立货物买卖合同的卖方。审证时应以合同为依据，逐字查核受益人的名称和地址是否写错。

5. 币制和金额

原则上，来证的币别和币值应与合同的币别和币值相符。如用其他货币开证，应按汇率折算看是否与合同金额相符，否则要改证；如来证金额因含折扣或佣金而与合同不一致，应核算来证的净值是否与合同的净值一致；若来证规定数量有增减，应注意来证金额也应该有相同比例的增减。

6. 有效期和地点

来证应规定一个有效期，到期地点应在我国境内。根据《UCP 600》规定，若信用证没有规定有效期，视为无效信用证。如来证规定的有效期的最后一天，适逢法定假日或银行例假日，该期限可顺延至下一个营业日。

7. 汇票条款

若信用证为即期付款，其汇票条款一般为“CREDIT AVAILABLE BY YOUR DRAFT(S) AT SIGHT FOR 100 PERCENT OF INVOICE VALUE DRAWN ON...”。若信用证为远期付款，要分清是真远期还是假远期，真远期的汇票条款一般为“AVAILABLE BY YOUR DRAFT(S) AT 30 DAYS SIGHT DRAWN ON THE ISSUING BANK FOR 100% OF INVOICE VALUE”；假

远期的汇票条款一般为"THE NEGOTIATION BANK IN AUTHORISED TO NEGOTIATE THE USANCE DRAFTS ON SIGHT BASIS; DISCOUNT CHARGES, ACCEPTANCE COMMISSION ARE FOR BUYER'S ACCOUNT"。

8. 分批装运及转运

根据《UCP 600》规定，运输单据表面注明货物系使用同一运输工具并经同一路线运输的，即使每套运输单据注明的装运日期不同及/或装货港、接受监管地、发运地不同，只要运输单据注明的目的地相同，也不视为分批装运。

根据《UCP 600》规定，除非信用证另有规定，允许分批装运和转船。

根据《UCP 600》规定，除非信用证特别授权，如信用证规定在指定时期内分批装运，其中任何一期未按期装运，则信用证对该期和以后各期均告失效。

来证不准分批，又没有数量增减条款，则实际装运数量不得少装。但对于散装货而言，根据《UCP 600》规定，即使信用证不准分批，数量也可有5%的增减幅度。

来证不准转运的，要确定能否取得直达提单，否则必须改证。

来证规定在某个港口转船，有的指定由某个船公司接转或在某港转装集装箱等，收证后都要核实能否按来证要求办理，是否使得额外的费用（如 ORC、THC 等）大量增加。

9. 装运港和目的港

来证规定海运的起运港为中国港口（Chinese Port）或当地港口，甚至规定亚洲口岸（Asian Port）都可以，但不能是一个内陆城市，如乌鲁木齐、拉萨或北京等。

来证的目的港应与合同一致，除非是分运几个港口，否则目的港只能列一个。

来证笼统地规定目的港为欧洲主要口岸（European Main Port），只需按合同或买方通知的港口发货即可，不必改证。

10. 装运期

信用证的装运期一般应规定为最迟（Latest）某月某日。

来证没有规定装运期的，根据《UCP 600》的规定，可理解为双到期，即装运期与信用证的有效期相同。

来证规定尽快装运（ASAP）的，根据《UCP 600》的规定，银行将不予置理。

来证如在规定装运日期时使用"于"或"约于"之类表述的，按《UCP 600》规定，银行将理解为在所述日期前后各5天内装运，起讫日包括在内。

11. 货物描述

来证的品名、货号、规格、包装和合同号码等必须与合同一致；来证所列单价和数量应与合同一致。

12. 单据要求

（1）商业发票（Commercial Invoice）。来证要求出具两份不同买主名称的商业发票时，应要求改证。

（2）装箱单（Packing List）。来证要求提供中性包装单（Neutral Packing List），只需使装箱单上不显示受益人的名称和地址即可，不必改证。

（3）提单（Bill of Lading，简称 B/L）。以 FOB 交易，提单应注明 FREIGHT COLLECT，如来证误开为 FREIGHT PREPAID，应要求改证。

来证要求提单上列出集装箱号和/或铅封号，则须以集装箱船装运并在提单上列出集装箱号和/或铅封号。

来证要求提供直达提单或某船公司提单时，应考虑实际情况和可能性，若无法提供应要求改证。

（4）保险单（Insurance Policy）。来证要求保险单中的保险条款、险别、保险加成、保险人和理赔人等方面内容应与合同一致。

来证规定由于任何原因引起的损失或残损（Loss or Damage from any Cause However Arising）都要赔偿，应要求改证，改为任何外部原因（any External Cause）方能被保险公司承保。

除非信用证另有规定，保险单据必须使用与信用证相同的货币开立。

对保险加成，保险公司一般可承保加成到30%，如来证规定加成高于30%又不是投保关税险，要征得保险公司同意方可接受，否则应该改证。

（5）产地证（Certificate of Origin）。来证指定由出入境检验检疫局或贸促会出具产地证的可以接受，但要求上述两家机构互相加具证明的不能接受。

（6）普惠制产地证格式A（Generalized System of Preferences Certificate of Origin FORM A，简称G. S. P.）。出入境检验检疫局是我国签发普惠制产地证的唯一机构时，来证指定其他机构如贸促会签发普惠制产地证的，应要求改证。

（7）品质证（Certificate of Quality）和检验证（Inspection Certificate）。品质证和检验证是检验货物的证明文件，其检验项目有品质、数量和重量等，来证未指定出证机构时，可由出口公司或生产厂出证，也可由出入境检验检疫局出证。如来证要求由贸促会出证，应要求改证。

（8）受益人证明书（Beneficiary's Certificate）。受益人证明书主要有寄单证明、电抄本和履约证明等。来证要求出具的受益人证明书应是受益人实际已完成或受益人力所能及的任务的证明。

（9）装船通知（Immediately After Shipment）。来证规定在装运前若干天发装船通知并且要列明装运日期的，应要求改证，改为装运后发电。

（10）海关发票（Customs Invoice）。如来证指定某种格式或编号的海关发票r，应核查能否提供，否则应改证。

（11）领事发票（Consular Invoice）。来证规定要求提供领事发票的，应要求改证删除。

13. 交单期限

来证一般规定一个装运后的交单期限，如来证没有要求，根据《UCP 600》的规定，最长的交单期限为装船后21天，但不能超过信用证的有效期。

14. 跟单信用证统一惯例文句

来证一般规定有依照惯例声明，如“除另有规定外，本证根据国际商会1993年修订本第500号小册《跟单信用证统一惯例》办理”。但对于SWIFT开证，可以省略该声明。

案例分析 116

案例：我某进出口公司向非洲某商出口一批自行车，对方开来信用证要求按合同规定8月装运，但计价货币与合同规定不符。由于我公司备货不及，无法在8月装运，审证时未加注意。直至9月对方来电催装时，我方才发现信用证有误，忙向对方提出按合同货币改证，同时要求展延装运期和信用证的有效期。次日非商复电："证已改妥。"我方据此将货发运，但信用证修改书始终未到，我公司提交的货运单据寄达开证行时因单证不符遭到拒付。我方为及时收回货款，避免在目的港的仓储费用支出，接受非商要求，同意改为D/P托收，并允许非商向代收行凭信托收据（T/R）借单提货，非商提货后却无力支付货款，我方遭受重大损失。

问：我方在这笔交易中有哪些失误？

分析：我方在这笔交易中的失误有：①合同中规定的装运期过早，没有考虑自己的备货实际，结果导致无法按期交货，陷于被动；②审证疏忽，要求改证太迟；③信用证的修改必须以正式修改书为准，修改书未到就先行发货，必然出现单证不符开证行拒付的情况；④买方电告信用证已修改，但修改书迟迟未到，说明买方有欺诈可能，在此情况下再同意改托收并同意由买方凭信托收据借单提货是不应该的。

三、改证

信用证经过全面的审核后，一般发现的问题主要有信用证的条款与合同条款不符、信用证的内容前后有矛盾、信用证出现合同中没有明示的条款并且对受益人不利或受益人不可能办到等三大类。若出现以上三类问题，出口商应及时通知国外客户通过开证行进行修改。改证时一般应掌握以下几点：

（1）一份信用证如有几处需要修改，应集中一次通知开证人办理修改，避免一改再改，既增加双方的费用、浪费时间，又会造成不良影响。

（2）修改信用证的要求一般应用电讯通知开证人，同时应规定一个修改书的到达时限。

（3）对收到的信用证修改通知书应认真进行审核，如发现修改内容有误或我方不能同意的，出口商有权拒绝接受，但应及时将拒绝修改的通知送交通知行，以免影响合同的顺利履行。

（4）根据《UCP 600》规定，一份信用证的修改通知书的内容要么全部接受，要么全部拒绝，不能接受其中一部分而拒绝另一部分。

案例分析 117

案例：我A公司与英国B公司达成一份家电产品的出口合同，不可撤销信用证付款。B公司按时通过银行开立信用证。收到信用证后，A公司发现信用证项下的产品已换代，旧的型号已停产，立刻通知B公司，建议采用更新换代的另一型号产品代替，价格不变，B公司同意并通过开证行开来修改通知书，同意更改产品型号，但产品数量减少一半。A公司认为原证已按合同列明数量和金额，信用证修改通知书也列明了新型号，于是按原数量装运出口，但提交单据向银行议付时遭到拒绝。

问：银行拒付是否有理？

分析：银行拒付有理。根据《UCP 600》规定，一份信用证的修改通知书的内容要么全部接受，要么全部拒绝，不能接受其中一部分而拒绝另一部分。本案中，我方接受修改通知书中的修改型号部分，而拒绝接受减少数量部分，银行有权拒付。

（5）信用证修改通知书必须由原通知行转递或通知，如由开证人或开证行直接寄给出口商的应提请原证通知行证实。修改的信用证必须经所有信用证当事人同意方为有效。

案例分析 118

案例：我A公司与德国B公司订立一份轻纺制品的出口合同，不可撤销即期信用证付款。B公司在合同规定的开证时间内将信用证开抵通知行，并经通知行转交给A公司。A公司审核发现，信用证上有关货物装运期限和不允许转运的规定与双方签订的合同不一致。为争取时间，尽快将信用证修改完毕，以便办理货物的装运，A公司立即电告开证银行修改信用证，并要求开证银行修改完信用证后，直接将信用证修改通知书寄交我方。

问：①A公司的做法可能会产生什么后果？②正确的信用证修改渠道是怎样的？

分析：①A公司的做法可能会因有关当事人不同意修改信用证或拖延修改信用证，而导致我方无法凭证结汇。根据《UCP 600》的规定，信用证的修改必须征得信用证所有当事人同意方为有效，本案只通过开证银行修改，未征得开证人的同意，开证人有权拒付。②正确的信用证修改渠道是：受益人—开证人—开证行—通知行—受益人。

第二节　备货和申领出口许可证

一、备货

备货就是出口商根据信用证和出口合同的规定，按时、按质、按量地准备好应交的货物。出口商没有准备好货物就不能交货，备货是交货的前提。《公约》第30条规定："卖方必须按照合同和本公约的规定，交付货物，移交一切与货物有关的单据并转移货物所有权。"因此，交付货物是出口商的基本义务。当以信用证方式付款时，出口商在收到信用证后，必须按信用证和合同的规定备货；当以托收或汇付方式付款时，出口商应按合同的规定备货。

（一）备货的主要内容

1. 筹备资金

出口商无论自己生产产品出口，还是向国内厂家购买产品出口，都必须筹备资金，用于原材料的采购或成品的购进。

当出口商资金紧张时，出口商可以利用打包贷款。所谓打包贷款，是指出口商在接到信用证后，以信用证正本作抵押，银行经审核后发放贷款。打包贷款的金额一般不超过信用证金额，贷款期限为货款收妥结汇之日止，最长不超过收汇后的一个星期。

2. 生产、加工

如果出口产品由出口商自己加工生产，则出口商必须根据合同和信用证的要求，制订生产、加工计划，组织产品的生产、加工，保证按期供货。

3. 产品购进

对非出口商自己生产的产品，出口商必须预先联系生产部门，跟踪产品的生产进度，按时购进产品。

4. 包装、仓储

组织的货源，必须按照合同和信用证的要求包装，刷制唛头，入仓待运。

（二）备货应注意的问题

（1）货物的品质、规格应与合同的要求一致。不论是采用凭样品交货，还是凭文字说明交货，货物的品质都要严格按合同的要求，不要过高也不要过低。出口商对货物质量要求不完全一致的，不能采用凭样品交货，样品只能作为参考样品。此时应说明样品仅供参考，不是交货的标准，更不能同时采用既凭样品又凭文字说明表示货物的品质。

（2）货物的数量应符合合同的规定。为争取主动，出口商应在合同中订立溢短装条款，以便出口商可在机动范围内的数量交货。如信用证中数量有“大约”、“约”等字样时，则交货数量可增减10%。对于散装货，即使信用证没有规定溢短装条款，交货数量也可增减5%，但不能超过信用证的总金额。

（3）货物的包装和唛头应符合合同的要求。备货时，货物的内包装和外包装应仔细检查，特别是外包装破损、包装带松懈、唛头模糊不清等情况，应及时更换和重新刷制唛头，避免承运人出具不清洁提单而无法结汇。内包装的图案要考虑进口国的风俗文化，不能出现其忌讳的图案和文字。

（4）备货时间应留有余地。要考虑交货时间和船期，避免因备货时间太紧，再加上其他突发因素，造成交货时间延误。对于出口商未按时交货，根据《公约》的规定，买方有权拒收货物并提出索赔，还可宣告合同无效。因此，签订合同时，特别是合同条款规定收到信用证后若干天交货的，出口商应预留足够的时间，实务中一般要留30天的时间。对于特殊产品，须收到信用证后才安排生产的，其预留的时间要更长。对于分期交货的情形，要考虑每批数量按时交货的可能性，避免因其中一期未按时交货而使该期和以后各期无法收取货款，严重的还可能造成该期和以后各期的合同无效。

（5）遵守国际社会对知识产权的有关规定，重视自我知识产权的保护。出口商出口的货物，不得随意使用别人或别国的商标和专利技术，特别是国外的商标和专利；对进口商来样生产的产品，应在合同中声明任何违反知识产权的行为概由进口商负责，避免出口商因不知情而侵犯他人权利的事件发生；对于传统名牌产品和新技术产品，出口商要注意在出口国和进口国所在地办理商标和技术专利的注册手续，防止国内和国外其他企业抢注和使用。

二、申领出口许可证

出口许可证管理是根据国家的法律、政策、对外贸易计划和国内市场的需求，对出口经营权、经营范围、贸易国别、出口货物品种、数量、技术及其相关产品等实行全面管制、有效监测，规范货物出口许可的制度。

1. 出口许可证的有效期

我国于1980年开始实行出口许可证制度。出口许可证的有效期，自发证之日起最长不超过3个月。出口许可证一般不能跨年度使用，其有效期最迟到当年12月31日。如需跨年度使用，须向原发证机关申请换证，该证的有效期最迟只能延续至下一年的 2 月底，并不得再延。

2. “一批一证制”和“一证一关制”

“一批一证制”是指一份许可证对应一份出口合同，报关一次后许可证自动失效，许可证证面数量若有剩余，则企业应到原发证机构办理退证手续。“一证一关制”是指出口许可证在有效期内只能在一个报关口岸或关区报关出运，经海关签注后由领证单位退回发证机关核销。出口许可证一经签发，任何发证机关和出口单位都不得修改其中的内容。

3. 出口许可证申办手续

出口许可证申办手续包括：①填写出口许可证申请表；②附上合同正本及出口计划批件；③填写出口许可证一式四份，一联为正本，供发货人办理海关手续之用，二联交海关留存，三联送银行办理结汇，四联由发证机关留存。

4. 我国 2009 年出口许可证管理规定

（1）2009 年实行出口许可证管理的 50 种货物，分别实行出口配额许可证、出口配额招标和出口许可证管理。

①实行出口配额许可证管理的货物是：玉米、大米、小麦、玉米粉、大米粉、小麦粉、棉花、锯材、活牛（对港澳）、活猪（对港澳）、活鸡（对港澳）、煤炭、焦炭、原油、成品油、稀土、锑及锑制品、钨及钨制品、锌矿砂、锡及锡制品、白银、铟及铟制品、钼、磷矿石。

②实行出口配额招标的货物是：蔺草及蔺草制品、碳化硅、氟石块（粉）、滑石块（粉）、轻（重）烧镁、矾土、甘草及甘草制品。

③实行出口许可证管理的货物是：活牛（对港澳以外市场）、活猪（对港澳以外市场）、活鸡（对港澳以外市场）、冰鲜牛肉、冻牛肉、冰鲜猪肉、冻猪肉、冰鲜鸡肉、冻鸡肉、消耗臭氧层物质、石蜡、锌及锌基合金、部分金属及制品、铂金（以加工贸易方式出口）、汽车（包括成套散件）及其底盘、摩托车（含全地形车）及其发动机和车架、天然砂（含标准砂）、钼制品、柠檬酸、维生素 C、青霉素工业盐、硫酸二钠。

（2）除对港澳出口的活牛、活猪、活鸡实行全球许可证下的国别（地区）配额许可证管理外，其他出口许可证管理货物目录所列出口货物均实行全球出口许可证管理。除对港澳台出口天然砂实行出口许可证管理外，其他地区禁止出口；对标准砂实行全球出口许可证管理。

（3）对玉米、大米、煤炭、原油、成品油、棉花、锑及锑制品、钨及钨制品、白银实行国有贸易管理。

（4）实行出口配额招标的货物，无论是何种贸易方式，各授权发证机构均凭商务部下发的中标企业名单及其中标数量和招标办公室出具的《申领配额招标货物出口许可证证明书》签发出口许可证。

（5）以加工贸易方式出口下列货物，按以下规定办理：

①以加工贸易方式出口属出口配额许可证管理的货物［但本条第（2）、（3）、（4）、（5）款规定的除外］，发证机构凭出口配额、《加工贸易业务批准证》及出口合同（正本复印件）核发出口许可证。

②进口用于生产铂金的原料加工复出口铂金（铂或白金），发证机构凭经营企业注册

地商务主管部门的《加工贸易业务批准证》、海关加工贸易进口报关单、出口合同（正本复印件）核发出口许可证。

③进口原油加工复出口石蜡，进口含白银货物（银粉、未锻造银等及银的半制成品除外）加工复出口白银，以加工贸易方式出口锌及锌基合金，发证机构凭经营企业注册地省级商务主管部门的《加工贸易业务批准证》、海关加工贸易进口报关单、出口合同（正本复印件）核发出口许可证。其中，白银《加工贸易业务批准证》凭商务部批件核发，发证部门加验商务部批件。

④以加工贸易方式出口甘草及甘草制品，发证机构凭经营企业注册地省级商务主管部门的《加工贸易业务批准证》、中国医药保健品进出口商会的《申领加工贸易货物出口许可证证明书》、海关加工贸易进口报关单和出口合同（正本复印件）核发出口许可证。

⑤进口原油加工复出口成品油，免领成品油出口许可证。关于加工贸易项下润滑油（脂）、润滑油基础油出口，按2008年商务部、发改委、海关总署第30号公告的有关规定执行。

⑥本条第（1）、（2）、（3）、（4）款所述出口许可证的有效期，按《加工贸易业务批准证》核定的出口期限核发，但不得超过当年12月31日。如《加工贸易业务批准证》核定的出口期限超过当年12月31日，经营者应在原出口许可证有效期内向发证机构申请换发新一年度出口许可证，发证机构收回原证，在发证系统中对原证进行注销，扣除已使用的数量后，按《加工贸易业务批准证》核定的出口期限重新签发新一年度出口许可证，并在备注栏中注明原证证号。

（6）根据国务院《关于边境贸易有关问题的通知》（国发〔1996〕2号）的精神，边境小额贸易企业凡出口配额招标的货物、消耗臭氧层物质、汽车（包括成套散件）及其底盘、摩托车（含全地形车）及其发动机和车架，仍按现行有关规定，在商务部授权的发证机构办理出口许可证。边境小额贸易企业出口边境小额贸易出口许可证管理货物（附件2第1~28种），由商务部授权的边境省、自治区商务主管部门根据商务部下达的边境小额贸易出口配额签发出口许可证。边境小额贸易企业出口除本条所述以外的其余列入《2009年出口许可证管理货物目录》的货物，一律免领出口许可证。

（7）为保证进出口许可证联网核销的实施，对不实行“一批一证”管理的货物，发证机构在签发出口许可证时必须在许可证“备注”栏内填注“非一批一证”。

实行“非一批一证”管理的货物为：

①外商投资企业出口货物。

②加工贸易方式出口货物。

③补偿贸易项下出口货物。

④大米、玉米、小麦、活牛、活猪、活鸡、牛肉、猪肉、鸡肉、原油、成品油、煤炭、汽车（包括成套散件）及其底盘。

“非一批一证”的出口许可证可在同一口岸多次报关，但不得超过12次。报关12次后，出口许可证虽有余额，海关也会停止接受报关。

（8）消耗臭氧层物质的货样广告品须凭出口许可证出口。

（9）企业以一般贸易、加工贸易、边境贸易和捐赠贸易方式出口汽车产品须申请出口许可证；企业以工程承包方式出口汽车产品应申领出口许可证，但不受出口资质管理限制。

（10）我国政府在对外援助项下提供的本目录产品不纳入配额和许可证管理。

（11）凡列入禁止出口、出口配额许可证、出口许可证管理货物目录的商品，因添加、混合其他成分或仅简单加工导致商品编号改变的，须按照原海关商品编号的管理方式进行管理。

（12）凡申报出口的商品成分中含有（添加或混合）禁止出口、出口配额许可证、出口许可证管理的商品（贵金属超过2%，其他超过10%）的，须按含有禁止出口、出口配额许可证、出口许可证管理商品的管理方式进行管理。如已有管理规定对此问题进行明确的，仍按相关管理规定执行。

（13）自2009年1月1日起，取消蚕茧和部分蚕丝出口配额许可证管理。

5. 纺织品出口自动许可证

根据商务部公布的《纺织品出口自动许可暂行办法》（商务部令2005年第3号）及《纺织品出口自动许可目录》（商务部、海关总署2005年第7号公告）的有关要求，企业自2005年3月1日起出口《纺织品出口自动许可目录》中的商品须向海关提供《中华人民共和国纺织品出口自动许可证》。

企业申领纺织品出口自动许可证，应注意：

（1）企业应到企业所属地方商务主管部门纺织品出口自动许可证授权发证部门申领许可证。如广东的企业要向广东省外经贸厅纺织品出口自动许可证发证部门申领许可证，中央所属在京企业向许可证局申领许可证。

（2）企业领证可以采取两种方式：

①纸面申领方式。企业可以登录许可证局网站（http：//www. licence. org. cn），找到“相关业务”栏目，点击“相关表格及软件下载”，下载“纺织品出口自动许可证申请表”，填写、打印、签字、盖章，持《纺织品出口自动许可暂行办法》中规定的相关文件到发证机关递交书面材料，发证机关受理后在规定时间内向企业发放许可证。

②企业网上申领方式。如果企业以前办理过网上申领许可证（含进口许可证、出口许可证、自动进口许可证）的电子钥匙，并且目前电子钥匙及用户有效可用，则可以在商务部配额许可证事务局许可证申领平台上点击“纺织品出口自动许可证申领系统”，以现有的用户名和口令即可登录进行网上申领，操作与目前所使用的许可证申领步骤相似。

如果企业从未办理过电子钥匙，则可以向当地商务主管部门（指目前签发进口许可证、出口许可证、自动进口许可证的省级商务主管部门）咨询办理，还可以到许可证局网络服务室办理（电话：010－84095551－7583），还可以直接咨询电子钥匙制作部门（电话：010－65129170）。办理好电子钥匙后，可以登录许可证局网站，点击首页右侧中间“网上业务”栏目中的“网上企业申领”链接，进入商务部配额许可证事务局许可证申领平台上点击“纺织品出口自动许可证申领系统”，进入登录页面。

样单 9－1　纺织品出口自动许可证

中华人民共和国纺织品出口自动许可证

AUTOMATIC TEXTILES EXPORT LICENCE OF THE PEOPLE'S REPUBLIC OF CHINA　No.5463674

1. 出口商：Exporter　4400231116246　广东省纺织品进出口毛织品有限公司	3. 出口自动许可证号：Automatic export licence No.　05-19-B25532
2. 发货人：Consignor　4400231116246　广东省纺织品进出口毛织品有限公司	4. 出口自动许可证有效截止日期：Automatic export licence expiry date　2005年06月28日
5. 贸易方式：Terms of trade　一般贸易	8. 出口最终目的国（地区）：Country/Region of purchase　巴拿马
6. 合同号：Contract No.　2005AUMWBS09045	9. 付款方式：Payment　汇付
7. 报关口岸：Place of clearance　广州海关	10. 运输方式：Mode of transport　公路运输
11. 商品名称：Description of goods　化学纤维针织或钩编男T恤衫	商品编码：Code of goods　6109909051

12. 规格、等级 Specification	13. 单位 Unit	14. 数量 Quantity	15. 单价（USD） Unit price	16. 总值（USD） Amount	17. 总值折美元 Amount in USD
S.M.L	件	*9,500.0	*2.5000	*23,750	$23,750
18. 总　计 Total	件	*9,500.0		*23,750	$23,750

19. 备　注：Supplementary details 供货生产企业名称：广州市白云富成针织制衣厂 是否转口：是 转口国（地区）：香港	20. 发证机关盖章：Issuing authority's stamp 纺织品出口自动许可证专用章 广东 21. 发证日期：Licence date　2005年03月28日

中华人民共和国商务部监制（2005）

第二联（副本）海关留存核对正本

第三节　租船订舱和投保

一、租船订舱

以 CFR 或 CIF 成交时，出口商必须在合同规定的装运期内，办理租船或订舱手续。出口商租船订舱的基本程序如下：

(1) 出口商将填制好的海运出口托运单提交船公司，船公司结合船期安排船只和舱位。

实务中，出口商可根据船公司定期公布的船期表，寻找符合合同和信用证规定的船期和航线，填制海运出口托运单（Shipping Note）。出口托运单因船公司的不同，其格式各不相同（详见后面样单）。

(2) 船公司在确定了船只和舱位的情况下，填制托运单中的有关内容，并在装货单上盖章、签字后交出口商。

(3) 船公司根据货物配舱，并将一联配舱回单交出口商，出口商据此缮制报关单、投保单和预制提单。

(4) 在办理货物集港的同时，出口商报关员持整套报关单据及装、收货单向海关办理出口报关。

(5) 海关验货后，在装货单（俗称“关单”）上盖章放行，并将装、收货单退还出口商，由出口商将装、收货单交船公司。

(6) 船方收到装、收货单后，留下装货单作为随船货运资料，并根据装船时货物的实际状况由大副在收货单上签字或作适当批注后退交出口商。

(7) 出口商取得大副签字的收货单（即大副收据）后，即可凭此及预制好的提单到船公司换取正本提单。

案例分析 119

案例： 广州 A 公司准备托运一批家用电器到美国纽约。

问： 该公司业务员小张应如何操作订舱这一业务环节？

分析： 该公司业务员小张可如下操作订舱环节：①收集若干船公司的船期表，根据 A 公司与美商签订的合同和信用证对装船日期、能否分批、能否转运、装运港和目的港等的要求，选择若干合适的船公司；②电话咨询选出的船公司，了解各家船公司的运价和能承运的数量；③根据承运数量，确定符合 A 公司需要的若干船公司；④比较运价，确定船公司；⑤选择并填制该船公司的出口托运单，提交该船公司；⑥接收船公司已确认承运的装货单，准备下一个业务环节。

二、投保

CIF 出口合同下，出口商在装船前，必须及时向保险公司办理投保手续，即根据合同或信用证中有关保险条款的规定，填制投保单，列明具体的保险金额、保险范围、保险加成率、保险标的、装运港、目的港、被保险人以及唛头等内容。保险公司接受投保后，根据投保单出具正本的保险单交出口商。

根据《UCP 600》的规定，若信用证没有规定投保险别和保险加成率，卖方只有义务投保最低险别平安险，投保加成率为10%。出口商品的投保手续一般都是逐笔办理的。

样单 9 – 2 托运单

中 国 外 运 广 东 公 司
出口货物托运单

提单编号________ 托运日期 MAY 12, 1998 托运单位编号 YSM199905

合约编号 98SGQ468001

船　名________ 船期________ 运往地点 HELSINKI

托 运 人 GUANGDONG LIGHT ELECTRICAL APPLIANCES CO., LTD.

受 货 人 TO ORDER

通　知 A.B.C.CORP.AKEDSANTERINK AUTO P.O.BOX 9, FINLAND

标记及号码	件　数	货　名	重量(千克)		容积吨
			净重	毛重	
N/M	800CTNS	HALOGEN FITTING W500	11,200.00	13,600.00	151.04m^3

合计:800CTNS　　共重:13,600.00KGS

特约事项	①请配一个 40 尺集装箱,并标出集装箱号码; ②承运货轮的船龄不得超过 20 年。

可否转船	允许			(托运人盖章)	
可否分批	不允许	需要提单正本 3 份		副本 3 份	
货物堆存地点	罗涌仓	装船期限	MAY 30,1998	结汇期限	JUN.16,1998
运费缴付方式	FREIGHT PREPAID		运费账单开送		
信用证号码	LRT 9802457	货　价	F.O.B.	C.I.F. USD 36,480.00	
运往香港船名		实际装船日期			

运费吨:　　运费率:　　运费金额:

样单 9－3　集装箱货物托运单

Shipper（发货人） GUANGDONG LONGHUA TRADING CO., LTD. 152 ZHENGLONG ROAD, GUANGZHOU, CHINA	B/L No.
Consignee（收货人） TO ORDER	中远集装箱运输有限公司 COSCO CONTAINER LINES
Notify Party（通知人） ABC COMPANY LIMITED, FINLAND AKEDSANTERINK AUTO P. O. BOX 9, FINLAND	集装箱货物托运单
Pre-carriage by（前程承运人） / Place of Receipt（收货地点）	装货单 SHIPPING ORDER
Ocean Vessel（船名）Voy. No.（航次） / Port of Loading（装运港）GUANGZHOU	
Port of Discharge（卸货港）HELSINKI / Place of Delivery（交货地点）	Final Destination for the Merchant's Reference（目的地）

Container No.（集装箱号）	Seal No（铅封号）Marks & Nos.（标记与号码）	No. of containers or p'kgs（箱数或件数）	Kind of Package; Description of Goods（包装种类与货名）	Gross Weight 毛重（公斤）	Measurement 尺码（立方米）
	ABC HELSINKI NO. 1－400	400 CTNS	TRIANGLE BRAND 3U－SHAPE ELECTRONIC ENERGY SAVING LAMP FREIGHT PREPAID	3,600 KGS	28CBM

TOTAL NUMBER OF CONTAINERS OR PACKAGES（IN WORDS）集装箱数或件数合计（大写）	ONE（20'）CONTAINER ONLY.

FREIGHT & CHARGES（运费与附加费）	Revenue Tons（运费吨）	Rate（运费率）	Per（每）	Prepaid（运费预付）	Collect（运费到付）

Service Type on Receiving	Service Type on Delivery	Reeter Temperature Requred（冷藏温度）	℉	℃

TYPE OF GOODS（货类）	☑Ordingary（普通） ☐Reeger（冷藏） ☐Dangerous（危险品） ☐Auto（裸装车辆） ☐Liquid（液体） ☐Live Animal（活动物） ☐Bulk（散货）	危险品	IMCO Class: UN No.: IMDG Code Page: Property:

可否转船：	可否分批：	装期：	Received by the Carrier the total number of containers or other packages or units stated above to be transported subject to the terms and conditions of the Carrier's regular form of Bill of Lading（for combined Transport to Port shipment）which shall be deemed to be incorporated herein
ALLOWED	ALLOWED	LATEST DEC. 28, 2003	
货价：	信用证号码：	No. of original B（S）/L	
	LRT9802457	THREE	
特约事项：	合同号码：	托运人盖章：	Date:　　as Agent only
	98SGQ468001		

样单9－4　装货单

中 国 外 轮 代 理 公 司
CHINA OCEAN SHIPPING AGENCY
装货单　SHIPPING ORDER

装单号码 AS/O # ________　日期 Date ________　海关编号 Customs Ves. # ________

船名 S.S. ________　航次 Voy. ________　装往地点 Destination ________

托运人 Shipper ________

收货人 Consignee ________

通知 Notify ________

标记及号码 Marks and numbers	件数 Quantity	货名 Description of goods	重量 Weight		尺码 Measurement
			毛重 Gross Weight	净重 Net Weight	

合计 Total:　　共重 Total:

合计 Say ________

请将上开完好之状况货物，予以装船，并希签署收货单为荷。

Please receive on board the above mentioned goods in good order and condition and sign the accompanying Receipt for same.

装入何舱 Stowed ________

实收 Received ________

理货员签名 Tallied By ________

代理人 As agents ________

样单9-5 收货单

中 国 外 轮 代 理 公 司
CHINA OCEAN SHIPPING AGENCY
收货单 MATE'S RECEIPT

装单号码 AS/O#________ 日期 Date________ 海关编号 Customs Ves. #________

船名 S.S.________ 航次 Voy.________ 装往地点 Destination________

托运人 Shipper________

收货人 Consignee________

通知 Notify________

标记及号码 Marks and numbers	件数 Quantity	货名 Description of goods	重量 Weight		尺码 Measurement
			毛重 Gross Weight	净重 Net Weight	

合计 Total: 共重 Total:

合计 Say

上开完好货物，业已收妥无误。

Received on board the above mentioned goods in good order and condition.

装入何舱 Stowed________

实收 Received________

理货员签名 Tallied By________

大副 Chief Officer________

第四节　出口检验

凡属国家规定或合同规定必须经国家出入境检验检疫局出证的商品，在货物备齐后，应向出入境检验检疫局申请检验。只有取得出入境检验检疫局签发的合格证书，海关才准放行。

一、检验程序

进出口商品检验主要有接受报检、抽样、检验和签发证书等环节。

1. 接受报检（Accept Application）

报检是指进出口货物的出口商或进口商向出入境检验检疫局申请检验。其申请行为体现为填写并提交《中华人民共和国出入境检验检疫出境货物报检单》或《中华人民共和国出入境检验检疫入境货物报检单》。

2. 抽样（Sampling）

抽样是指检验检疫人员到现场抽取样品。除委托检验外，一般不得由报检员送样，而是由检验检疫人员在货物堆存现场自行抽样。

抽样按进出口合同规定的方法抽取，若进出口合同没有规定抽样方法的，按有关标准进行抽样。

对所抽取的样品经过加工方能进行检验的称为制样。如矿产品、铁合金、粮谷等成分的检验，金属材料的拉力性能检测，纺织面料性能检测等。

3. 检验（Inspection）

检验检疫机构抽取样品后，按规定的检验标准和方法对样品进行检验。同时，做到认真、准确、迅速、证货相符。

4. 签发证书（Grant Certificate）

凡法律、行政法规、规章或国际公约规定须经检验检疫机构检验检疫的出境货物，经检验检疫合格的，签发《出境货物通关单》，作为海关核放货物的依据；经检验检疫不合格的，签发《出境货物不合格通知单》。

进出口合同要求签发有关检验检疫证书的，检验检疫机构根据对外贸易关系人的申请，经检验检疫合格的，签发相应的检验检疫证书，作为买卖双方交接货物的依据，也是向银行办理议付的单证之一。

凡法律、行政法规、规章或国际公约规定须经检验检疫机构检验检疫的入境货物，检验检疫机构接受报检后，先签发《入境货物通关单》，海关据此验放货物。然后，经检验检疫机构检验检疫合格的，签发入境货物检验检疫情况通知单；不合格的对外签发检验检疫证书，供有关方面对外索赔。

商检证书一般使用英文书写，进口商检证书一般使用中英文合并本。商检证书一般自货物签发之日起两个月内有效，鲜果、蛋类的商检证书两星期内有效。

二、报检时限

（1）对入境货物，应在入境前或入境时向入境口岸指定的或到达站的检验检疫机构办理报检手续；入境的运输工具及人员应在入境前或入境时申报。

（2）入境货物需对外索赔出证的，应在索赔有效期前不少于20天内向到货口岸或货物到达地的检验检疫机构报检。

（3）输入微生物、人体组织、生物制品、血液及其制品或种畜、禽及其精液、胚胎、受精卵的，应当在入境前30天报检。

（4）输入其他动物的，应当在入境前15天报检。

（5）输入植物、种子、种苗及其繁殖材料的，应当在入境前7天报检。

（6）出境货物最迟应于报关或装运前7天报检。

（7）需隔离检疫的出境动物在出境前60天预报，隔离前7天报检。

三、报检时必须提供的单证

（1）入境报检时，一般应填写《入境货物报检单》并提供合同、发票、提单等有关单证，特殊情况还须提交其他相关文件。

（2）出境报检时，一般应填写《出境货物报检单》并提供对外贸易合同、信用证、发票、装箱单等有关单证，特殊情况还须提交其他相关文件。

四、检验内容

《中华人民共和国进出口商品检验法》（以下简称《商检法》）于1989年8月1日开始施行。根据《商检法》的规定，商检机构实施进出口商品检验的内容包括商品的质量、数量、重量、包装以及是否符合安全、卫生要求。

1. 商品的质量检验

商品的质量不仅包括商品的化学成分、物理和机械性能、生物特征、造型、结构、色香味以及技术指标等内在的特征，还包括颜色、光泽、透明度、款式、花色等外在因素。其检验方法一般采取感官检验、物理检验、化学检验、微生物检验等方法。

2. 商品的数量检验

商品的数量检验方法，一般是查点包装件数。

3. 商品的重量检验

对商品重量的检验，根据商品性质的不同而采用不同的方法。对固态商品，一般用衡器计量；对液态商品，一般采用流量、容积计量；对大宗原料商品，一般采用水尺计量。

五、原产地证明书的申领

1. 一般原产地证明书

出口商应至少在货物出运前3天向检验检疫机构或贸促会申请签证，并提交如下文件：

（1）一般原产地证申请书一份。

（2）缮制正确、清楚并经申请单位手签人员手签和加盖公章的一般原产地证一式四份。

（3）出口商的商业发票副本一份。

（4）含有进口成分的产品还得提交产品成本明细单。

2. 普惠制原产地证明书

我国规定，普惠制原产地证明书由出入境检验检疫局签证，出口商应向当地的检验检疫机构办理注册登记，并将其使用的中英文对照的企业签证公章、负责签字人员姓名及手签笔迹向当地的检验检疫机构备案。

出口商申请普惠制原产地证明书签证应提交如下文件：

（1）普惠制原产地证明书申请书一份。

（2）普惠制原产地证明书（FORM A）一套。

（3）出口商业发票副本一份、装箱单一份。

（4）含有进口成分的产品，应提交《申请 FORM A 产品成本明细单》。

样单 9－6　出境货物报检单

中华人民共和国出入境检验检疫
出境货物报检单

2-1035

报检单位（加盖公章）：广东产华实业发展有限公司　　*编　号 442200205000589E

报检单位登记号：4401004824　联系人：吴会芳　电话：82170725　报检日期：20　年　月　日

发货人	（中文）	广东产华实业发展有限公司
	（外文）	***
收货人	（中文）	***
	（外文）	***

货物名称（中/外文）	H.S. 编码	产地	数/重量	货物总值	包装种类及数量
木雕	44201090.90 P/Q	广东省	4000件 4000千克	20000 港币	200纸箱
木家具	94036099.00 P/Q	广东省	60件 2500千克	12000 港币	60捆装
木家具	94016900.00 P/Q	广东省	80件 2000千克	12000 港币	80纸箱
竹雕	44201010.90 P/Q	广东省	400件 500千克	4000 港币	50纸箱
				USD6000	

运输工具名称号码	船舶	贸易方式	一般贸易	货物存放地点	永业码头
合同号	DH050322	信用证号	***	用途	其他
发货日期	2005-06-20	输往国家（地区）	中国台湾	许可证/审批号	***
启运地	天河永业码头口岸	到达口岸	中国台湾省	生产单位注册号	***
集装箱规格、数量及号码	***				

合同、信用证订立的检验检疫条款或特殊要求	标记及号码	随附单据（划"✓"或补填）	
***	N/M	□合同	□包装性能结果单
		□信用证	□许可/审批文件
		□发票	□
		□换证凭单	□
		□装箱单	□
		□厂检单	□

需要证单名称（划"✓"或补填）				检验检疫费	
□品质证书	_正_副	□植物检疫证书	_正_副	总金额（人民币元）	66
□重量证书	_正_副	□熏蒸/消毒证书	_正_副		
□数量证书	_正_副	□出境货物换证凭单	_正_副	计费人	
□兽医卫生证书	_正_副	□出境货物通关单	1　2		
□健康证书	_正_副	□		收费人	
□卫生证书	_正_副	□			
□动物卫生证书	_正_副	□			

报检人郑重声明：	领取证单	
1. 本人被授权报检。	日期	05.6.20
2. 上列填写内容正确属实，货物无伪造或冒用他人的厂名、标志、认证标志，并承担货物质量责任。签名：吴会芳	签名	

注：有"*"号栏由出入境检验检疫机关填写

◆国家出入境检验检疫局制

[1-2(2004)-1]

样单 9 – 7　出境货物通关单

中华人民共和国出入境检验检疫
出境货物通关单

编号：　442200205001033-5

1. 发货人 从化市华盈外贸企业有限公司			5. 标记及号码 N/M
2. 收货人 东美发展有限公司 ***			
3. 合同/信用证号 05HY0107 //	4. 输往国家或地区 香港		
6. 运输工具名称及号码 火车 /	7. 发货日期 ***		8. 集装箱规格及数量 ***
9. 货物名称及规格 竹叶 / (以下空白)	10. H.S. 编码 1404900000 *** (以下空白)	11. 申报总值 *3024港币 *** (以下空白)	12. 数/重量、包装数量及种类 *168千克， *12纸箱 (以下空白)
13. 证明 上述货物业经检验检疫，请海关予以放行。 本通关单有效期至　二OO七年　七月　一日 签字：[signature]　日期：2005年　06月　20日			
14. 备注			

C 5842764　　② 本局留存　　印刷流水号：C5842764　【2-2(2000.1.1)】

样单9－8　一般原产地证明书

ORIGINAL

1. Exporter

GUANGDONG TEXTILES IMPORT AND EXPORT KNITWEARS
COMPANY LTD 15/F GUANGDONG TEXTILES MANSION
168 XIAO BEI ROAD GUANGZHOU 510045 CHINA
TEL 83856391 FAX NO.83866713

Certificate No

971697422

CERTIFICATE OF ORIGIN
OF
THE PEOPLE' S REPUBLIC OF CHINA

2. Consignee

M/S ALAMOUDI SPORT CENTER P.O.BOX
40616 JEDDAH 21511 K.S.A.
TEL 6447453 FAX NO.6447433

3. Means of transport and route

FROM GUANGZHOU CHINA TO JEDDAH
BY VESSEL

5. For certifying authority use only

4. Country / region of destination

JEDDAH

6. Marks and numbers	7. Number and kind of packages;description of goods	8. H.S.Code	9. Quantity	10. Number and date of invoices
ALAMOUDI SPORT CENTER JEDDAH	ONE HUNDRED AND FIFTY (150) CARTONS OF BOY'S SPORT SUIT THE NAME OF THE MANUFACTURERS:SAME AS EXPORTER GOODS EXPORTED ARE WHOLLY OF DOMESTIC ORIGIN. ***	6112	600 DOZ	97229KES OCT. 28, 1997

11. Declaration by the exporter

The undersigned hereby declares that the above details and statements are correct, that all the goods were produced in China and that they comply with the Rules of Origin of the People's Republic of China.

广东省纺织品进出口针织品有限公司
GUANGDONG TEXTILES IMPORT & EXPORT
KNITWEARS COMPANY LIMITED

林樹宗

GUANGZHOU NOV. 01,1997

Place and date. signature and stamp of authorized signatory

12. Certification

It is hereby certified that the declaration by the exporter is correct.

GUANGZHOU NOV. 01,1997

Place and date, signature and stamp of certifying authority

样单9－9　普惠制原产地证明书

5　　　ORIGINAL　　　9861 00189C

1. Goods consigned from (Exporter's business name, address, country)	Reference No.
GUANGDONG TEXTILES IMP. AND EXP. COTTON MANUFACTURED GOODS COMPANY LTD. 14/F, GUANGDONG TEXTILES MANSION NO 168 XIAO BEI ROAD, GUANGZHOU CHINA	Z8/80293/0120 GENERALIZED SYSTEM OF PREFERENCES CERTIFICATE OF ORIGIN (Combined declaration and certificate) FORM A Issued in THE PEOPLE'S REPUBLIC OF CHINA (country) See Notes overleaf
2. Goods consigned to (Consignee's name, address, country) BRUSSELS LACES AND GIFTS SERV.SA RUE DE LUSAMBO,21/23 1190 BRUXELLES,BELGIUM	
3. Means of transport and route (as far as known) ON/AFTER APR.24 1998 FROM GUANGZHOU GUANGDONG CHINA TO ANTWERP BELGIUM VIA HONG KONG BY SEA	4. For official use THIS IS TO CERTIFY THAT THE GOODS STATED IN THIS CERTIFICATE HAD NOT BEEN SUBJECTED TO ANY PROCESSING DURING THEIR STAY/TRANSHIPMENT IN HONG KONG. SIGNATURE: DATE: 14 MAY 1998 CHINA INSPECTION COMPANY LIMITED 中国检验有限公司

5. Item number	6. Marks and numbers of packages	7. Number and kind of packages; description of goods	8. Origin criterion (see Notes overleaf)	9. Gross weight or other quantity	10. Number and date of invoices
1.	BLGS VIA ANTWERP PO NO 970366 ART.NR.... BEACH TOWELS C.C SIZE:75X150 CM QTY:24 PCS	ONE HUNDRED AND SIXTY-FOUR (164) CARTONS OF COTTON PRINTED VELVET TOWELS(WOVEN) ******************************	"P"	3936 PCS	98422CBS APR.21, 1998

11. Certification	12. Declaration by the exporter
It is hereby certified, on the basis of control carried out, that the declaration by the exporter is correct. 中华人民共和国广东进出口商品检验局 GZ　APR.23,1998 Place and date, signature and stamp of certifying authority	The undersigned hereby declares that the above details and statements are correct; that all the goods were produced in CHINA (country) and that they comply with the origin requirements specified for those goods in the Generalized System of Preferences for goods exported to BELGIUM (importing country) GUANGZHOU APR.22,1998 GUANGDONG TEXTILES IMP & EXP. COTTON MANUFACTURED GOODS COMPANY LTD. 广东省纺织品进出口 Place and date, signature of authorized signatory

第五节　出口报关

报关是指进出境运输工具负责人、进出口货物收发货人、进出境物品的所有人或他们的代理人向海关办理运输工具、货物、物品进出境手续及相关手续的全过程。

报关的主体就是报关人，即进出境运输工具负责人、进出口货物收发货人、进出境物品的所有人或他们的代理人。

一、海关报关制度

1. 报关注册登记制度

向海关注册办理报关企业可分为三大类：

（1）专业报关企业。

（2）代理报关企业。

（3）自理报关企业。

2. 异地报关备案制度

异地报关备案制度是指已经在所在地海关办理了报关注册登记的企业，为取得在其他海关所辖关区报关的资格，而在有关海关办理报关备案审批手续的海关管理制度。该制度一般只适用于自理报关单位。

二、报关行为

1. 自理报关

自理报关是指进出口货物的收发货人自行办理报关手续的法律行为。

2. 代理报关

代理报关是指进出口货物收发货人委托其他企业代理其进出口报关手续的法律行为。代理报关行为可分为直接代理和间接代理，在间接代理的条件下，报关企业对报关行为应承担与收发货人相同的法律责任。

三、报关的基本内容

进出口货物的申报是以货物本身为中心的，包括进出口商品的基本情况，进出口贸易的成交方式，货物进出境的运输情况，以及对特定货物适用不同的海关管理办法和进出境国家管制的办法。

四、报关单

对于一般贸易方式，报关单一般填写一式三联，第一联为海关留存联，第二联为海关统计联，第三联为企业留存联。如果是利用计算机进行数据录入的口岸报关，只需提供一份报关单，并交指定的预录入中心将数据输入计算机。

为了更方便地区分，对不同贸易方式，报关单采用不同的颜色。一般贸易进出口货物，填写白色的报关单；进料加工的进出口货物，填写粉红色的报关单；来料加工装配和补偿贸易的进出口货物，填写浅红色报关单；外商投资企业进出口货物，填写浅蓝色的报关单；出口后需国内退税的货物，填写浅黄色的报关单。

出口报关单的主要内容包括：出口口岸、出口日期、申报日期、经营单位、运输方式、运输工具名称、贸易方式、运抵国（地区）、结汇方式、指运港、成交方式、合同协议号、批准文号、运费、件数、包装种类、毛重、净重、商品编号、商品名称和规格型号、数量及单位、最终目的国（地区）、单价及总价、币制、标记唛码及备注。

五、报关提交的单证

办理报关，必须填写出口货物报关单，提供出口合同副本、发票、装箱单或重量单、商检书及其他有关证件。具体为：

（1）出口货物报关单。一般出口货物应填写一式两份；需要由海关核销的货物，如加工贸易货物和保税货物等，应填写专用报关单一式三份；货物出口后需国内退税的，应另填一份退税专用报关单。

（2）货物发票。要求份数比报关少一份，对于货物委托国外销售，结算方式是待货物销售后按实销金额向出口单位结汇的，出口报关时可准予免交。

（3）陆运单、空运单和海运进口的提货单及海运出口的装货单。海关在审单和验货后，在正本货运单上签章放行，退还报关单，凭此提货或装运货物。

（4）货物装箱单。其份数同发票，但是散装货物或单一品种且包装内容一致的件装货物可免交。

（5）出口收汇核销单。一切出口货物报关时，应交验外汇管理部门加盖“监督收汇”章的出口收汇核销单，并将核销编号填在每张出口报关单的右上角处。

（6）海关认为必要时，还应交验贸易合同、货物产地证书等。

（7）其他有关单证。包括：

①经海关批准准予减税、免税的货物，应交海关签章的减免税证明，北京地区的外资企业须另交验海关核发的进口设备清单。

②已向海关备案的加工贸易合同进出口的货物，应交验海关核发的“登记手册”。

六、报关期限及滞报金

报关期限是指货物运到口岸后，法律规定收货人或其代理人向海关报关的时间。根据我国《海关法》的规定，进口货物的报关期限为从运输工具申报进境之日起 14 天内，由收货人或其代理人向海关报关，超过这个期限报关，由海关征收滞报金。

进境货物滞报金的起收日期为运输工具申报进境的第 15 天，而邮运进境的货物滞报金起收日期为收件人接到邮局通知之日起的第 15 天。此外，转关运输进境货物滞报金起收日期有两个：一是运输工具申报进境之日起第 15 天，二是货物运抵指定运地之日起第 15 天。滞报金的征收对象是进口货物的收货人或其代理人。按日征收，日征金额为进口货物到岸价格的 5‰，起征点为人民币 10 元，不足者不征。进口货物的到岸价格以外币计价的，海关按征收滞报金之日国家外汇牌价的买卖中间价折合人民币。

样单 9 – 10　出口货物报关单

外★汇
N12 24891

中华人民共和国海关出口货物报关单

预录入编号：　002102133　　　　　　　　　　　　　　海关编号：　5107761

出口口岸 新风罗冲(5102)	备案号		出口日期	申报日期 97.10.30
经营单位 广东纺织进出口广通贸易有限公司（4401913400）	运输方式 江海运输(2)	运输工具名称		提运单号 KMSL-971009
发货单位 广东纺织进出口广通贸易有限公司(	贸易方式 一般贸易(0110)		征免性质	结汇方式
许可证号	运抵国(地区) 西班牙(312)	指运港 西班牙(312)		境内货源地 广州(44019)
批准文号 ENX:2991703	成交方式 FOB	运费 0.00	保费	杂费 0.00
合同协议号 97GTE0221	件数 100	包装种类 纸箱	毛重(千克) 700	净重(千克) 600
集装箱号	随附单据 发票、装箱单、委托书			生产厂家

标记唛码及备注　防伪标贴签收
收货单位：C.I.S.L.

商品总值：　9120.00玖仟壹百贰拾零圆零角零分整

项号	商品编号	商品名称、规格型号	数量及单位	最终目的国(地区)	单价	总价	币制	征免
0001	63049290.	棉印花靠垫	7200.00件 600.00公斤 7200.00个	西班牙(312)	1.27	9120.00	USD (502)	

******　以　下　空　白　******

税费征收情况

税则号列	关税率％	进口环节税税率％	完税价格(RMB)	关税￥
1			￥	
2			￥	
3			￥	
4			￥	进出口环节税￥
5			￥	

申请　产品
退税专用联

录入员 9999	录入单位	兹声明以上申报无讹并承担法律责任
报关员		申报单位(签章)
单位地址		中国外运广东公司
邮编	电话	填制日期　97.10.30

海关审单批注及放行日期(签章)	
审单	审价
征税	统计
查验	放行

第六节　制单结汇

出口商完成上述环节后，收齐有关资料，根据信用证或合同的要求缮制单据并提交银行议付。

一、常用结汇单据的缮制

（一）汇票

汇票的填制请参考第六章第一节。

（二）商业发票

1. 出票人名称与地址

一般情况下，出票人即为出口公司，制单时应标出出票人的中英文名称和地址。当企业采用印刷空白发票或电脑制单时，都已预先印上或在程序中编入出票人的中文名称和地址。出票人的名称和地址应与信用证的受益人的名称和地址一致。

2. 发票名称

发票名称必须用粗体标出“COMMERCIAL INVOICE”或“INVOICE”。

3. 发票抬头人名称与地址（Messrs.）

当采用信用证支付货款时，如果信用证上有指定抬头人，则按来证规定制单。否则，一般情况下填写开证申请人（进口商）的名称和地址；当采用托收方式支付货款时，填写合同买方的名称和地址。填写时名称和地址不应同行放置。

4. 运输资料（Transport Details）

填写货物实际的起运港（地）、目的港（地）以及运输方式，如果货物需经转运，应把转运港的名称表示出来。如：FROM GUANGZHOU TO PIRAEUS W/T HONGKONG BY VESSEL.

5. 发票号码（Invoice No.）

发票号码由出口公司根据本公司的实际情况自行编制。

6. 发票日期（Invoice Date）

在所有结汇单据中，发票是签发日期最早的单据，根据《UCP 600》，该日期可以早于开证日期，但不得迟于信用证的议付有效期（Expiry Date）。

7. 信用证号码（L/C No.）

当采用信用证支付货款时，填写信用证号码，若信用证没有要求在发票上标明信用证号码，此项可以不填。当采用其他支付方式时，此项不填。

8. 唛头及件号（Marks and Number）

发票的唛头应按信用证或合同的规定填写，并与托运单、提单等单据唛头保持严格一致。如信用证或合同没有指定唛头，出口商可自行设计唛头。唛头内容包括客户名称的缩写、合同号（或发票号）、目的港、件号等几部分。如货物运至目的港后还要转运到内陆城市的，可在目的港下面加打 INTRANSIT TO ×××或 IN TRANSIT 字样。

9. 货物描述（Description of Goods）

货物的内容一般包括货物的名称、规格、数量、单价、贸易术语、包装等项目，制单时应与信用证的内容严格一致，省略或增加货名的字或句都会造成单证不符，开证银行有权拖延或拒付货款。当使用其他支付方式（如托收）时，货物内容应与合同内容一致。

10. 数量（Quantity）

填写实际装运的计价数量及单位，并与其他单据相一致。根据《UCP 600》，凡信用证数量前有“约”、“大概”、“大约”或类似的词语，交货时允许数量有 10% 的增减幅度。

11. 单价（Unit Price）

完整的单价由计价货币、计量单位、单位金额、价格术语四个部分组成。根据《UCP 600》，凡信用证单价前有“约”、“大概”、“大约”或类似的词语，交货时允许单价有 10% 的增减幅度。

12. 总值（Amount）

填写商业发票上显示的数量与单价的乘积数值。信用证项下的发票总值根据以下几条掌握：

（1）信用证数量、金额规定了增减幅度的，发票的总值可在信用证总额的机动幅度内机动。

（2）信用证数量、金额前有“约”或“大约”字样的，根据《UCP 600》第 30 条 a 款的规定：“约”或“大约”用于信用证金额、数量或单价时，应解释为允许有关金额、数量或单价不超过 10% 的增减幅度。依此规定，发票的总值可在信用证总额的 10% 内机动。

（3）信用证数量、金额没规定增减幅度的散装货，根据《UCP 600》第 30 条 b 款的规定：只要信用证未注明货物以包装单位或个数计数，并且总支付金额不超过信用证金额，货物数量准许有 5% 的增减幅度。依此规定，考虑单价情况，发票的数量可在 5% 内增减，但总值只能在信用证总额的 5% 内减幅。

（4）根据《UCP 600》第 30 条 c 款规定：如果信用证规定了货物数量，且该数量已全部装运，以及当信用证对单价有规定，而此单价又未降低时，或者当第 30 条 b 款不适用时，即使不允许部分装运，允许支取的金额也有 5% 的减幅。若信用证规定特定的增减幅度或者使用第 30 条 a 款提到的用语限定数量，则该减幅不适用。依此规定，考虑发票的单价、数量不能增减，信用证金额大于合同金额时，发票总值可在信用证总额的 5% 内减幅。

13. 价格术语（Trade Terms）

价格条件一定要在发票中体现出来，因为它涉及买卖双方的责任、费用和风险的划分问题，同时，也是进口地海关核定关税的依据。信用证中的价格术语一般在货物内容的单价中表示出来。

14. 声明文句

如信用证要求在发票内特别加列船名、原产地、进口许可证号码等声明文句，制单时必须一一详列。

15. 出单人签名或盖章

商业发票只能由信用证中规定的受益人出具。除非信用证另有规定，如果以影印、电脑处理或复写方法制作的发票作为正本的，应在发票上注明“正本”（ORIGINAL）字样，并由出单人签字。《UCP 600》规定商业发票可不必签字，但有时来证规定发票需要手签的，则不能盖胶皮签字章，必须手签。对墨西哥、阿根廷出口，即使信用证没有规定，也必须手签。

案例分析 120

案例：A 进出口公司向欧洲某国 L 公司出口 85 公吨冻沙半鸡。6 月 13 日由 G 银行开来一份不可撤销即期付款信用证，证中对部分单据条款规定：……手签的商业发票一式三份。A 公司接到信用证后经审查并未发现问题，于 6 月 28 日按时办理了装运，6 月 30 日向议付行交单议付。7 月 15 日接到议付行转来的开证行拒付通知，理由是："信用证规定：手签的商业发票一式三份，而你方提供的商业发票并未进行手签，却盖以图章代替签名，所以不符合信用证的要求。"

问：开证行拒付是否有理？为什么？

分析：开证行拒付有理。因为《UCP 600》规定商业发票可不必签字，但有时来证规定发票需要手签的，则不能以盖胶皮签字章代替，必须手签。本案中，A 公司提交的商业发票并未进行手签，却盖以图章代替签名，不符合信用证的要求，因此，银行有权拒付。

（三）提单

提单的填制请参考第三章第二节。

案例分析 121

案例：我方凭即期不可撤销信用证向某荷兰商人出口节能灯一批，合同规定的装运期为 6 月份。荷兰商人依合同规定及时开来信用证，我方也根据信用证的要求及时将货物装运出口。但在制作单据时，制单员将商业发票上的商品名称及数量依信用证的规定缮制为：

SAVING ENGERGY 22W 2,000PCS

SAVING ENGERGY 11W 2,000PCS

SAVING ENGERGY 9W 2,000PCS

而海运提单上仅填该商品的统称：SAVING ENGERGY。

问：付款行可否以此为由拒付货款？为什么？

分析：银行不可以此为由拒付货款。根据《UCP 600》第 37 条 c 款的规定："商业发票中的货物描述，必须与信用证规定相符。其他一切单据则可使用货物的统称，但不得与信用证规定的货物描述有抵触。"本案中，制单员将商业发票上的商品名称依信用证的规定缮制。而海运提单仅填该商品的统称"SAVING ENGERGY"的做法与《UCP 600》的规定相符，银行不可以此为由拒付货款。

（四）保险单

保险单的填制请参考第四章第二节。

（五）一般原产地证

（1）证书编号（Certificate No.）。此栏不得留空，否则证书无效。

（2）出口商（Exporter）。填写出口商的详细地址、名称和国家（地区）名，一般可按合同或发票抬头人填写。若经其他国家或地区需填写转口商名称时，可在出口商后面加填英文 VIA，然后再填写转口商名称、地址和国家。

（3）收货人（Consignee）。填写最终收货人的名称、地址和国家（地区）名。通常是外贸合同中的买方或信用证上规定的提单通知人。如信用证规定所有单证收货人一栏留空，在这种情况下，此栏应加注"TO WHOM IT MAY CONCERN"或"TO ORDER"，但不得留空。若需填写转口商名称时，可在收货人后面加填英文 VIA，然后再填写转口商名称、地址和国家。

（4）运输方式和路线（Means of transport and route）。填写目的港和装运港、运输方式。经转运的，还应注明转运地。

（5）目的地国家（地区）（Country/Region of destination）。填写目的地国家（地区）。通常是货物最终运抵港，一般应与最终收货人或最终目的港国别一致，不能填写中间商国家名称。

（6）签证机构用栏（For certifying authority use only）。由签证机构在签发后发证书、补发证书或加注其他声明时使用。证书申领单位应将此栏留空。一般情况下该栏不填。

（7）运输标志（Marks and numbers）。填写唛头。应按照出口发票上所列唛头填写完整图案、文字标记及包装号码，不可简单填写"按照发票（AS PER INVOICE NO.）"或者"按照提单（AS PER B/L NO.）"。货物无唛头时，应填写 N/M（NO MARK）。此栏不得留空。如唛头多，本栏不够填写，可填写在第 7、8、9 栏的空白处，如还不够，可用附页填写。

（8）商品名称、包装数量及种类（Number and kind of packages; description of goods）。填写商品名称及包装数量。商品名称要填写具体名称，不得用概括性术语表述，包装数量及种类也要按具体单位填写。本栏的末行要打上表示结束的符号（＊＊＊），以防加添内容。

（9）商品编码（H. S. Code）。此栏要求填写 HS 编码。若同一证书包含有几种商品，则应将相应的税目号全部填写。此栏不得留空。

（10）数量（Quantity）。此栏要求填写出口货物的量值以及商品的计量单位。如 100 箱彩电，此栏填"100 SETS"。1 000 公吨散装生铁，此栏填"N. W. 1,000M/T"（净重 1 000公吨）或"1,000M/T（N. W.）"。如果只有毛重时，则需注明"G. W."。

（11）发票号码及日期（Number and date of invoices）。此栏填写申请出口货物的商业发票日期和号码。此栏不得留空。为避免对月份、日期的误解，月份一律用英文表述，如 1995 年 12 月 10 日，用英文表述为"DEC. 10，1995"。

（12）出口商声明（Declaration by the exporter）。填写出口商的名称、申报地点及日期，由已在签证机构注册的人员签名并加盖有中英文的印章。

（13）签证（Certification）。由签证机构签字、盖章，并填写签证地址和日期。

（六）普惠制原产地证明书

（1）Reference No.. 证书号码。此栏不得留空，否则证书无效。

（2）Goods consigned from. 填写出口商名称、地址和国家。

（3）Goods consigned to. 填写收货人名称、地址和国家。根据信用证要求应填写给惠国的最终收货人名称（即信用证上规定的提单通知人或特别声明的收货人），如果信用证未明确最终收货人，可以填写商业发票的抬头人，但不可填中间商的名称。

欧盟、挪威对此栏没有强制性要求，如果商品直接运往上述给惠国，而且进口商要求将此栏留空时，则可以不填。

（4）Means of transport and route. 填写所知的运输方式和航线。一般应填装货、到货地点（始运港、目的港）及运输方式（如海运、陆运、空运）等内容，对转运商品应加上转运港，如 VIA HONGKONG。该栏还要填明预定自中国出口的地点和日期。对输往内陆给惠国的商品，如瑞士、奥地利，由于这些国家没有海岸，因此，如系海运，都须经第三国，再转运至该国，填证时应注明。如：

ON/AFTER NOV. 6，1995 BY VESSEL FROM GUANGZHOU TO HAMBURG W/T HONGKONG IN TRANSIT TO SWITZERLAND

（5）For official use. 供官方使用。此栏目正常情况下留空。下列特殊情况，签证当局在此栏加注：

① 货物已出口，签证日期迟于出货日期，签发“后发”证书时，此栏盖上“ISSUED RETROSPECTIVELY”红色印章。

② 证书遗失、被盗或损毁，签发“复本”证书时加盖“DUPLICATE”红色印章，并在此栏注明原证书的编号和签证日期，并声明原发证书作废，其文字是“THIS CERTIFICATE IS IN REPLACEMENT OF CERTIFICATE OF ORIGIN NO DATED WHICH IS CANCELLED”。

（6）Item number. 商品顺序号。如同批出口货物有不同品种，则按不同品种、发票号等分列“1”、“2”、“3”……单项商品，此栏填“1”。

（7）Marks and numbers of packages. 唛头及包装号。如果没有唛头应填写“N/M”或“NO MARK”。如唛头过多，此栏不够填写，可填写在第 7、8、9、10 栏之截止线以下的空白处。如果还不够，此栏打上“SEE THE ATTACHMENT”，用附页填写所有唛头（附页的纸张要与原证书一般大小），在右上角打上证书号，并由申请单位和签证当局授权签字人分别在附页末页的右下角和左下角手签、盖印。附页手签的笔迹、地点、日期均与证书第 11、12 栏相一致。

（8）Number and kind of packages；description of goods. 包装件数、包装种类及商品的名称。

（9）Origin criterion. 原产地标准。此栏是国外海关审核的核心项目。对含有进口成分的商品，因情况复杂，国外要求严格，极易弄错而造成退证查询。对输往澳大利亚、新西兰的商品，此栏可以留空。

（10）Gross weight or other quantity. 毛重或其他数量。此栏应以商品的正常计量单位填写，如“只”、“件”、“双”、“台”、“打”等。以重量计算的则填毛重，只有净重的，填净重亦可，但要标上 N. W.（NET WEIGHT）。

（11）Number and date of invoices. 发票日期和号码。此栏不得留空。月份一律用英文（可用缩写）表示。此栏的日期必须按照正式商业发票的日期格式填制。

（12）Certification. 签证当局的证明。签证单位要填写商检局的签证地点、日期。商检局签证人经审核后在此栏（正本）签名，盖签证印章。本栏日期不得早于发票日期（第

10栏）和申报日期（第12栏），而且应早于货物的出运日期（第3栏）。

（13）Declaration by the exporter. 出口商声明。在生产国横线上填“中国 CHINA”。进口国横线上填最终进口国，进口国必须与第3栏中目的港的国别一致。凡货物运往欧盟十五国范围内，进口国不明确时，进口国可填 E. U.。申请单位应授权专人在此栏手签，标上申报地点、日期，并加盖申请单位中英文印章，手签人手迹必须在商检局注册备案。此栏日期不得早于发票日期（第10栏）（最早是同日）。盖章时应避免覆盖进口国名称和手签人姓名。

（七）装箱单

（1）出口公司中文英文名称和地址。

（2）填写装箱单、重量单和尺码单的中英文字样。中英文字样用粗体标出。常见的单据名称有：① PACKING LIST（NOTE）装箱单；② WEIGHT LIST（NOTE）重量单；③ MEASUREMENT LIST 尺码单。

（3）填写发票的开票日期。

（4）填写发票的号码。

（5）唛头。

（6）填写商品的数量。该数量为运输包装单位的数量，而不是计价单位的数量。

（7）填写商品的名称。

（8）填写商品的单位净重和总净重。

（9）填写商品的单位毛重和总毛重。

（10）填写商品的单位尺码和总尺码。

（11）根据合同或信用证的要求，需要在装箱单上特别说明的事项。

（12）出口公司落款。

三、常用结汇单据的审核

（一）常用结汇单据的审核标准

银行对结汇单据的审核，依照《UCP 600》和《ISBP》的有关规定处理。出口商必须了解这些惯例中银行审核单据的标准。《UCP 600》第14条规定：

a. 按照指定行事的指定银行、保兑行（如有），以及开证行必须仅以单据为基础对提示的单据进行审核，并且以此决定单据是否在表面上与信用证条款构成相符提示。

b. 按照指定行事的指定银行、保兑行（如有），以及开证行各自拥有从其收到提示单据的翌日起最多不超过5个银行工作日的时间，以决定提示是否构成相符。该期限不因单据适逢提示有效期或者最迟提示期当日及其之后而被缩减或受到其他影响。

c. 提示若包含一份或多份按照本惯例第19条、20条、21条、22条、23条、24条或25条出具的正本运输单据，则必须由受益人或其代表按照上述条款在不迟于装运日后的21个日历日内提交，但无论如何提交不得迟于信用证的到期日。

案例分析122

案例： 某外贸公司出口某货物一批，数量为1 000公吨，每公吨 USD 78CIF Rotterdam。国外买方通过开证行按时开来信用证，证内注明按《UCP 600》办理，该证规定：

总金额不得超过 USD 78 000，有效期为11月30日。外贸公司于11月4日将货物装船完毕，取得提单，签发日期为11月4日。

问：① 外贸公司最迟应在何日将单据送交银行议付？为什么？② 本批货物最多、最少能交多少公吨？为什么？

分析：① 最迟应在11月25日交单。《UCP 600》中规定，信用证中如无规定最迟交单期，银行将拒收迟于装运日期后21天提交的单据，但无论如何，提交单据不得迟于信用证的到期日。本案中，装运期是11月4日，则最迟交单期应为11月25日。② 本批货最多能交1 000公吨，最少950公吨。《UCP 600》中规定，对于散装货，即使信用证没有规定溢短装，交货数量也可增减5%，但不能超过信用证的总金额。因此，本案中，卖方可以少交货5%，但不可多交，即最多能交1 000公吨，最少950公吨。

d. 单据中的内容不必与信用证、该项单据本身以及国际标准银行实务完全一致。但该项单据中的内容之间，或单据中的内容与其他规定的单据或信用证不得互相冲突。

e. 除商业发票外，如果其他单据中有关货物、服务或行为描述须明示，可使用统称，但不得与信用证中的描述相矛盾。

f. 如果信用证中要求提交除运输单据、保险单据和商业发票以外的其他单据，且未规定该单据由何人出具或单据的内容。只要所提交单据的内容满足其功能需要且其他方面与第14条d款相符，银行将对上述单据予以接受。

g. 对提交的单据中不是信用证中要求的，银行将不予置理，并且可以退还提示人。

h. 如果信用证中包含某项条件而未规定与之相符的提示单据，银行将认为信用证中未列明此条件，并对此不予置理。

i. 单据的出单日期可以早于信用证开立日期，但不得迟于信用证规定的提示日期。

j. 当受益人和申请人的地址显示在任何规定的单据上时，这些地址不必与信用证或其他规定单据中显示的地址相同，但必须分别与信用证中所述地址处于同一国家内。详细联系方式（电传、电话、电子邮箱及类似方式）如作为受益人和申请人地址的组成部分，银行对此将不予置理。然而，当申请人的地址及详细联系方式作为按照第19条、20条、21条、22条、23条、24条或25条出具的运输单据中收货人或通知方详细情况的组成部分时，则这些地址必须按照信用证规定予以显示。

k. 在任何单据中述及的货物托运人或发货人不必是信用证的受益人。

l. 如果运输单据能够满足本惯例第19条、20条、21条、22条、23条或24条的要求，则运输单据可以由除承运人、船东、船长或租船人以外的任何一方出具。

（二）常用结汇单据的审核要点

1. 商业发票

（1）商业发票的抬头人是否为信用证的开证人？

（2）商业发票的出票日期和号码是否漏填？出票日期是否迟于信用证规定的到期日？

（3）商业发票中货物的描述是否与信用证的要求一致？

（4）商业发票是否列明合同或信用证规定的贸易术语？

（5）商业发票的总值大小写是否一致？含佣金或折扣是否按要求列明？

（6）商业发票的总值是否超过信用证规定的最高金额？

（7）信用证要求在商业发票内加列如船名、原产地等的声明文句，是否按要求一一详列？

（8）信用证要求商业发票手签时，是否按要求处理？

（9）商业发票的出票人是否为信用证的受益人？

2. 汇票

（1）信用证付款时，是否按信用证规定的出票条款填写？

（2）汇票的金额是否与商业发票的金额一致？

（3）汇票的金额是否超过信用证规定的金额？

（4）汇票的付款人是否误填为进口商？

（5）付款人的名称、地址是否填写齐备？

（6）出票人的名称、地址、签章是否齐备？

（7）汇票须背书时是否按合同或信用证的要求处理？

（8）汇票的出票日期是否在信用证规定的有效期内？

3. 提单

（1）提单的种类（如已装船提单、舱面提单、直运提单或集装箱提单等）是否符合信用证的要求？

（2）提单是否有不良批注？

（3）提单的收货人、被通知人是否按信用证的要求填制？

（4）FOB 出口成交时，提单是否错填为“运费预付”（FREIGHT PREPAID）？CFR 或 CIF 出口成交时，提单是否错填为“运费待付”（FREIGHT COLLECT）？

（5）提单中的船名、航次是否填写具体完整？

（6）提单中的装运港、目的港及转运港是否填写正确？

（7）提单日期是否迟于投保日期及信用证规定的最迟装运日期？

（8）提单是否需要背书？

（9）提单内容的更改是否有提单签发人的签章？

4. 保险单

（1）被保险人是否按信用证的要求填写？

（2）保险金额是否已含要求的保险加成率？

（3）保险金额的大小写是否一致？

（4）保险金额货币单位是否与信用证一致？

（5）保险条款是否按信用证的要求填写？

（6）对舱面提单，保险单是否加保抛弃和浪击落海附加险？

（7）保险单中的船名、航次、装运港、目的港是否与提单相一致？

（8）赔款偿付地点和投保地点是否混淆？

（9）保险单是否按要求背书？

5. 原产地证明书

（1）是否按信用证或合同的要求出具一般原产地证明书或普惠制原产地证明书 FORM A？

（2）签证机构是否符合信用证或合同的要求？

（3）一般原产地证明书或普惠制原产地证明书 FORM A 的第 1 项和第 2 项是否漏填了出口国和进口国的名称？

（4）一般原产地证明书第 7 项的包装数量和第 9 项的计价数量是否混淆？

（5）普惠制原产地证明书 FORM A 第 12 项的出口国和进口国是否错填为装运港和目的港？

（6）一般原产地证明书或普惠制原产地证明书 FORM A 的签发日期是否错填为早于申请日期？

三、交单结汇

（一）最迟交单日的理解

1. 最迟交单日的顺延

《UCP 600》第 29 条规定：

a. 如果信用证的到期日或最迟交单日适逢接受单据的银行因第 36 条条款以外的原因而中止营业，则到期日或最迟交单日将根据具体情况顺延至该银行开业的第一个营业日。

b. 如果在顺延后的第一个营业日交单，则指定银行必须向开证行或保兑行申明交单系根据第 29 条 a 款规定的顺延期限内提交。

c. 最迟装运日不因第 29 条 a 款规定的原因而顺延。

《UCP 600》第 36 条规定："银行对于天灾、暴动、骚乱、叛乱、战争、恐怖主义行为或任何罢工、停工或银行本身无法控制的任何其他原因所导致的中断营业的后果，概不负责。银行在恢复营业后，对于在中断营业期间已逾期的信用证，将不再据以付款或议付。"因此，对于最迟交单日的顺延，只有"第 36 条条款以外的原因"才可以顺延，这里主要是指正常情况下的停业。如星期六、星期天、劳动节、国庆节等法定节假日以及银行盘存、搬家等临时停业。对于不可抗力引起的非正常停业，不得顺延。

案例分析 123

案例：我 A 公司向加拿大 B 公司以 CIF 术语出口一批货物，B 公司于 4 月 5 日开来不可撤销信用证，此证按《UCP 600》规定办理，证内规定：装运期不得晚于 4 月 15 日，交单期为 4 月 24 日前，信用证有效期为 5 月 4 日。我 A 公司赶在 4 月 14 日装船，提单签发日期为 4 月 14 日，4 月 22 日我公司备齐单据向银行交单，恰逢 4 月 22 日、23 日为银行非营业日，只好在 4 月 24 日将全套符合信用证规定的单据交银行办议付。

问：我 A 公司能否顺利议付？为什么？

分析：我国 A 公司在 4 月 24 日交单，可以顺利议付。本案中，信用证规定在 4 月 24 日前交单，A 公司备齐单据于 4 月 22 日向银行交单，恰逢 4 月 22 日、23 日为银行非营业日，根据《UCP 600》的规定，该公司交单的时间将顺延至银行开业的第一个营业日即 4 月 24 日。因此，A 公司 4 月 24 日将全套符合信用证规定的单据交银行办议付是可以顺利议付的。

2. 同一运输工具上多次装运的最迟交单日

在出口贸易中，有时出现同一信用证项下的货物在同一运输工具、不同装运地点多次装运的情形，出口企业获得多个装运地点签发的提单，每份提单的装运日期都不同。根据《UCP 600》的规定，最迟交单日应按照最后装运时提单签发的日期开始计算。

案例分析124

案例：我A公司向加拿大B公司以CIF术语出口一批货物，货物由“东方”轮载运，在同一航线上，该批货物装运情况如下：

（1）4月5日，深圳盐田港装运500公吨，同日取得海运提单；

（2）4月8日，广州黄埔港装运600公吨，同日取得海运提单；

（3）4月13日，香港装运300公吨，同日取得海运提单。

信用证规定货物装运日期后15天内交单议付，但三份提单的装运日期不同。

问：该信用证的最迟交单日应为哪天？

分析：根据《UCP 600》的规定，最迟交单日应从4月13日起算，即4月28日。

（二）《UCP 600》对结汇单据存在不符点的规定

1.《UCP 600》第16条规定：

a. 当按照指定行事的指定银行、保兑行（如有）或开证行确定提示不构成相符时，可以拒绝付款或议付。

b. 当开证行确定提示不构成相符时，可以依据其独立的判断建议申请人放弃不符点。然而并不能因此延长第14条b款中述及的期限。

c. 当按照指定行事的被指定银行、保兑行（如有）或开证行决定拒绝付款或议付时，必须单独发送含有此内容的通知给提示人。通知必须声明：

i. 银行拒绝付款或议付；

ii. 银行凭以拒绝付款或者议付的各个不符点；

iii. a）银行持有单据等待提示人进一步指示；

b）开证行持有单据直至收到申请人的不符点放弃且同意接受该弃权，或开证行在同意接受弃权前从提示人处收到进一步指示；

c）银行退回单据；

d）银行根据以前从提示人处收到的指示行事。

d. 按第16条c款中要求发出的通知必须以电讯方式发出，或者，如果不可能以电讯方式通知时，则须在不迟于提示单据日翌日起算第5个银行工作日结束前以其他快捷方式通知。

e. 按照指定行事的指定银行、保兑行（如有）或开证行，可以在提供第16条c款iii c、a或c、b款要求的通知后，在任何时间将单据退还提示人。

f. 如果开证行或保兑行未能按照本条款行事，则无权宣称单据不构成相符提示。

g. 当开证行拒绝付款或保兑行拒绝付款或议付，并已经按照本条款要求发出通知时，该银行将有权就已经履行的偿付索取退款及其利息。

2. 单据存在不符点的处理

出口企业提交的结汇单据存在不符点，并由议付行发现并指出时，实务中可作如下处理：

(1) 电报提出（简称电提）。即议付行在向开证行寄单之前，以电讯方式先告知开证行，详细列明信用证项下单据的不符点，等待开证行回复表示接受这种单据以后，议付行再将单据寄出。

(2) 表盖提出（简称表提）。即受益人向议付行出具一份保函，在保函上具体列明单据上的各项不符点，同时声明要求议付行凭此保函提交具有不符点的单据，如果开证行拒付，受益人自己承担由此引起的一切后果。在此基础上，议付行将货款支付给受益人，然后将全套单据寄送开证行索款。

（三）特殊交单情形

在实际业务中，有一种情形比较特殊，此情形中不必向进口商提交海运单据，我们称为“电放”。所谓电放，是指货物装船完毕后，船公司或货运代理公司已向托运人签发了正本海运提单，但托运人把全套的正本提单退还给船公司或货运代理公司，同时要求船公司或货运代理公司凭托运人的书面放货通知，把货物交给收货人。由于船公司或货运代理公司通常采用电传、电子邮件等形式通知目的港的代理放货，故称为“电放”。

电放一般用于近海国家的短程运输，避免货到单未到，在托运人收到电汇货款后，向承运人和买方同时发电放通知。电放的前提是卖方必须先收到货款，否则风险很大，有可能出现货款两空。

（四）出口结汇的费用

货款收付的方法有汇付、托收和信用证等，根据不同的收付方法和货款金额的大小，银行对国际结算的费用有具体的规定，具体参见本节的国际结算费用表。

（五）出口结汇的常用方法

1. 收妥结汇

收妥结汇是指议付行收到出口商的出口单据后，经审查无误，将单据寄交国外付款行索取货款，待收到付款行将货款拨入议付行账户的贷记通知书时，即按当日外汇牌价，折成人民币，扣除有关费用后拨给出口商。银行收妥结汇与议付不同，议付是议付行先买单付款，后找开证行索款。银行议付一般要扣除从议付之日起到开证行付款之日止的货款利息以及议付费、寄单费等费用，议付费一般为货款的 1.25‰，最低为 200 元人民币。

案例分析 125

案例：某出口企业出口商品一批，该笔贸易的信用证金额为 32 万美元，议付手续费费率为 1.25‰，寄单费为 100 美元，如果利息按 20 天计算，银行利息为月息 5‰。

试分析出口企业该笔贸易的议付金额。

分析：

议付金额 = 320 000 − 320 000 × ［0.005 ×（20 ÷ 30）+ 0.001 25］− 100 = 318 433.33（美元）

出口企业该笔贸易的议付金额为 318 433.33 美元。

目前，我国大多采用收妥结汇的方法。银行一般在扣除议付费后拨给出口商，议付费用中资银行一般以人民币扣费，外资银行一般以外汇扣费（参见样单 9 − 12 的银行水单）。因此，当议付行为外资银行时，核算出口外汇净收入时应减去以外汇支付的议付费，这也是出口报关单金额与银行水单的金额不一致的原因之一。

2. 押汇

押汇是指议付行在审单无误的情况下，按信用证条款买入受益人的汇票和单据，从票面金额中扣除从议付日到估计收到票款之日的利息，将余款按议付日外汇牌价折成人民币拨给外贸公司。

押汇是我国出口公司融资的一种方法。在跟单信用证付款方式下，我国的出口公司提交了全套单据给议付银行，此时的议付银行只审查单据，而没有把货款议付给出口公司，但仍然称为议付，出口公司要取得货款，可通过押汇的方法，取得信用证项下部分货款，通常为总金额的90%，另10%预留为利息和手续费等扣款，议付银行收到货款后，再以货款扣除先前的贷款、利息和手续费等费用。

案例分析126

案例： 某出口企业出口针织品服装一批，信用证金额为65万美元，提交的全套单据的货款也是65万美元，银行同意出口企业按货款总额的90%办理押汇，假设当天的汇率为USD 100 = RMB 681.26～684.00。

试分析出口企业可得到的押汇金额。

分析：

押汇金额 = 650 000 × 6.812 6 × 90% = 3 985 371（元人民币）

出口企业可得到的押汇金额为3 985 371元人民币。

3. 定期结汇

定期结汇是指议付行根据向国外付款行索偿所需时间，预先确定一个固定的结汇期限，到期后主动将票款金额折成人民币拨交外贸公司。

定期结汇有时给出口公司的资金使用造成紧张，出口公司也可以通过打包放款的方式贷款。所谓打包放款，是指出口商以国外开来的信用证作为抵押，向未来的交单银行（通常为通知银行）取得一定额度（通常为信用证金额的80%）贷款的一种融资方式。

（六）出口结汇的常用单据

目前，国际货物买卖使用的贸易术语多采用FOB、CFR、CIF以及FCA、CPT、CIP，这些贸易术语都属于象征性交货，不管是采用汇付、托收，还是信用证付款方式，结汇时一般都需要提交一系列单据。常用的结汇单据有（实例见本节末）：① 商业发票（Commercial Invoice）；② 装箱单（Packing List）；③ 提单（Bill of Lading）；④ 产地证（Certificate of Original）C/O或FORM A；⑤ 保险单（Insurance Policy）；⑥ 汇票（Draft）。

样单 9－11　国际结算业务收费费率表

中国民生银行国际结算业务收费费率表

单位：人民币元

	业务项目	费率/费额	最低	最高	备注
出口业务	一、跟单信用证				
	1. 通知/转递费	200			
	2. 修改/预通知/注销费	100			
	3. 议付费/验单费	1.25‰	200		
	4. 保兑费	2‰	300		每三个月收取一次，不足三个月按三个月计算，不另收通知费
	5. 转让费　信用证条款不变	300			
	信用证条款改变	1‰	300	1000	
	6. 付款费	1.5‰	200		付款信用证
	二、跟单托收				
	1. 跟单托收手续费	1‰	100	2000	
	2. 免付款交单手续费	100			
	3. 退单费	100			
	三、光票托收				
	1. 手续费	1‰	20	1000	
	2. 退票费	50			
	3. 收益人退汇/转汇	1‰	50	1000	按汇出汇款业务收费
进口业务	一、跟单信用证				
	1. 开证费	1.5‰	200		有效期三个月以上，每三个月增收0.05%，100%保证金者不加收。
	2. 修改/注销/退单	100			增额或展期应加收相应费用，增额且展期按高额收费。
	3. 承兑	1.5‰	200		按月收取，不足1个月按1个月计收，收足保证金免收。
	4. 拒付	200			
	5. 付款费	100			对外付款时收取
	6. 不符点处理费	USD50			向境外银行（受益人）收取
	7. 单据处理费	USD12.1			向境外银行（受益人）收取
	8. 提货担保	0.5‰	300		收足保证金者按最低标准收取
	二、进口代收				
	1. 进口代收手续费	1‰	100	2000	
	2. 承兑费	150			
	3. 免付款交单	100			
	4. 拒付/退单	100			
	5. 付款费	100			对外付款时收取
	三、汇出汇款				
	1. 手续费	1‰	50	1000	
	2. 汇款修改	100			
	3. 退汇/挂失止付	100			
保函	一、开立保函				
	1. 投标保函	0.5‰	300		按季收取
	2. 履约保函	1‰	500		按季收取
	3. 付款保函	2‰	300		按季收取，有效期三个月以上，每三个月增收0.5‰，100%保证金者不加收。
	4. 预付款保函	1‰	300		按季收取
	5. 其他保函	0.5‰-2‰	300		按不同类型不同期限收取
	二、保函修改/注销	100			增额或展期应加收相应费用，增额且展期按高额收费。
	三、保函通知	200			
其他	电报费		100	400	往来电报：港澳100、远洋200 开证/保函：港澳200、远洋400
	邮电费				快邮费按实收取。

注：邮费：港澳地区：USD8.00　　东亚及东南亚地区：USD15.00

欧洲及北美地区：USD20.00　　中东，南美，非洲及其他：USD30.00

样单 9－12 银行水单

東亞銀行
廣州分行

THE BANK OF EAST ASIA, LIMITED
GUANGZHOU BRANCH

廣州天河北路 183號大都會廣場一至四樓 電話:87551138 傳真:87553938 電傳:440726 BEAGZ CN 環球銀行財務電信:BEASCNSHAGZU 電報挂號:BEAGUANGZHOU
G/F－3/F,METRO PLAZA,183 TIAN HE BEI ROAD,GUANGZHOU,CHINA. TEL:87551138 FAX:87553938 TELEX:440726 BEAGZ CN S.W.I.F.T.:BEASCNSHAGZU TELEGRAM:BEAGUANGZHOU

出口水单

致：GD TEXTILES I/E COTTON MANUFACTURED GOODS CO. LTD.

发票号码：2002706MCBS　　金　额：USD 85,689.10
敝行编号：1012N013591　　~~信用证号码~~：D/P AT SIGHT
核销单号：44H585289

□上述的买单单据，年利率______%，于今天付款予　贵公司
☒上述的单据之款项已经收妥，于今天付款予贵公司

现将细目列出以供　贵公司参考

发票金额	USD 85,689.10
国外扣费用	USD 60.00
敝行扣除偿还打包放款及/或买单单据	
敝行扣除打包放款及/或买单利息	
敝行扣除费用：议付费	USD 68.55
：无兑换佣金	
：邮费	USD 18.00
：电报费/电汇费	
：其他费用	
敝行退还费用：	
净付金额	USD 85,542.55

COPY

上述净付金额于 26 MAR 2002 通过____________汇往/划入
省中行______后拨入　贵公司账户，账号 800105753808091001
如贵公司 发现款项尚未收妥，请即与敝行联络，敝行定尽快调查及解决。

东亚银行广州分行　谨启
26 MAR 2002　日

样单 9－13　全套单据之一：客户交单联系单

3053—②

客户交单联系单

致：中国银行

兹随附下列出口单据一套，信用证业务请按国际商会现行《跟单信用证统一惯例》办理，跟单托收业务请按国际商会现行《托收统一规则》办理。

信用证	开证行：Union Bank of Switzerland H.K		信用证号：ILC-435289		
	通知行号：4015958/97	提单日期：15/10	效期：30/10	交单期限 15 天	
无证托收	付款人全名及详址：				
	代收行外文名称及详址（供参考）：				
	交单方式：（ ）D/P　（ ）D/P		付款期限：		
发票编号：97-380-2240		核销单编号：2492897		金额：USD16701.00	

单据 名称	汇票	发票	海关发票	装箱/重量单	产地证	GSP FORM A	数量/质量/重量证	检验/分析证	出口许可证	保险单	运输单据	电抄	受益人证明	船公司证明		
份数	2	3		3		1				1	2					

委办事项：（打"×"者）

（ ）上述单据请按我司与贵行签订之总质押书办理押汇。

（ ）上述单据系代理出口项下业务，收妥后请原币划＿＿＿＿＿＿＿＿

（ ）开户行：＿＿＿＿＿＿＿＿，账号：＿＿＿＿＿＿＿＿

（ ）若付款人拒绝付款/承兑，不必作成拒绝证书，但须以电传通知我司。

（ ）附信用证及修改书共　　　纸。

（ ）单据中有下列不符点：（ ）请向开证行寄单，我司承担一切责任。

（ ）请电询开证行同意后再寄单。

（ ）＿＿＿＿＿＿＿＿

（ ）＿＿＿＿＿＿＿＿

（ ）＿＿＿＿＿＿＿＿

公司联系人：陈某　　联系电话：87782168-81423　　公司公章：×省机械进出口公司

银行审单记录： 11126327	银行接单日期：1997年10月24日上午	
	索汇金额：	BP NO.
	寄单日期：	OC NO. 10/30
	银行费用　通知/保兑：	索汇方式：
	议/承/付：/	
	邮　费：/	
	电　传：	寄单方式：Ecall
	小　计：	
	费用由 B 承担	
退单记录：	银行经办： 1997.10.24	银行复核：

样单9-14　全套单据之二：商业发票

广东省机械进出口公司
GUANGDONG MACHINERY IMPORT AND EXPORT CORPORATION
726,DONG FENG ROAD EAST,GUANGZHOU CHINA.

商业发票
COMMERCIAL INVOICE

Messrs: ORIENTAL STAR TRADING AND
INVESTMENT CO LTD
RM 1808 STAR HOUSE 3 SALISBURY ROAD
KOWLOON HONG KONG

INVOICE NO. : 97-380-2240
INVOICE DATE: OCT.09, 1997
L/C NO. : ILC-435289
L/C DATE : AUG.28, 1997
S/C NO. : A97SE38000217

Exporter: GUANGDONG MACHINERY IMPORT AND
EXPORT CORPORATION
726,DONG FENG ROAD EAST,GUANGZHOU
CHINA.

Transport details:
FROM GUANGZHOU TO GOTHENBURG BY
VESSEL

Terms of payment:
L/C

Marks and numbers	Description of goods	Quantity	Unit price	Amount
	GARDEN TOOLS			
	A601H Axe with Wooden Handle			
A97SE38000217	1+1/2 lbs	100DOZ	USD16.10/DOZ	USD1,610.00
----------	2 lbs	200DOZ	USD18.20/DOZ	USD3,640.00
R.A.	2+1/2 lbs	100DOZ	USD22.50/DOZ	USD2,250.00
	A613H Axe with Wooden Handle			
	600 g	150DOZ	USD14.60/DOZ	USD2,190.00
	A631H Axe with Metal Handle			
	400 g	200DOZ	USD26.70/DOZ	USD5,340.00
	BOW SAW			
	12"	250DOZ	USD10.20/DOZ	USD2,550.00
				USD17,580.00
			LESS 5 PCT COMMISSION	USD879.00
			CIF GOTHENBURG	USD16,701.00

TOTAL QUANTITY: 1000DOZ PACKING: 450CTNS
TOTAL: U.S.DOLLAR SIXTEEN THOUSAND SEVEN HUNDRED & ONE ONLY.
AS PER SALES CONTRACT NO:A97SE38000217 DATED
AUG.21, 1997

GUANGDONG MACHINERY IMPORT AND
EXPORT CORPORATION

样单9-15　全套单据之三：装箱单

广东省机械进出口公司
GUANGDONG MACHINERY IMPORT AND EXPORT CORPORATION
726,DONG FENG ROAD EAST,GUANGZHOU CHINA.

装　箱　单
PACKING LIST

Exporter : GUANGDONG MACHINERY IMPORT AND EXPORT CORPORATION
726,DONG FENG ROAD EAST,GUANGZHOU CHINA.

Date : Oct.09, 1997

Invoice No.: 97-380-2240

S/C No. : A97SE38000217

FROM GUANGZHOU TO GOTHENBURG BY VESSEL
Shipped per: HANJIN COLOMBO V.MN747

标记 Shipping Marks	件数 Quantity	货名 Description of goods	净重 NET WEIGHT	毛重 GROSS WEIGHT	尺码 MEASUREMENT
		GARDEN TOOLS			
		A601H Axe with Wooden Handle			
A97SE38000217	50CTNS	1+1/2 lbs 100DOZ	@ 24.00KGS	@ 25.00KGS	@(48x24×17)CM
	100CTNS	2 lbs 200DOZ	@ 27.00KGS	@ 28.00KGS	@(57x26×18)CM
R.A.	100CTNS	2+1/2 lbs 100DOZ	@ 19.00KGS	@ 20.00KGS	@(74x29×10)CM
		A613H Axe with Wooden Handle			
	75CTNS	600 g 150DOZ	@ 22.00KGS	@ 24.00KGS	@(52x25×16)CM
		A631H Axe with Metal Handle			
	100CTNS	400 g 200DOZ	@ 17.00KGS	@ 18.00KGS	@(50x24×24)CM
		BOW SAW			
	25CTNS	12" 250DOZ	@ 18.00KGS	@ 20.00KGS	@(47x37×28)CM
	450 CTNS		9,600.00KGS	10,150.00KGS	11.450M³

TOTAL QUANTITY: 1,000DOZ

TOTAL: FOUR HUNDRED & FIFTY CTNS ONLY.

GUANGDONG MACHINERY IMPORT AND EXPORT CORPORATION

样单 9－16　全套单据之四：提单

Shipper
GUANGDONG MACHINERY IMPORT AND EXPORT CORPORATION

SINOTRANS

中国外运广东公司
SINOTRANS GUANGDONG COMPANY

B/L NO. SH97-675

Consignee or order
TO ORDER

OCEAN BILL OF LADING

Notify address
RUNSVEN AB BOX 143, S-596 23,
SKANNINGE, SWEDEN.

SHIPPED on board in apparent good order and condition (unless otherwise indicated) the goods or packages specified herein and to be discharged at the mentioned port of discharge or as near thereto as the vessel may safely get and be always afloat.

The weight, measure, marks and numbers, quality, contents and value, being particulars furnished by the Shipper, are not checked by the Carrier on loading.

The Shipper, Consignee and the Holder of this Bill of Lading hereby expressly accept and agree to all printed, written or stamped provisions, exceptions and conditions of this Bill of Lading, including those on the back hereof.

IN WITNESS whereof the number of original Bills of Lading stated below have been signed, one of which being accomplished, the other (s) to be void.

Pre-carriage by	Port of loading GUANGZHOU
Vessel HANJIN COLOMBO V.WN747	Port of transhipment
Port of discharge GOTHENBURG	Final destination

Container, seal No. or marks and Nos.	Number and kind of packages	Description of goods	Gross weight (kgs.)	Measurement (m^3)
		SAID TO CONTAIN:	KGS	M^3
A97SE38000217	450 CTNS	GARDEN TOOLS	10,150.00	11.450
R.A.				
SHIPPED ON BOARD 15 OCT 1997	TOTAL: FOUR HUNDRED AND FIFTY CARTONS ONLY.			
		FREIGHT PREPAID		

PARTICULARS FURNISHED BY SHIPPER

ORIGINAL

Freight and charges
AGENT AT DESTINATION
TERMINUS SPEDITION & TRANSPORT AB
BOX 55. TEL 640210

REGARDING TRANSHIPMENT
INFORMATION PLEASE CONTACT

Ex. rate	Prepaid at	Freight payable at	Place and date of issue GUANGZHOU 15 OCT 1997
	Total Prepaid	Number of original Bs/L TWO	Signed for or on behalf of the Master

SINOTRANS GUANGDONG COMPANY
TELEX: 440464 CGTFC CN FAX: (20) 86596411

AS AGENT FOR THE CARRIER:
PACIFIC BRIDGE SERVICE

as Agent

(SINOTRANS STANDARD FORM 5) SUBJECT TO THE TERMS AND CONDITIONS ON BACK　97 C No. 0010747

样单 9 – 17　全套单据之五：保险单

中保财产保险有限公司
The people's Insurance (Property) Company of China, Ltd.
PICC PROPERTY

№ 0071925

发票号码
Invoice No.　97-380-2240

保险单号次
Policy No.

海洋货物运输保险单
MARINE CARGO TRANSPORTATION INSURANCE POLICY

被保险人：
Insured: GUANGDONG MACHINERY IMPORT AND EXPORT CORPORATION

中保财产保险有限公司（以下简称本公司）根据被保险人的要求，及其所缴付约定的保险费，按照本保险单承保险别和背面所载条款与下列特别条款承保下述货物运输保险，特签发本保险单。

This policy of Insurance witnesses that The People's Insurance (Property) Company of China, Ltd.(hereinafter called "The Company"),at the request of the Insured and in consideration of the agreed premium paid by the Insured, undertakes to insure the undermentioned goods in transportation subject to the conditions of this Policy as per the Clauses printed overleaf and other special clauses attached hereon.

保险货物项目 Descriptions of Goods	包装 单位 数量 Packing Unit Quantity	保险金额 Amount Insured
GARDEN TOOLS	450 CTNS	USD19,338.00
TOTAL: 450 CTNS		

承保险别
Conditions

COVERING ALL RISKS AND WAR RISKS

货物标记
Marks of Goods

A97SE38000217
R.A.

COPY

总保险金额：
Total Amount Insured: U.S.Dollar NINETEEN THOUSAND THREE HUNDRED & THIRTY-EIGHT ONLY.

保费　　　　载运输工具　　　　开航日期
Premium as arranged　Per conveyance S.S HANJIN COLOMBO V.WN747　Slg. on or abt. OCT.15, 1997

起运港　　　　目的港
From GUANGZHOU　To. GOTHENBURG

所保货物，如发生本保险单项下可能引起索赔的损失或损坏，应立即通知本公司下述代理人查勘。如有索赔，应向本公司提交保险单正本（本保险单共有　份正本）及有关文件。如一份正本已用于索赔，其余正本则自动失效。

In the event of loss or damage which may result in a claim under this Policy, immediate notice must be given to the Company's Agent as mentioned hereunder. Claims, if any, one of the Original Policy which has been issued in　Original (s) together with the relevant documents shall be surrendered to the Company, If one of the Original Policy has been accomplished, the others to be void.

中保财产保险有限公司
THE PEOPLE'S INSURANCE (PROPERTY) COMPANY OF CHINA,LTD.

赔款偿付地点
Claim payable at SWEDEN

日期　　　　在
Date OCT.15, 1997　at GUANGZHOU

地址：
Address:

样单 9－18 全套单据之六：产地证

ORIGINAL

1. Goods consigned from (Exporter's business name, address, country)

GUANGDONG MACHINERY IMPORT AND
EXPORT CORPORATION
726,DONG FENG ROAD EAST,GUANGZHOU
CHINA.

Reference No.

GZ7/80060/0599

GENERALIZED SYSTEM OF PREFERENCES
CERTIFICATE OF ORIGIN
(Combined declaration and certificate)
FORM A

Issued in THE PEOPLE'S REPUBLIC OF CHINA
(country)

See Notes overleaf

2. Goods consigned to (Consignee's name, address, country)

RUNSVEN AB,
BOX 143, S-596 23,
SKANNINGE, SWEDEN.

3. Means of transport and route (as far as known)

ON/AFTER OCT.10, 1997
FROM GUANGZHOU TO GOTHENBURG BY
VESSEL

4. For official use

5. Item number	6. Marks and numbers of packages	7. Number and kind of packages; description of goods	8. Origin criterion (see Notes overleaf)	9. Gross weight or other quantity	10. Number and date of invoices
1	A97SE38000217 R.A.	FOUR HUNDRED & FIFTY(450) CTNS OF GARDEN TOOLS ************************************	"P"	10150KGS	97-380-2240 OCT.09, 1997

11. Certification

It is hereby certified, on the basis of control carried out, that the declaration by the exporter is correct.

GUANGZHOU OCT.10, 1997

Place and date, signature and stamp of certifying authority

12. Declaration by the exporter

The undersigned hereby declares that the above details and statements are correct; that all the goods were produced in

CHINA
(country)

and that they comply with the origin requirements specified for those goods in the Generalized System of Preferences for goods exported to

SWEDEN
(importing country)

GUANGZHOU OCT.09, 1997

Place and date, signature of authorized signatory

样单 9－19　全套单据之七：汇票

F14

1

凭

Drawn under　UNION BANK OF SWITZERLAND HONG KONG

信用证　第　号

L/C　No.　ILC－435289

日期　年　月　日

dated　AUG. 28, 1997

按　息　付款

Payable with interest @　% per annum

号码　汇票金额　中国　广州　年　月　日

No.　**Exchange** for　USD16,701.00　Guangzhou, China　20

见票　日后（本汇票之副本未付）付

At　******　sight of this FIRST of Exchange (Second of exchange being unpaid)

pay to the order of　BANK OF CHINA　或其指定人

金　额

the sum of　U.S.DOLLARS SIXTEEN THOUSAND SEVEN HUNDRED & ONE ONLY.

此致

To:　UNION BANK OF SWITZERLAND HONG KONG

GUANGDONG MACHINERY IMPORT AND EXPORT CORPORATION

（签名）

第七节　出口收汇核销和出口退税

一、出口收汇核销

为了防止出口商将外汇截留在境外，国家外汇管理部门通过海关对出口货物的监管，银行通过对出口货物收汇是否实际到账的监督，确定货、款的去向和比例是否合理，这就是出口收汇核销。出口收汇核销单是指由国家外汇管理局制发，出口商和银行填写，海关凭此受理报关，外汇管理部门凭此核销收汇的凭证。

（一）出口收汇核销的特点

1. 以核销单为核心

外汇管理部门的出口收汇核销管理贯穿于发放和收回核销单并办理核销的全过程，出口单位凭核销单及其附件办理报关或委托报关和有关核销手续。海关凭核销单受理有关出口货物的“验讫”手续，出口退关时，海关在核销单上签注意见并盖章。

2. 以事后核销为基调

出口收汇核销手续是在货物出口且及时收汇或明确“去向”后，方可办理。换言之，出口单位除事先需向外汇管理部门领取一定量的核销单外，出口货物能否报关，何时报关无须也不应经外汇管理部门认可。

3. 以全方位为范畴

一方面覆盖面广，出口收汇核销在全国各地都贯彻执行；另一方面涉及点多，核销业务涉及所有的出口单位、外运、海关、金融机构、外汇管理部门和渗透在货物出口、货款收妥或实物进口或明确“去向”的全过程。

4. 以增加收汇为宗旨

出口收汇核销制度，是通过核销单的发放和出口单位不同则报关地点不一，规定交回核销单的不同时间以及对不同的出口地区、贸易方式和结算方式，明确不同的最迟收款日期和相同的核销工作日等办理核销，以此全面、准确地掌握出口收汇实绩，并及时、有效地促进安全收汇，催促逾期收汇。

（二）出口收汇核销的原则

1. 属地管理

由出口单位向其注册所在地的外汇管理部门申领核销单，一般来说，在何地申领的核销单，就在何地办理核销。

2. 专单专用

谁申领的核销单就由谁使用，不得相互借用。核销单的交回核销、作废遗失或注销手续也由原领用该核销单的出口单位在其所在地的外汇管理部门办理。

3. 领用衔接

多用多发、不用不发——续发核销单的份数与已用核销单及其已核销情况和预计出口用单的增减量相“呼应”。

4. 单单对应

原则上一份核销单对应一份报关单。报关单、核销单、发票、汇票副本上的有关栏目的内容应一致，如有变动，应附有关的更改单或凭证。

（三）出口收汇核销程序

出口收汇核销程序一般可分为四个阶段：

（1）领单。出口商凭单位介绍信、出口核销员证或开户单位印鉴卡向外汇管理局领取核销单。出口收汇核销单自领单备案起3个月内有效，过期没有用的核销单要退回外汇管理局。

（2）使用。出口货物报关时向海关提交核销单，由海关盖章。

（3）交单。出口商出口报关，海关对出口货物查验、放行，并在出口收汇核销单上加盖验讫章后，出口商收回核销单存根及其附件，并在报关之日起60天内，凭核销单、报关单、外贸商业发票到外汇管理局送交核销单存根。

（4）核销。出口商在收到外汇之日起30天内必须到外汇管理部门办理出口收汇核销。

（四）出口收汇核销单据

出口商到当地外汇管理部门办理出口收汇核销应提交下列单据：

（1）出口报关单。该出口报关单应贴有防伪标签并盖有海关“验讫章”。

（2）出口收汇核销单。该出口收汇核销单存根上应填写出口单位名称、出口单位代码、出口币种总价、收汇方式、预计收款日期、报关日期、报关单编号、出口货物名称和数量等内容。

（3）银行水单。即“出口收汇核销专用联”。

（4）出口发票。即“商业发票”。

（五）出口收汇核销应注意的问题

1. 出口收汇核销应及时

出口收汇核销单从领单备案起3个月内有效，不及时使用的，过期要退回。另外，按规定，出口商在收到外汇之日起30天内必须到外汇管理部门办理出口收汇核销。

2. 转关的出口收汇核销要留足时间

如果货物在非边境海关报关，货物转关到边境海关时，边境海关要对货物进行核查后才能结关。因此，转关的出口货物报关单比一般非转关的退回时间长。

3. 出口收汇核销时金额不一致的处理

如果是由于银行手续费等的原因，水单的累计金额小于核销单的金额是可以核销的。我国规定的差额范围为500 ~5 000美元，但必须办理差额核销。出口单位办理差额核销报告时，应当另外提供法人代表签字并加盖单位公章的差额原因说明函，以及下列有关证明材料：

（1）因国外商品市场行情变动产生差额的，提供有关商会出具的证明或有关交易所行情报价资料。

（2）因出口商品质量原因产生差额的，提供进口商的有关函件和进口国商检机构的证明；由于客观原因无法提供进口国商检机构证明的，提供进口商的检验报告、相关证明材料和出口单位书面保证函。

（3）因动物及鲜活产品变质、腐烂、非正常死亡或损耗产生差额的，提供进口商的有关函件和进口国商检机构的证明；由于客观原因确实无法提供商检证明的，提供进口商有关函件、相关证明材料和出口单位书面保证函。

（4）因自然灾害、战争等不可抗力因素产生差额的，提供报刊等新闻媒体的报道材料或我国驻进口国使领馆商务处出具的证明。

（5）因进口商破产、关闭、解散产生差额的，提供报刊等新闻媒体的报道材料或我国驻进口国使领馆商务处出具的证明。

（6）因进口国货币汇率变动产生差额的，提供报刊等新闻媒体刊登或外汇局公布的汇率资料。

（7）因溢短装产生差额的，提供提单或其他正式货运单证等商业单证。

（8）因其他原因产生差额的，提供外汇局认可的有效凭证。

样单 9－20　出口收汇核销单据之一：出口货物报关单

中华人民共和国海关出口货物报关单

收汇核销联

****
* 主页 *
预录入编号：045171776-7 Page. 1　　海关编号：045171776

出口口岸　蛇口海关 (53 / 04)	备案号		出口日期　2002-04-05	申报日期　2002-03-28
经营单位　广东省纺织品进出口棉织品有限公司 4401913006(440104231116270)	运输方式　江海	运输工具名称　B000003FPA3H2002		提运单号　H420328175
发货单位　广东省纺织品进出口棉织品有限公司 4401913006(440104231116270)	贸易方式　一般贸易 0110		征免性质　一般征税 (0101)	结汇方式　电汇
许可证号	运抵国（地区）　意大利 (0307)		指运港　意大利 (0307)	境内货源地　惠州其他 (44139)
批准文号	成交方式　FOB	运费　000/ 000/	保费　000/ 000/	杂费　000/ 000
合同协议号　4401502704	件数　571	包装种类　纸箱	毛重（千克）　10735	净重（千克）　10164
集装箱号　SQ01HK CS08319	随附单据			生产厂家　博罗石湾镇佳辉电子文具厂
标记唛码及备注　DXX1M286056 * 1(2)				

项号	商品编号	商品名称、规格型号	数量及单位	最终目的国（地区）	单价	总价	币制	征免
01	42021290.10	*拉链公文包　无牌	27,408.00个	意大利 (307)	830	22,748.64	USD 美元	照章

税费征收情况

逐单申报单

按单环节交单核放　　合计总价：00022748

录入员　录入单位	兹声明以上申报无讹并承担法律责任	海关审单批注及放行日期（签章）
报关员　深圳服务中心　海声 BP 机号	申报单位（签章）　深圳市双龙泰报关有限公司　报结人代码：9999　报结人：计算机　审结日期：20020328	审单　审价　征税　统计　查验　放行
单位地址		
邮编　电话	填制日期	2002/03/29　黄国清

2002/03/28　　　　045171776

样单 9－21 出口收汇核销单据之二：出口收汇核销单

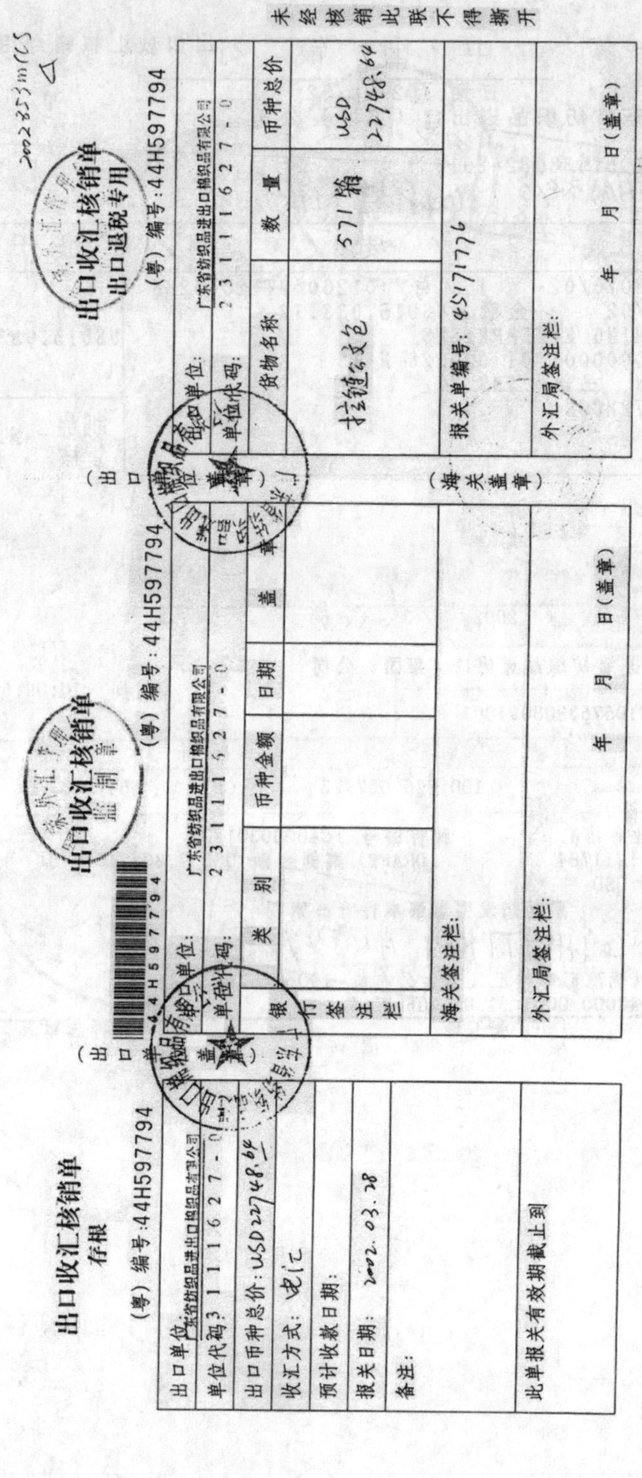

出口收汇核销单
存根

（粤）编号：44H597794

出口单位：	广东省纺织品进出口棉织品有限公司
单位代码：	3 1 1 1 6 2 7 - 0
出口币种总价：	USD22748.64
收汇方式：	电汇
预计收款日期：	
报关日期：	2002.03.28
备注：	
此单报关有效期截止到	

（出口单位盖章）

出口收汇核销单
（国家外汇管理局监制章）

（粤）编号：44H597794

44H597794

出口单位：广东省纺织品进出口棉织品有限公司
单位代码：2 3 1 1 1 6 2 7 - 0

银行签注栏	类别	币种金额	日期	盖章

海关签注栏：

外汇局签注栏：

年　月　日（盖章）

（出口单位盖章）

出口收汇核销单
出口退税专用
（国家外汇管理局章）

（粤）编号：44H597794

2002853mlCS

出口单位：广东省纺织品进出口棉织品有限公司
单位代码：2 3 1 1 1 6 2 7 - 0

货物名称	数量	币种总价
拉链公文包	571箱	USD 22748.64

报关单编号：45171776

外汇局签注栏：

年　月　日（盖章）

（海关盖章）

未经核销此联不得撕开

BY2040

样单 9－22　出口收汇核销单据之三：银行水单

中　国　银　行 出口收汇核销专用联

日期：02/28/02

客户全称：　广东省纺织品进出口（集团）公司

帐　　号：　800105753808272011

核销单号：　44H683573　44H597794

摘　　要	货币及金额
我行编号 :IR4008076/02　　汇入号 :0126040TT2000288 汇入日期 :02/27/02　　金额 :USD15,033.12 汇款人名 :KAM SHING ENTERPRISES 申报号码 :　4400000001 01 020228 N115 汇款附言 :COTTON　三部　INV NO 2002272MCCS	USD15,033.12

制票　刘萃萍

复核　张玉玲

③　中国银行出口收汇核销专用联

2002 年 3 月 6 日

全称　广东省纺织品进出口（集团）公司

账号　800105753808091001

时间 :10:09:58

外汇金额	牌价	折合人民币金额
USD7,808.40	100:826.657923	¥ CNY　64,548.76

票据托收业务结汇　　我行编号 :C40000301/02

票据编号 :211784　　(DRAFT) 票据金额 USD 7,808.40

国外收费 :USD

票据如发生退票本行有追索权

核销单号　44H597794　H454726

该笔业务以优惠汇率结汇（当天公布价 100:826.41　）

申报号码 440000 0001 01 020306 N007

会计　　复核 张玉玲　　记账　　制票 钟志军

样单 9－23 出口收汇核销单据之四：出口发票

广东省出口商品发票
Guangdong Province Export Goods Invoice

国税

出口专用
For Export
0009911770

No. 0361590

购货单位：ADLER
Purchaser:
地址： Add: 电话： Tel:
开票日期： 年 月 日 Issued date: Year Month Date

合同号码 Contract No.	8091MCCS08319	贸易方式 Trade Method	正常贸易	收汇方式 Foreign Exchange Collection Form	TT
开户银行及账号 Bank where Account opened &A/C Number	中行广东分行 800105753808091991	发运港 Port of Departure	蛇口	转运港 Port of Transshipment	***
信用证号 L/C No.		运输工具 Means of Transportation	B000003EPAB	目的港 Port of Destination	意大利
标记唛头号码 Marks & Nos	品名规格 Description and Specification of Goods	单位 Unit	数量 Quantity	销售单价 Unit Price	销售总额 Total Sales Amount
N/M	拉链公文包	个	27,408	USD0.830	USD22,748.64
合计金额(币种：) Total Amount (Currency)	美元贰万贰仟柒百肆拾捌圆陆肆整				USD22,748.64
备注 Notes	核 44H597794				

广东省纺织品进出口棉织品有限公司
440104231116270
发票专用章

填票人： Filler:
业户名称(盖章) Seller (Seal)
地址：Add:

粤国税证函[1999]24号60万份 江门森华纸业有限公司印制

第五联：外汇管理局存查 Fifth copy For State Administration of Foreign Exchange

二、出口退税

为帮助出口企业降低成本，增强出口产品的竞争力，鼓励出口，我国实行退税制。出口企业在货物出口报关离境后，可凭有关单证办理出口退税。退税包括出口产品各生产环节已缴纳的增值税或产品税。

根据 2005 年 5 月 1 日起实施的《出口货物退（免）税管理办法（试行）》，对出口退税管理办法介绍如下：

（一）出口企业的退税认定

对外贸易经营者按《中华人民共和国对外贸易法》和商务部《对外贸易经营者备案登记办法》的规定办理备案登记后，没有出口经营资格的生产企业委托出口自产货物（含视同自产产品，下同），应分别在备案登记、代理出口协议签订之日起 30 日内填写《出口货物退（免）税认定表》，持有关资料到所在地税务机关办理出口货物退（免）税认定手续。

对外贸易经营者是指依法办理工商登记或者其他执业手续，经商务部及其授权单位赋予出口经营资格的从事对外贸易经营活动的法人、其他组织或者个人。其中，个人（包括外国人）是指注册登记为个体工商户、个人独资企业或合伙企业。

已办理出口货物退（免）税认定的出口商，其认定内容发生变化的，须自有关管理机关批准变更之日起 30 日内，持相关证件向税务机关申请办理出口货物退（免）税认定变更手续。

（二）出口产品的退税申报

出口商应在规定期限内，收齐出口货物退（免）税所需的有关单证，使用国家税务总局认可的出口货物退（免）税电子申报系统生成电子申报数据，如实填写出口货物退（免）税申报表，向税务机关申报办理出口货物退（免）税手续。逾期申报的，除另有规定外，税务机关不再受理该笔出口货物的退（免）税申报，该补税的应按有关规定补征税款。

出口退税申报所需的材料有：

（1）出口报关单（出口退税专用）。

（2）出口销售发票。

（3）增值税专用发票（抵扣联）。

（4）结汇水单或收汇通知书。

（5）属于生产企业直接出口或委托出口自制产品，凡以 CIF 结算的，应附送出口货物运单和出口保险单。

（6）有进料加工复出口产品业务的企业，还应向税务机关报送进口料件的合同编号、日期，进口料件名称、数量，复出口产品名称，进料成本金额和实纳各种税金等。

（7）“税收（出口货物专用）缴款书”或“出口货物完税分割单”，申请退消费税的企业，还应提供消费税专用缴款书。

（8）经外汇管理部门核销并签章的出口收汇核销单（出口退税专用）。

（9）与出口退税有关的其他材料。

（三）出口产品的退税受理

出口商申报出口货物退（免）税时，税务机关应及时予以接受并进行初审。经初步审核，出口商报送的申报资料、电子申报数据及纸质凭证齐全的，税务机关受理该笔出口货物退（免）税申报。出口商报送的申报资料或纸质凭证不齐全的，除另有规定外，税务机关不予受理该笔出口货物的退（免）税申报，并要当即向出口商提出改正、补充资料、凭证的要求。

税务机关受理出口商的出口货物退（免）税申报后，应为出口商出具回执，并对出口货物退（免）税申报情况进行登记。

（四）税务机关的退税审核

税务机关受理出口商出口货物退（免）税申报后，应在规定的时间内，对申报凭证、资料的合法性、准确性进行审查，并核实申报数据之间的逻辑对应关系。根据出口商申报的出口货物退（免）税凭证、资料的不同情况，税务机关应当进行人工审核和计算机审核。

1. 人工审核

（1）税务机关重点审核的内容：

①申报出口货物退（免）税的报表种类、内容及印章是否齐全、准确。

②申报出口货物退（免）税所提供的电子数据和出口货物退（免）税申报表是否一致。

③申报出口货物退（免）税的凭证是否有效，与出口货物退（免）税申报表明细内容是否一致等。

（2）税务机关重点审核的凭证：

①出口货物报关单（出口退税专用）。

出口货物报关单必须是盖有海关验讫章、注明“出口退税专用”字样的原件（另有规定的除外）。出口报关单的海关编号、出口商海关代码、出口日期、商品编号、出口数量及离岸价等主要内容应与申报退（免）税的报表一致。

②代理出口货物证明。

代理出口货物证明上的受托方企业名称、出口商品代码、出口数量、离岸价等应与出口货物报关单（出口退税专用）上的内容相匹配并与申报退（免）税的报表一致。

③增值税专用发票（抵扣联）。

增值税专用发票（抵扣联）必须印章齐全，没有涂改。增值税专用发票（抵扣联）的开票日期、数量、金额、税率等主要内容应与申报退（免）税的报表匹配。

④出口收汇核销单。

出口收汇核销单的编号、核销金额、出口商名称应当与对应的出口货物报关单上注明的批准文号、离岸价、出口商名称匹配。

⑤消费税税收（出口货物专用）缴款书。消费税税收（出口货物专用）缴款书各栏目的填写内容应与对应的发票一致；征税机关、国库（银行）印章必须齐全并符合要求。

2. 计算机审核

将出口商申报出口货物退（免）税提供的电子数据、凭证、资料与国家税务总局及有关部门提供的出口货物报关单、出口收汇核销单、代理出口证明、增值税专用发票、消费税税收（出口货物专用）缴款书等电子信息进行核对。审核、核对的重点是：

（1）出口报关单电子信息。出口报关单的海关编号、出口日期、商品代码、出口数量及离岸价等项目是否与电子信息相符。

（2）代理出口证明电子信息。代理出口证明的编号、商品代码、出口日期、出口离岸价等项目是否与电子信息相符。

（3）出口收汇核销单电子信息。出口收汇核销单号码等项目是否与电子信息相符。

（4）出口退税率文库。出口商申报出口退（免）税的货物是否属于可退税货物，申报的退税率与出口退税率文库中的退税率是否一致。

（5）增值税专用发票电子信息。增值税专用发票的开票日期、金额、税额、购货方及销售方的纳税人识别号、发票代码、发票号码是否与增值税专用发票电子信息相符。

在核对增值税专用发票时应使用增值税专用发票稽核、协查信息。暂未收到增值税专用发票稽核、协查信息的，税务机关可先使用增值税专用发票认证信息，但必须及时用相关稽核、协查信息进行复核；对复核有误的，要及时追回已退（免）税款。

（6）消费税税收（出口货物专用）缴款书电子信息。消费税税收（出口货物专用）缴款书的号码、购货企业海关代码、计税金额、实缴税额、税率（额）等项目是否与电子信息相符。

（五）税务机关的退税审批

出口货物退（免）税应当由设区的市、自治州以上（含本级）税务机关根据审核结果按照有关规定进行审批。税务机关在审批后应当按照有关规定办理退库或调库手续。

（六）出口退税的计算

出口退税税额是按照收购成本的不含税价格计算的，如果出口商收购的出口产品已包含增值税，则必须先扣除其中的增值税部分，然后再计算出口退税额。具体公式如下：

$$不含税价格=\frac{含税价格}{1+增值税率}$$

$$出口退税额=不含税价格\times 出口退税税率$$

案例分析 127

案例：某出口企业出口纺织品一批，国内收购成本为每打 120 人民币元（含增值税），共 20 000 打，如果增值税税率为 17%，该纺织品的出口退税税率为 15%。

问：该企业出口该批纺织品的退税额有多少？

分析：

出口退税税额 = 120 × 20 000 ÷（1 + 17%）× 15% = 30.77（万人民币元）

该企业出口该批纺织品的退税额有 30.77 万人民币元。

第十章 进口合同的履行

进口商在签订进口合同后，要及时履行进口合同。由于我国的进口合同主要以 FOB 条件成交，进口商一般要经过申请开证、租船订舱、进口投保、审单付款、进口报检、进口报关、换单提货和索赔等环节。

一、申请开证

根据进口合同，对采用信用证付款方式的，进口商应按合同规定的期限，填写开证申请书，连同合同副本、进口许可证和用汇证明等单证向银行提出开证申请，银行经审核同意后，开立信用证。

申请开立信用证的具体手续包括：

1. 递交有关合同的副本及附件

进口商在向银行申请开证时，必须向开证银行递交进口合同的副本以及所需附件，如进口许可证、进口配额证、某些部门的审批文件等。

2. 填写开证申请书

进口商填写开证申请书一式三份，一份留业务部门，一份留财务部门，一份交银行。

3. 缴付保证金

进口商向银行缴付一定比例的保证金，其金额一般为信用证金额的百分之几到百分之几十，这根据进口商的资信情况而定。在银行的授信额度内，进口商可免缴保证金。

4. 开证、收取开证费

银行审核申请人提交的有关单证和查收保证金后，按开证申请书的内容开立信用证，并向开证申请人收取开证费。一般情况下，开证费为信用证金额的 1.5‰，最低 200 元人民币，对于有效期三个月以上，每三个月增收 0.5‰，按 100% 提交保证金者不加收。

二、租船订舱

若采用 FOB 或 FCA 条件成交，根据《2010 年通则》的规定，进口商应负责指派船只到装运港接运货物。并给予卖方充分的通知，即告知卖方接运货物船只的船名、航次、船期，以便卖方做好装船准备。在接到卖方的装船通知后，应及时办理投保。

三、进口投保

在常用的六种贸易术语 FOB、CFR、CIF、FCA、CPT 和 CIP 中，除 CIF 和 CIP 外，其

余四种要进口商自己办理保险。

进口货物运输保险一般采用预约投保。所谓预约投保，是指进口商预先与保险公司签订进口预约保险合同，在保险合同中，预先规定货物投保的险别、保险加成率、保险适用条款、保险费率及赔款的支付办法等。

四、审单付款

当开证行收到议付行寄来的全套结汇单证后，对照信用证，核对单据的份数和内容。如果单证相符，即可以对外付款。同时，开证行按照付款当天的外汇牌价折算成人民币向进口方索款交单，进口商买汇赎单。

如果单证不符，应停止对外付款，及时通知国外银行改正。因为《UCP 600》规定，无论是开证行或保兑行还是其他被指定的银行决定拒收单据，都应在收到单据次日起 7 个工作日内，以电信方式或其他快捷方式通知寄单银行，说明银行凭以拒收单据的所有不符点，还需说明单据是否保留以待交单人处理，或退回交单人。

五、进口报检

若进口的货物属于国家法定检验的范围，则进口商必须凭提单、发票、合同等单据向当地检验检疫部门申请报检备案，海关方可接受报关申请。

六、进口报关

进口货物到货后，进口商填写“进口货物报关单”向海关申报，并随附发票、提单及装箱单等单据。经海关查验无误、缴纳有关税费后进口货物才能被放行。

七、换单提货

海关放行后，进口方凭提单向船公司换取提货单提货。

如进口货物运达港口卸货时发现短缺，应及时填制“短卸报告”交由船方签认，并根据短缺情况向船方提出保留索赔权的书面声明。卸货时如发现残损，货物应存放于海关指定仓库，待保险公司会同商品检验检疫部门检验后作出处理。

如进口货物有残损，可凭商品检验检疫部门出具的证书对外索赔。对于合同规定在卸货港检验的货物，或已发现残损短缺有异状的货物，或合同规定的索赔期即将满期的货物等，都需要在港口进行检验。

八、进口索赔

进口方常因交货期、品质、数量、包装等不符合合同的规定，而需向有关方面提出索赔。根据造成损失的不同原因，进口索赔的对象主要有向卖方索赔、向轮船公司索赔和向保险公司索赔三个方面。

在进口业务中，办理对外索赔时一般应注意以下几个方面：

(1) 关于索赔证据。对外提出索赔需要提供证据，首先应制备索赔清单，随附商检局签发的检验证书、发票、装箱单副本。其次，对不同的索赔对象还要另附有关证件。向卖方索赔时，应在索赔证件中提供确切根据和理由，如系 FOB 或 CFR 合同，尚需随附保险单一份；向轮船公司索赔时，需另附由船长及港务局理货员签证的理货报告，船长签证的短缺或残损证明；向保险公司索赔时，需另附保险公司与买方的联合检验报告等。

（2）关于索赔金额。除受损商品的价值外，有关的费用也可提出，如商品检验费、装卸费、银行手续费、仓租、利息等，都可包括在索赔金额内。至于包括哪几项，应根据具体情况确定。

（3）关于索赔期限。对外索赔必须在合同规定的索赔有效期限内提出，过期无效。如果商检工作需要更长的时间，可向对方要求延长索赔期限。

（4）关于卖方的理赔责任。进口货物发生了损失，除属于轮船公司及保险公司的赔偿责任外，如属卖方必须直接承担的责任，应直接向卖方要求赔偿，防止卖方制造借口向其他方面推卸理赔责任。

目前，我国的进口索赔工作，属于船方和保险公司责任的由外运公司代办，属于卖方责任的由进出口公司直接办理。为了做好索赔工作，要求进出口公司、外运公司、订货部门、商检局等各有关单位密切协作，要做到检验结果正确、证据属实、理由充实、赔偿责任明确，并要及时向有关方面提出，力争把货物所受的损失如数获得补偿。

案例分析 128

案例：我进出口公司从德国进口一批拉丝盘条，货到后，经我公司检验发现货物品质有严重缺陷。因与卖方签订的买卖合同中没有订立索赔条款，因此，公司有人认为无法向外商提出索赔。

问：你认为这种说法对吗?

分析：这种说法不对。买卖合同是规定当事人权利义务的法律文件，当一方违反合同，没有按合同规定的品质规格交货，致使对方受损时，受损方就可根据法律主张权利，要求违约方赔偿其经济损失。

案例分析 129

案例：我某进出口公司以 CIF 广州从国外进口一批初级产品，即期信用证付款。卖方发货后交单到银行议付，开证行及我公司也已审单付款，我公司提取货物后并已将收到的货物向银行作了抵押贷款。事后，我公司却发现该批货物的提单日期是倒签的。

问：我方是否仍有权提出索赔?

分析：我公司仍有权向卖方或承运人索赔。CIF 方式下，买方有审查和拒收单据、货物两方面的权利，买方虽已付款并处理了货物，但在有充分证据证明卖方和承运人倒签提单的情况下，买方仍有权提出索赔。

样单 10 – 1 开证申请书

不可撤销跟单信用证申请书

APPLICATION FOR IRREVOCABLE DOCUMENTARY CREDIT

ATTENTION: NO NET WEIGHT

To: THE INDUSTRIAL AND COMMERCIAL BANK OF CHINA, GUANGZHOU BRANCH　　Dated: FEB.12, 2001

Please establish [X] By SWIFT/Telex [ ] By airmail　an Irrevocable Credit as per followings

Advising Bank INDUSTRIAL AND COMMERCIAL BANK OF CHINA, TOKYO BRANCH	(20) IRREVOCABLE DOCUMENTARY CREDIT No. (31D) Expiry Date 2001/04/10 Expiry Place TOKYO, JAPAN
(50) Applicant GUANGZHOU HONDA AUTOMOBILE CO., LTD. HENGSHA, HUANGPU, GUANGZHOU P.R. CHINA	(59) Beneficiary HONDA MOTOR CO., LTD. NO.1-1, 2-CHOME, MINAMI-AOYAMA, MINATO-KU, TOKYO, JAPAN

(32B) Currency code, Amount (in figures): USD3,258,393.60

(In words): SAY IN U.S.DOLLARS THREE MILLION TWO HUNDRED FIFTY-EIGHT THOUSAND THREE HUNDRED AND NINETY-THREE AND CENTS SIXTY ONLY

Quantity and Credit amount tolerance____%

(41a) Credit available with [X] ANY BANK [ ] Issuing Bank

By [X] Negotiation [ ] Acceptance [X] Sight Payment [ ] Deferred Payment at____

(42C) Draft at sight For 100 % of Invoice Value.

(43P) Partial Shipment [ ] allowed [X] not allowed　　(43T) Transhipment [X] allowed [ ] not allowed

(44A) Loading on board From Any Japanese sea port　　(44B) For Transportation to XINGANG, HUANGPU, GUANGZHOU, CHINA

(44C) Latest Date of Shipment: 2001/03/20

(45A) Description of Goods: Automobile Parts as per proforma invoice/contract No.001-32A-5202-12.

Price term: CIF XINGANG, HUANGPU, GUANGZHOU, CHINA

Packing: IN CONTAINERS

(46A) Documents required: (marked with x)

(X) Signed Commercial invoice in 3 originals copies indicating L/C.No.and Contract No. as mentioned above.

(X) 2/3 set of clean on board ocean Bills of Lading made out to order and blank endorsed marked "freight prepaid [ ] showing freight amount" notifying [X] Applicant [ ]

( ) Air Waybills showing "freight [ ] to collect [ ] prepaid [ ] indicating freight amount" and consigned to [ ] Applicant [ ] Issuing Bank [ ]

(X) Insurance Policy/Certificate in 2 originals for 110 % of the invoice value showing claims payable in Guangzhou China in currency of the draft blank endorsed, covering([X] Ocean Maring Transportation [ ] Air Transportation [ ] Over Land Transportation) All Risks, War Risks, Strike Risks, including warehouse to warehouse as per Institute Cargo Clauses (A), Institute Strike Clauses, Institute War Clauses

(X) Packing List/Weight Memo in 2 originals Copies indicating quantity/gross and net weights of each package and packing conditions as called for by the L/C.

( ) Certificate of Quantity/Weight in Copies.

(X) Certificate of Quality in 2 Copies issued by [X] Beneficiary [ ] public recognized surveyor [ ] manufacturer

( ) Beneficiary's certified copy of cable/telex dispatched to the accountees within hours after shipment advising [ ] name of vessel [ ] B/L No. [ ] flight No. [ ] wagon No. [ ] Shipping date [ ] contract No [ ] L/C No.,commodity, quantity, weight and value of shipment.

( ) ~~Certificate of origin in copies.~~ Beneficiary's certificate certifying that they have sent documents to the applicant by courier service including 1/3 set of original B/L,commercial invoice in one original and one copy, packing list in one original and one copy indicating cases'No., containers'No.,parts'No./description/quantity of each case and gross weights of each case,certificate of Origin in one original,insurance policy/certificate in one copy and the courier receipt should be attached for negotiation.

(X) Plant Inspection Certificate issued by Inspection and Quarantine Department of Official Authority in the country of the shipper if the goods are packed into coniferous wood package; Statement of non- coniferous wood packing material issued by the shipper in the use of non-coniferous wood packing material; Statement of no wood packing material issued by the shipper in the use of non-wood packing material.

All documents must be issued in English.

(47A) Additional conditions

( ) Documents issued earlier than L/C issuing date are not acceptable.

(X) All banking charges and interest if any outside opening bank are for account of beneficiary

(X) All documents to be forwarded in one cover, unless otherwise stated.

( ) The remaining ____________ % of invoice value____________

( ) Third party as shipper is not acceptable.

(48) Period for presentation: Documents to be presented within 21 days after the date of issuance of the transport document(s) but within the validity of the credit

(71B) Charges [X] Beneficiary [ ] Applicant

依照国际商会《跟单信用证统一惯例》(1993年修订版)第500号出版物

样单 10－2　入境货物报检单

中华人民共和国出入境检验检疫

入境货物报检单

1-1863

报检单位(加盖公章)：增城市四威报关服务有限公司　　*编　号 442200105001894E

报检单位登记号：4426000368　联系人：李海斌　电话：82280939　报检日期：2005 年 06 月 13 日

收货人	(中文)中化塑料公司	企业性质(划"√")	□合资□合作□外资
	(外文) ***		
发货人	(中文) ***		
	(外文) GREAT LAKES CHEMICAL CORPORATION		

货物名称(中/外文)	H.S.编码	原产国(地区)	数/重量	货物总值	包装种类及数量
十溴联苯醚	29093000.00	美国	720包 18,000千克 GW: 18720kgs	36,900 美元	18天然木托

运输工具名称号码	船舶，新阳泓87			合同号	05US11XP4IWE079
贸易方式	一般贸易	贸易国别(地区)	美国	提单/运单号	HKGHUA216856
到货日期	2005-06-10	启运国家(地区)	美国	许可证/审批号	***
卸毕日期	0000-00-00	启运口岸	圣佩德罗（美国）	入境口岸	天河永业码头口岸
索赔有效期至	***	经停口岸	中国香港	目的地	北京市
集装箱规格、数量及号码	海运20尺普通X1				
合同订立的特殊条款以及其他要求	船名：新阳泓8/520100506090			货物存放地点	永业码头
				用途	其他 2#用

随附单据(划"√"或补填)		标记及号码	*外商投资财产(划"√")	□是□否
☑合同	□到货通知	05US11XP4IWE07 9 HUANGPU CHINA	*检验检疫费	
☑发票	☑装箱单		总金额(人民币元)	36-
☑提/运单	□质保书		计费人	李平
□兽医卫生证书	□理货清单		收费人	欧阳姣玲
□植物检疫证书	□磅码单			
□动物检疫证书	□验收报告			
□卫生证书	☑美日输华熏蒸证明			
☑原产地证	□			
□许可/审批文件	□			

报检人郑重声明： 1.本人被授权报检。 2.上列填写内容正确属实。 签名：李海斌	领取证单	
	日期	05. 6. 13
	签名	李海斌

注：有"*"号栏由出入境检验检疫机关填写　　◆国家出入境检验检疫局制 [1-1(2004)]

样单 10－3　入境货物通关单

中华人民共和国出入境检验检疫
入境货物通关单

编号：442200105001961

1. 收货人 东针电子(广州)有限公司 ***			5. 标记及号码 N/M
2. 发货人 *** TOKYO CATHODE LABORATORY			
3. 合同/提(运)单号 TGZ-05033 /***		4. 输出国家或地区 日本	
6. 运输工具名称及号码 火车 ***		7. 目的地 广东省广州市	8. 集装箱规格及数量 ***
9. 货物名称及规格 钻头 *** *** 钨针 *** *** 陶瓷环 *** *** (以下空白)	10. H.S. 编码 8207501000 *** *** 8101990000 *** *** 8547100000 *** *** (以下空白)	11. 申报总值 *74,997日元 *** *** *165,000日元 *** *** *37,870日元 *** *** (以下空白)	12. 数/重量、包装数量及种类 *19件 *0.86千克 纸箱 *3,000根 *0.15千克 纸箱 *15个 *0.051千克 *1纸箱 (以下空白)
13. 证明 上述货物业已报检/申报，请海关予以放行。 签字：　　　日期：2005 年 06 月 23 日			
14. 备注			

C 5306775　　③ 本局留存　　[2-1-1(2002.1.1)・1]

印刷流水号：C5306775

样单 10－4　进口货物报关单

中华人民共和国海关进口货物报关单

预录入编号：54856625478　　　　海关编号：5878207

进口口岸	备案号	进口日期	申报日期
新凤罗冲(5102)		97.02.15	98.02.18

经营单位	运输方式	运输工具名称	提运单号
广东纺织品进出口广通贸易有限公司 (4401913490)	江海(2)	JI CHANG/AL IHSA "A"	JT98－1778

收货单位	贸易方式	征免性质	征税比例
广东纺织品进出口广通贸易有限公司	一般贸易	一般征税	
许可证号	起运国(地区) 阿联酋	装运港 迪 拜	境内目的地 广州

批准文号　2918306	成交方式 CIF	运费 502/1070.00/3	保费 502/15.51/3	杂费
合同协议号 C215－98－GD	件数 40	包装种类 箱	毛重(千克) 2,400.00	净重(千克) 1,200.00
集装箱号 MAEU6150015＊1(2)	随附单据		用途 外贸自营内销	

标记唛码及备注

MAHALAJA DEIRA
ANAND
264553
DUBAI

项号	商品编码	商品名称、规格型号	数量及单位	原产国(地区)	单价	总价	币制	征税
01	6104.6300	女装尼龙长裤 LADIES LYCRA LONG PANT	200 打 600 千克	阿联酋	23.00	4,600.00	美元	照章征税
02	6104.6300	女装尼龙长裤 LADIES LYCRA LONG PANT	200 打 600 千克	阿联酋	24.00	4,800.00	美元	照章征税

税费征收情况

录入员　录入单位	兹声明以上申报无讹并承担法律责任	海关审单批注及放行日期(签章)
报关员	申报单位(签章)	审单　审价
单位地址 广州小北路 168 号广东粤纺大厦 7 楼	广东纺织品进出口广通贸易有限公司报关专用章	征税　统计
邮编 510000　电话	填制日期　1998.02.18	查验　放行

第十一章　贸易方式

第一节　经销与代理

一、经销（Distributorship）

经销是指出口商与国外经销商达成书面协议，在约定的经销期限和范围内，利用经销商就地推销某种商品的一种方式。经销可以分为一般经销和独家经销。独家经销在我国又称为包销（Exclusive Sales），它是指出口商通过协议把某一种商品或某一类商品在某一地区和期限内的经营权单独给予国外某个客户或公司的一种做法。

采用包销方式，出口商与国外客户必须签订包销协议。包销协议的主要内容有：

（1）包销协议的名称、签约日期与地点。

（2）包销协议的前文条款。在前文条款中，明确包销商与出口商之间的关系是买卖关系。

（3）包销商品的范围。

（4）包销地区。

包销地区是指包销商行使销售的地理范围。我国对外包销地区的约定方法主要有：①约定一个国家或几个国家；②约定某个国家中的某几个城市；③约定某个国家的一个城市或地区。

出口商确定国外包销商包销地区的大小，主要考虑包销商的规模、能力以及销售网络；包销商品的市场定位、包销商品的特点及季节性；出口商的营销策略；包销地区的地理位置等因素。

（5）包销期限。我国对外包销的出口业务中，通常把包销协议的包销期限定为一年。

（6）专营权。专营权是指包销商行使专卖和专买的权利，包括专卖权和专买权。专卖权是指出口商将指定商品在约定的地区和期限内给予包销商独家销售的权利，包销商获得专卖权后，出口商就不得向该区域内的客户直接售货；专买权是指包销商只能向出口商购买指定商品，而不得向第三者购买该指定商品。

（7）包销数量或金额。此条款是包销协议的重要条款，它规定了包销商必须向出口商购买约定数量和金额的商品，而出口商必须向包销商出口约定数量和金额的商品。

（8）作价办法。包销商品的作价办法主要有固定作价和分批作价两种。我国的外贸公司通常采用分批作价的办法，以避免因国际商品市场的价格变化而造成利益损失。

（9）广告、宣传、市场报导和商标保护。

二、代理（Agency）

国际贸易中的代理一般是指卖方作为委托人通过其委派的代表（即代理人），在国外向客户招揽生意、订立合同或办理与交易有关的其他事宜的销售代理。代理人与委托人之间属于委托代理关系，代理商赚取的是佣金。销售代理可分为总代理、独家代理和一般代理。

1. 总代理（General Agency）

总代理是指在指定地区委托人的全权代理。总代理除了有权代理委托人进行签订买卖合同、处理货物等商务活动外，也可进行一些非商业性的活动；有权指派分代理，并可分享代理的佣金。

2. 独家代理（the Exclusive Agency or Sole Agency）

独家代理是指在指定地区和期限内，委托人给予代理人独家代理某项商品权利的方式。

换言之，只要代理协议中规定在一定时期和指定的地区内，代理人对限定商品享有独家专营权，这种代理就是独家代理。

独家代理在特定地区和期限内享有代销指定商品的专营权。按惯例，在独家代理情况下，凡是委托人在约定地区发生的交易，只要是独家代理的商品，不论其是否通过该独家代理人，委托人都要向独家代理人支付约定比例的佣金。

独家代理与包销不同，他们的区别主要有：

（1）性质不同。代理人与委托人之间属于委托代理关系，而包销商与出口商之间的关系是买卖关系。

（2）风险不同。独家代理不承担经营风险，而包销商要承担经营风险。

（3）目的不同。独家代理赚取的是佣金，而包销商赚取的是商业利润。

（4）专营权不同。独家代理在特定地区和期限内享有代销指定商品的专营权，包销商拥有包销的专营权包括专买权和专卖权。

3. 一般代理（Common Agency）

一般代理是指在同一代理地区、时间及期限内，同时有几个代理人代表委托人行为的代理。对于一般代理，代理商根据销售金额和协议规定的办法和百分率向委托人计收佣金。如果委托人直接与该地区的实际买主成交，则无须给代理商佣金。

4. 外贸代理（Foreign Trade Agency）

在我国，有的工厂或企业想把产品销售到国外去，但企业本身没有进出口经营权，即使有进出口经营权，却缺乏从事进出口贸易的专业人才。因此，这些企业寻找专门的外贸公司，通过外贸代理方式实现本企业产品的出口。

所谓外贸代理，是指委托人委托有进出口经营权的外贸公司，以外贸公司的名义办理进出口业务，把委托人的产品出口给委托人洽谈好交易条件的外商，或把委托人洽谈好交易条件的外商的产品进口给委托人的贸易行为。

外贸代理的贸易过程中，外贸公司作为代理人只是提供自己名义的有关单据，收取代理费（一般为3%～5%）），而不直接与进出口的委托人或外商客户见面。

与通常所说的代理不同，外贸代理中，外贸公司作为代理人必须以自己的名义代替委托人与外商签订合同并向国内的有关部门申请办理进出口手续，因此，外贸公司要承担更多的责任和风险，如骗税、骗汇和走私等。

外贸代理的业务流程见下图：

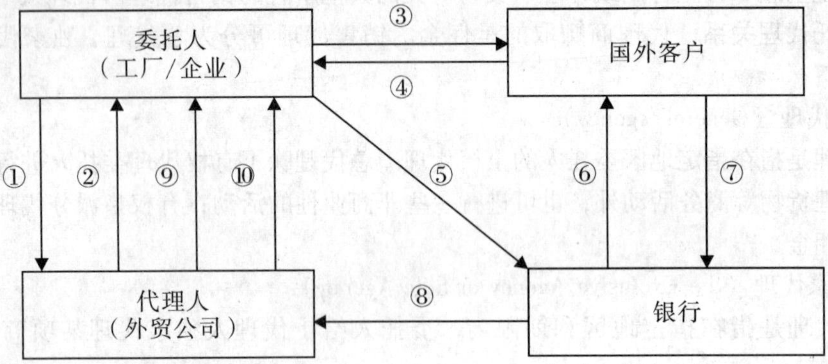

①委托人（工厂/企业）与外贸公司签订代理出口协议；
②外贸公司向委托人提供有关单据；
③委托人与外商签订买卖合同；
④外商会签并寄送买卖合同；
⑤委托人以外贸公司的名义办理出口装运手续，向银行提交全套结汇单据；
⑥银行向外商提示单据；
⑦外商审单无误后付款；
⑧银行通知外贸公司货款已收妥进账；
⑨外贸公司向委托人支付货款；
⑩外贸公司办理出口核销和退税后，将退税款转付委托人。

第二节　招标与投标

一、招标、投标的含义

招标（Invitation to Tender）是指招标人（买方）事先发出招标通告或招标单，提出在规定的时间、地点，准备买进的商品名称、品种、数量和有关的交易条件，邀请投标人（卖方）参加投标的行为。

投标（Submission to Tender）是指投标人（卖方）应招标人的邀请，根据招标通告或招标单所规定的条件，在规定的期限内向招标人递盘的行为。

招标与投标不是两种交易方式，而是一种交易方式的两个方面，属于竞卖方式。

二、招标的方式

目前，常用的招标方式有：

1. 公开招标（Open Bidding）

公开投标是指招标人在主要报刊上刊登招标广告，凡对该项招标内容有兴趣的人均有机会购买招标资料进行投标。政府采购物资大部分采用公开招标。

2. 选择性招标（Selected Bidding）

选择性招标是指招标人不在报刊上刊登广告，而是根据自己具体的业务关系和情报资料由招标人对客商进行邀请，进行资格预审后，再由他们进行投标。

3. 谈判招标（Negotiated Bidding）

谈判招标又叫议标，是指招标人物色几家客商直接进行合同谈判，谈判成功，交易达成。它是非公开、非竞争性的招标。

4. 两段招标（Two-stage Bidding）

两段招标是指无限竞争招标和有限竞争招标的综合方式，采用此类方式时，则是先用公开招标，再用选择性招标分两段进行。

三、招标、投标业务的基本程序

招标、投标业务的基本程序有招标、投标、开标、评标、决标和中标签约等环节，其中投标相当于发盘，中标签约相当于接受。在实际业务中，为防止中标人中标后不与招标人签约，一般要求投标人在投标时交付一定的押金或向招标人开立银行保证书或备用信用证，以保证一旦中标，投标人即与招标人订立合同。

按国际惯例，出现以下情况，招标人可拒绝全部投标：

（1）最低标价大大超过国际市场价格水平。

（2）所有投标书内容与招标要求不符。

（3）在国际竞争性招标时投标人数太少。

第三节　拍卖与寄售

一、拍卖（Auction）

1. 拍卖的含义

拍卖是由专营拍卖业务的拍卖行接受货主的委托，在规定的时间和场所，按照一定的章程和规则，以公开叫价的方法，把货物卖给出价最高的买主。拍卖是一种公开竞买的贸易方式。

在国际贸易中，采用拍卖方式进行交易的商品，一般都是不易标准化，或难以久存、易腐变质的商品，或习惯上采用拍卖销售的商品，如茶叶、烟叶、兔毛、皮毛、木材等。某些商品，如水貂皮、澳洲羊毛，大部分的交易是通过国际拍卖方式进行的。拍卖是一种典型的现货交易，它采用事先看货、当场叫价、落槌成交的做法。

2. 拍卖的特点

（1）拍卖是在一定的机构内有组织地进行的。

（2）拍卖具有自己独特的法律和规章。

（3）拍卖是一种公开竞买的现货交易。

3. 拍卖的出价方法

（1）增价拍卖。也称买方叫价拍卖，是最常用的一种拍卖方式。拍卖时，由拍卖人（Auctioneer）提出一批货物，宣布预定的最低价格，估价后由竞买者（Bidder）相继叫价，竞相加价，有时规定每次加价的金额额度，直到拍卖人认为无人再出更高的价格为止。

（2）减价拍卖。又称荷兰式拍卖（Dutch Auction）。这种方法先由拍卖人喊出最高价格，然后逐渐减低叫价，直到有某一竞买者认为已经低到可以接受的价格，表示买进。

（3）密封递价拍卖。密封递价（Sealed Bids；Closes Bids）拍卖又称招标式拍卖。采用这种方法时，先由拍卖人公布每批商品的具体情况和拍卖条件等，然后由各方在规定时间内将自己的出价密封递交给拍卖人，以供拍卖人进行审查比较，决定将该货物卖给哪一个竞买者。这种方法不是公开竞买，拍卖人有时要考虑除价格以外的其他因素。有些国家的政府或海关在处理库存物资或没收货物时往往采用这种拍卖方法。

二、寄售（Consignment）

（一）寄售的含义

寄售是指委托人先将货物运往寄售地，在国外委托一个代销人，按照寄售协议规定的条件，由代销人代替货主进行销售，在货物出售后，由代销人向货主结算货款的一种贸易方式。寄售业务当中的寄售人与委托人之间属于委托代售关系。

（二）寄售的特点

1. 寄售是凭实物进行买卖的现货交易

寄售人先将货物运至目的地市场（寄售地），然后经代销人在寄售地向当地买主销售。因此，它是典型的凭实物进行买卖的现货交易。

2. 寄售是一种先发货后成交的贸易方式

寄售货物装运出口时，并没有确定的买主，而是货物先到达寄售地，由代销人销售，因而寄售是一种先发货后成交的贸易方式。

3. 寄售人与代销人之间属于委托代售关系

寄售人与代销人之间是委托代售关系，而非买卖关系。代销人只根据寄售人的指示处置货物。货物的所有权在寄售地出售之前仍属于寄售人。

4. 货物出售以前，所有的风险都由寄售人承担，代销人只收取佣金。寄售货物在出售之前，包括运输途中和到达寄售地后的一切费用和风险，均由寄售人承担。

第四节　加工贸易与对销贸易

一、加工贸易（Process Trade）

加工贸易是以加工为特征的贸易方式，也是以商品为载体的劳务出口。目前我国常用的加工贸易主要有进料加工和对外加工装配业务。

1. 进料加工

进料加工又叫以进养出，指用外汇购入国外的原材料、辅料，利用本国的技术、设备和劳力，加工成成品后再销往国外市场。

进料加工业务中，出口企业与外商签订购买原材料的合同，加工成成品后，又与外商签订出口销货合同。购买原材料的合同和出口销货合同是两笔不同交易的两个合同，第一个合同的外商不一定是第二个合同的外商。对于进料加工，出口企业必须自担风险，自负盈亏，通过进料加工获取商业利润。

由于要用外汇进口，加工后的产品出口收取外汇，就出现了出口创汇率的概念。所谓出口创汇率，是指进料加工的成品出口的外汇净收入与进口原材料的外汇总支出的比率。其公式如下：

$$\text{出口创汇率}=\frac{\text{加工成品出口外汇净收入}-\text{进口原料外汇总成本}}{\text{进口原料外汇总成本}}\times 100\%$$

案例分析 130

案例：某企业承担一笔加工进料贸易，进口原料 CIF 广州的总价值为 50 万美元，加工成品出口 CIF 曼谷的总价值为 68 万美元，出口货物的运输保险费为 1 800 美元，国外运杂费为 45 000 美元。

试分析该笔加工贸易的出口创汇率。

分析：进口原料外汇总成本 = 500 000 美元

加工成品出口外汇净收入 = 680 000 − 1 800 − 45 000 = 633 200（美元）

$$\text{出口创汇率}=\frac{633\,200-500\,000}{500\,000}\times 100\%=26.64\%$$

因此，该笔加工贸易的出口创汇率为 26.64%。

2. 对外加工装配业务

对外加工装配业务是指由外商提供一定的原材料、零部件、元器件，由我方的工厂按对方的要求进行加工装配，成品交给对方处置，我方按照约定收取工缴费作为报酬的贸易方式。对外加工装配业务的形式有：

（1）全部来料来件的加工装配。国外委托方提供全部原辅材料和元器件，由承接方企业加工后，将成品交国外委托方，制件和成品均不计价，承接方按合同收取工缴费。

（2）部分来料来件的加工装配。国外委托方要求加工装配的成品中有部分料件需由承接方提供，承接方除收取工缴费外，还应收取所提供料件的价款。

（3）对口合同，各作各价。国外委托方和承接方签署两份对口合同。一份是委托方提供的原辅材料和元器件的销售合同，一份是承接方出口成品的合同。对于全部来料来件，两份合同的差价即为工缴费；对于部分来料来件，两份合同的差价，既包括工缴费，也包括国内承接方所提供的料件的价款。以对口合同方式进行的加工装配贸易，必须在合同中表明，承接方无须支付外汇。

来料加工和来料装配业务是一笔交易中的两个贸易进程，一是进口原料，二是产品出口。原材料的提供者和产品的接受者是同一外商，中方企业与外商不存在买卖关系，而是委托加工关系，中方企业赚取的是工缴费。

对外加工装配业务的特点是：①加工装配是有进有出、进出紧密结合的交易；②承接方对来料来件不拥有所有权，而只有使用权；③委托方承担接受全部加工装配业务的合格品和支付约定的工缴费的义务；④就加工方而言，对外加工装配业务的实质是以商品为载体的劳务输出。

3. 加工装配贸易和进料加工贸易的区别

进料加工贸易中，进口料件和出口成品是两笔独立的交易，进料加工的企业需自筹资金从国外购入料件，然后自行向国外市场销售，而装配加工贸易则是进、出为一笔交易的两个方面，料件和成品的所有权均为委托方所有，承接方无须支付进口费用也不承担销售风险。

进料加工贸易中，企业所获得的是出口成品的利润，利润的大小取决于出口成品的市场行情；而加工装配贸易中，承接方收取的是工缴费，工缴费的大小以劳动力的费用，即工资水平作为核算基础。两者相比，进料加工贸易的收益大于加工装配贸易，但风险也较大。

进料加工贸易中，企业有自主权，根据自身的技术、设备和生产能力，选择市场上的适销商品进料加工。而加工装配贸易中，则由委托方控制生产的品种、数量和销售地区。

二、对销贸易（Counter Trade）

对销贸易又称返销贸易、反向贸易或互抵贸易等，它是以货物或劳务、工业产权和专有技术等无形财产的进口和出口相结合并互为条件的贸易方式。对销贸易的基本形式可以归纳为易货、互购、补偿贸易、抵销贸易等多种贸易方式。

1. 易货（Barter）

易货贸易是在买卖双方之间进行的货物或劳务等值或基本等值的直接交换，不涉及现金的收付。易货贸易的双方当事人以一份易货合同，确定交易商品的价值以及作为交换的商品或劳务的种类、规格、数量等内容。

易货可分为直接易货和综合易货（或称一揽子易货）。直接易货是指买卖双方各以一种能为对方所接受的货物直接进行交货，两种货物的交货时间相同，价值相等。综合易货是指交易双方都承诺购买对方等值的商品，从而将进出口结合在一起的贸易方式。综合易货常用于企业的大宗交易或政府间的易货行为，企业的综合易货常以对开信用证方式对货款进行逐笔平衡，政府的综合易货常以记账的方式结算。

2. 互购（Counter Purchase）

互购又称对购（Reciprocal Purchase），是指一方向另一方出口商品和/或劳务的同时，承担以所得款项的一部分或全部向对方购买一定数量或金额的商品和/或劳务的义务。采用互购贸易方式，交易双方一般要签订两份相互独立的合同，交易双方互为买主和卖主。

3. 补偿贸易（Compensation）

补偿贸易又称产品返销（Product Buyback），是指交易的一方在对方提供信贷的基础上，进口设备或技术，而用向对方返销进口设备及/或技术所生产的直接产品、相关产品或其他产品或劳务所得的价款分期偿还进口价款。补偿贸易是我国改革开放以来使用较多的一种利用外资的方式。

补偿贸易的补偿办法主要有三种形式：

(1) 直接产品补偿（又称返销）。它是补偿贸易最基本的方法，是指设备与技术的进口方以设备与技术直接生产出来的产品来偿还提供设备与技术的一方。

(2) 间接产品补偿（又称回购）。它是指设备与技术的进口方以其他产品来偿还提供设备与技术的一方。

(3) 混合抵偿。它是指设备与技术的进口方部分以设备与技术直接生产出来的产品来偿还，部分以其他产品来偿还提供设备与技术的一方。

4. 抵销贸易（Countervailing Trade）

抵销贸易是指一方在进口诸如国防、航空或宇航、计算机、信息交流等设备时，以先期向另一方或出口方提供的某种商品和/或劳务、资金等抵销一定比例进口价款的做法。抵销方式可以是为生产该设备而提供的零部件、投入的资金、所转让的技术以及技术培训、项目研究开发等。

参考文献

1. 全国国际商务专业人员职业资格考试指定用书编委会．国际商务基础理论与实务．北京：中国对外经济贸易出版社，2003

2. 黎孝先．国际贸易实务．北京：对外经济贸易大学出版社，1994

3. 吴百福．进出口贸易实务教程．上海：上海人民出版社，1999

4. 刘端朗，方振富．国际贸易实务．南宁：广西人民出版社，1992

5. 万晓兰．新编国际货物贸易实务与操作．北京：经济科学出版社，2001

6. 张亚芬．国际贸易实务与案例．北京：高等教育出版社，2002

7. 廖力平，廖庆薪．进出口业务与报关．广州：中山大学出版社，1998

8. 安民．国际经济贸易理论与实务．北京：对外经济贸易大学出版社，2001

9. 外经贸部人事教育劳动司．国际经济贸易题解：外经贸理论与业务考试指南．北京：中国对外经济贸易出版社，1994

10. 李振琦．进出口业务 100 例．北京：对外贸易教育出版社，1988

11. 袁永友，柏望生．国际贸易实务案例评析．武汉：湖北人民出版社，1999

12. 陈国武．新编进出口业务 300 题．北京：中国对外经济贸易出版社，2004

13. 罗来仪．对外贸易业务问题集解．北京：对外贸易教育出版社，1993

14. 国际商会中国国家委员会．ICC 跟单信用证统一惯例（2007 修订本）．北京：中国民主法制出版社，2006

15. 陈国武．解读《跟单信用证统一惯例》（2007 修订本）第 600 号出版物．天津：天津大学出版社，2007

16. 田运银．国际贸易实务精讲．北京：中国海关出版社，2007

17. 余世明．全国外销员资格考试辅导．广州：暨南大学出版社，2002

18. 余世明．国际贸易实务练习题及分析解答．广州：暨南大学出版社，2004

19. 余世明．国际贸易实务．广州：暨南大学出版社，2005

20. 余世明，冼燕华．国际商务模拟实习教程．广州：暨南大学出版社，2004

21. 余世明．国际商务单证实务．广州：暨南大学出版社，2005

22. 余世明．国际商务操作理论与实务．广州：岭南美术出版社，2005

23. 仲鑫．国际贸易实务．北京：北京师范大学出版社，2009

24. 国际商会. 2010 年国际贸易术语解释通则.